1943

L'ORGANISATION

DE

LA CHARITÉ PRIVÉE

EN

FRANCE

HISTOIRE D'UNE ŒUVRE

PAR

Léon LEFÉBURE

LIBRAIRIE DE PARIS

FIRMIN-DIDOT ET Cie, IMPRIMEURS-ÉDITEURS

56, RUE JACOB, PARIS

—

1900

*

L'ORGANISATION

DE

LA CHARITÉ PRIVÉE EN FRANCE

HISTOIRE D'UNE ŒUVRE

DU MÊME AUTEUR

Étude sur l'Allemagne nouvelle. — In-8°. Paris, CHARLES DOU-
NIOL, 1872.

Les Questions vitales. — L'Instruction populaire et le Devoir social. — La Religion et l'École. — L'ouvrier, sa condition actuelle. —
La Société et l'ouvrier enfant. — Le Régime pénitentiaire et ses
réformes. — De la puissance colonisatrice de la France. — De
l'Avenir de l'Algérie. — In-8°. Paris, PLON ET Cᵐ, 1876.

Le Lendemain de la peine. — De la condition du prisonnier libéré
dans la Société contemporaine. — In-18°. Paris, JULES GERVAIS, 1880.

La Renaissance religieuse en France. — In-18. Paris, CALMANN-
LÉVY, 1886.

Le Devoir social. — In-18. Paris, PERRIN ET Cᵐ, 1890. Ouvrage
couronné par l'Académie Française.

Étude sur l'Économie rurale de l'Alsace, en collaboration avec
M. TISSERAND, directeur de l'Agriculture. — In-8°. Paris, BERGER,
LEVRAULT ET FILS, 1869.

La Science pénitentiaire au Congrès de Stockholm, en collaboration avec M. F. DESPORTES, avocat à la Cour de Paris. In-8°.
Paris, CHAIX ET PEDONE-LAURIEL, 1880.

OPUSCULES :

Le premier siècle chrétien dans les écrits des Pères apostoliques.
Paris, 1862. — Réimprimé, Nancy, Vagner, 1899.

L'Apologétique chrétienne au IIᵉ siècle. Paris, 1863. — Nancy,
VAGNER, 1899.

De quelques caractères de la philosophie contemporaine. Paris,
1864. — *Épuisé.*

Les Institutions rurales de l'Alsace au moyen âge. Paris, 1864. —
Au Siège de la Société d'Économie sociale.

De la Constitution de la propriété Arabe en Algérie. Paris,
1865. — *Épuisé.*

L'Assurance ouvrière et l'initiative privée. Paris, 1890. — *Au
Siège de la Société d'Économie sociale.*

Quelques années de la Jeunesse de Montalembert. Paris, FIRMIN-
DIDOT ET Cᵐ, 1894.

La Recherche de l'Idéal et l'état présent des esprits. — Paris,
FIRMIN-DIDOT ET Cᵐ, 1897.

Typographie Firmin-Didot et Cᵐ — Mesnil (Eure).

L'ORGANISATION

DE

LA CHARITÉ PRIVÉE

EN

 FRANCE

HISTOIRE D'UNE ŒUVRE

PAR

Léon LEFÉBURE

LIBRAIRIE DE PARIS

FIRMIN-DIDOT ET Cⁱᵉ, IMPRIMEURS-ÉDITEURS

56, RUE JACOB, PARIS

—

1900

*

L'ORGANISATION

DE LA CHARITÉ PRIVÉE

EN FRANCE

HISTOIRE D'UNE ŒUVRE

INTRODUCTION

Il en est un peu du domaine de la charité comme
du domaine de la géographie : il est rare qu'une
exploration réussie, que la révélation de quelque
itinéraire ignoré n'amène pas l'initiative individuelle
à se frayer des voies qui n'étaient pas soupçonnées
et à s'ouvrir des horizons nouveaux.

Raconter par quels chemins, au prix de quelles
vicissitudes, on est parvenu, pour une modeste part,
à étendre les conquêtes de la charité et à fonder une
œuvre nouvelle destinée à réaliser un progrès, peut
donc n'être pas inutile.

On n'atteint pas, d'ailleurs, un but longuement
et laborieusement poursuivi sans être tenté de refaire en esprit la route parcourue, soit qu'il s'agisse
d'en mesurer les difficultés et d'en recueillir les enseignements, soit que l'on cherche à discerner dans

1

le résultat la part due à l'effort personnel ou aux causes mystérieuses qui, souvent, en décident. Il semblerait, à la vérité, qu'il n'y eût pas à prendre le public pour confident, et le fait est que le premier sentiment serait de garder pour soi cet examen rétrospectif. Mais si de cette façon, comme il est indéniable, on a quelque chance de provoquer à l'action des dévouements hésitants ou de donner carrière à ces combinaisons ingénieuses, à ces solutions fécondes du problème social qui sommeillent parfois dans certaines âmes, et ne demandent qu'un stimulant, qu'une orientation, pour se produire au dehors, l'hésitation n'est plus permise. Telles sont quelques-unes des considérations qui m'ont conduit à exposer, dans les pages qui vont suivre, l'histoire d'une œuvre charitable dont les débuts ont été modestes, et qui a dépassé bientôt toutes les espérances de son promoteur; je veux parler de l'institution qui a pris le nom d'*Office central des Œuvres de bienfaisance*, et qui a été établie à Paris en 1890 après avoir été préparée dans les deux années précédentes.

* *

La création de l'Office central a eu son origine dans le spectacle qu'offre l'exercice de la charité contemporaine et dans l'étude attentive de ses résultats.

Lorsque l'on considère les merveilles accomplies de nos jours par la charité privée, on se sent tout d'abord comme ébloui. C'est l'impression qu'éprouvait Maxime du Camp et qu'il proclamait très haut en écrivant les beaux livres où il a fait revivre sous

nos yeux les principales œuvres de bienfaisance de
la capitale. C'est l'impression de quiconque a vécu
au contact des pauvres, de quiconque s'est mis à
leur service, de quiconque a pu étudier de près les
efforts innombrables tentés sous toutes les formes
pour leur venir en aide. Essaye-t-on, en effet,
aujourd'hui, de procéder au dénombrement des
œuvres de la charité privée, on s'aperçoit qu'elles
sont légion. S'applique-t-on à reconstituer le budget de la charité non officielle à Paris seulement,
on découvre que c'est le budget d'un petit État.
Interroge-t-on l'Assistance publique, on reconnaît
que ses dépenses sont doublées, triplées, quadru-
plées. Et pourtant, il suffit de faire appel à l'expérience de chacun de nous pour constater que la misère n'est pas soulagée dans la mesure que semble
promettre une si grande accumulation de remèdes,
une telle efflorescence de dévouements et de libéralités. Chaque jour nous met à même de juger à quel
point l'action charitable reste encore insuffisante,
quand elle n'est pas égarée ou stérile, quand elle
n'encourage pas la paresse et les vices de la mendicité héréditaire ; combien ses ressources sont imparfaitement utilisées, et dans quel véritable chaos elle
s'engage parfois.

Pour s'expliquer une contradiction qui frappe
tout observateur attentif et impartial, il est nécessaire de remonter en arrière et de chercher rapidement par quelles vicissitudes la charité privée a dû
passer au cours de ce siècle.

On se souvient des beaux et vastes plans d'organisation pour le soulagement de la misère qui furent jadis présentés à l'Assemblée constituante. Il n'en coûte à aucun esprit sincère de reconnaître qu'aux plus décevantes utopies et à de fatales erreurs s'y mêlaient des idées justes, équitables, fécondes.

Mais en s'emparant de ce programme, l'esprit jacobin en a fait bientôt, selon sa méthode, un instrument de désorganisation et de ruine; il a fait table rase de tout ce que le temps avait établi, « brisant ces corps intermédiaires qui sont la garantie de la liberté et laissant l'individu seul en face de l'État[1] ». On s'imagina que le problème de la misère pouvait être résolu par ces facteurs : l'État, l'impôt. Et du principe fondamental, posé par l'Assemblée constituante, que le soin de pourvoir à la subsistance des pauvres est une dette nationale, que c'est une obligation légale et non plus une obligation morale, on vit découler logiquement, par voie de conséquence : la suppression de l'initiative privée en matière de bienfaisance, la mainmise de l'État sur les biens hospitaliers, l'inscription au budget national des dépenses d'assistance, le nivellement des secours. Un décret, du 5 messidor an II, décida la vente des biens des hôpitaux, fondations, dotations faites en faveur des pauvres. Il semblait que ces mesures allaient inaugurer, comme par enchantement, une ère nouvelle. « Il n'y aura plus de pauvres, » avait déclaré le député Chapelier.

Impuissante, toutefois, à mettre ses idées en pra-

1. Paul Deschanel, *Discours prononcé à l'Assemblée générale de l'Office central des Œuvres de bienfaisance*, en 1896.

tique, l'Assemblée constituante légua aux Assemblées qui lui succédèrent la tâche de pourvoir à
l'organisation définitive des secours. Ces Assemblées
n'aboutirent pas davantage. La Convention, en particulier, ne fit que du provisoire et un provisoire
désastreux. Cependant, placée en face des protesta-
tions universelles auxquelles donnait lieu la mise en
vente du patrimoine hospitalier, et d'une anarchie
sans pareille dans le service des pauvres, elle prit
le parti de suspendre la vente.

Enfin, le législateur de l'an V se vit obligé de
réagir contre la folie qui avait fait attribuer à l'É-
tat le soin de venir seul au secours de toutes les misères. Les rapports officiels présentés aux Assemblées n'avaient pu se défendre de reconnaître « que
le produit de toutes les impositions de la République ne suffirait pas à acquitter cette charge énorme,
incalculable », à satisfaire tous ces créanciers auxquels on avait reconnu un droit sans limites. Déjà
on avait dû fermer les ateliers nationaux qui n'a-
vaient été qu'une occasion de désordre, sans remédier efficacement à aucune misère. L'expérience de
la charité légale était faite et définitivement condamnée. Il n'était que temps d'édifier une organisation nouvelle sur des bases raisonnables, pratiques,
et c'est ce qui eut lieu. L'initiative privée reprenait
ses droits; le patrimoine des pauvres, ou, du moins,
ce qui en restait était sauvegardé. L'État maintenait
son droit supérieur de surveillance et de contrôle
sur les œuvres publiques et privées, et se réservait
l'administration de quelques établissements chari-

tables modèles ou ayant un caractère général. Pour l'administration des hospices et des hôpitaux, il reconstituait les commissions hospitalières autonomes, indépendantes du département et de la commune; et, pour la répartition des secours, les commissions administratives ou bureaux de bienfaisance, qui remplaçaient les anciennes compagnies de charité.

C'est là l'organisation qui subsiste encore aujourd'hui, au moins dans ses grandes lignes. A partir de cette époque, on assiste à l'un des plus merveilleux et des plus généreux essors de l'initiative privée qui se soit jamais produit et qui, à lui seul, empêcherait que l'on désespère des destinées de notre pays. On eût dit que, longtemps comprimée et comme anéantie, l'initiative individuelle se sentait pressée de regagner le temps perdu et de réparer les préjudices dont les pauvres avaient eu à souffrir. On peut suivre ce mouvement de période en période jusqu'au temps où nous sommes. C'est comme un flot montant de libéralités et d'œuvres charitables, d'œuvres qui se multiplient et s'ingénient à porter remède aux infortunes les plus diverses.

Il serait difficile de chiffrer, même approximativement, les sommes consacrées à ces fondations par les particuliers dès cette époque. Le total serait énorme. Mais on peut en concevoir quelque idée, si l'on considère qu'après avoir été de 1 million par an, au commencement du siècle, puis de 3 millions entre 1814 et 1830, ensuite de 4 millions, le chiffre des dons et legs faits à une seule catégorie d'œuvres, aux établissements reconnus d'utilité publique, a

dépassé, de 1874 à 1894, 450 millions, c'est-à-dire
une moyenne annuelle de 22 millions; et qu'en
1894, les institutions d'assistance de Paris et de la
banlieue ayant la reconnaissance légale ont reçu, à
elles seules, plus que ne recevaient celles de toute
la France au milieu du siècle. L'enquête à laquelle
vient de procéder l'Office central sur les œuvres
d'assistance de la capitale d'abord et ensuite de la
France entière, a mis en lumière d'une façon éclatante cette progression continue. D'après un Annuaire publié par la Société philanthropique en
1819, et contenant « l'indication des meilleurs
moyens qui existent à Paris de soulager l'humanité
souffrante et d'exercer utilement la bienfaisance »,
l'enquête a établi que les institutions énumérées
dans ce document représentent à peine le dixième
des œuvres qui fonctionnent aujourd'hui dans la
capitale et dont elle a dressé la nomenclature.

Si l'on veut bien franchir les diverses périodes
de ce siècle pour arriver à l'année 1895, prise pour
type, on se rendra aisément compte, par un seul
exemple, des progrès accomplis. Résumant dans
cette année les services rendus par 150 œuvres seulement sur les 3,000 qui ont été fondées, pour la plupart, depuis 60 ans, en vue de soulager tous les
genres de maux et de souffrances, voici ce que l'on
constate : à l'entretien de crèches, Paris a consacré,
pendant l'année 1895 (la rétribution payée par les
mères étant déduite), 450,000 francs; — les douze
principales œuvres privées (et il y en a beaucoup
d'autres de moindre importance), destinées à se-

courir les mères indigentes, à assister et protéger leurs enfants nouveau-nés, ont pu, la même année, dépenser ensemble 570,000 francs; les douze principales œuvres ayant pour objet l'adoption, la protection, l'éducation des enfants pauvres, orphelins, délaissés, 920,000 francs; les douze principales sociétés distribuant des secours en espèces ou en nature aux indigents, 1,088,000 francs; les trois principales œuvres des fourneaux économiques, plus de 600,000 francs; les deux asiles réservés aux enfants incurables, 385,000 francs; les deux asiles fondés pour les enfants atteints ou menacés de phtisie, 653,000 francs; les hôpitaux privés d'adultes, plus d'un million; les asiles privés de nuit, plus de 300,000 francs; les œuvres consacrées à l'assistance des soldats ou des marins, plus de 1,200,000 francs, etc.[1].

Tandis que, dans le passé, les institutions d'assistance s'étaient établies lentement, avec le concours du temps, sous la pression des circonstances, des besoins, pour un rayon déterminé, et en vue d'infortunes qu'il était facile de contrôler, les œuvres de ce siècle ont été fondées avec une rapidité extraordinaire; on vient d'en voir la preuve. Il faut ajouter qu'elles se sont multipliées, de tous côtés, au gré des inspirations individuelles, suivant des conceptions toutes personnelles, et d'après toutes les nécessités qui venaient à surgir. Dans les centres urbains, elles se sont trouvées en présence d'une

1. *Paris charitable et prévoyant*, « Avertissement », p. III.

population arrivée d'hier, détachée de son lieu d'origine, le plus souvent instable, et que le moindre chômage ou la plus légère maladie précipitait dans la misère. La facilité des communications, qui a été la suite de la création et du développement des chemins de fer, a modifié les conditions dans lesquelles s'exerce la charité, comme elle a modifié toutes choses. Enfin, l'on a justement remarqué que le service militaire obligatoire, universel, en détachant de leur foyer tous les jeunes gens de la campagne, en les habituant au séjour plus attrayant des villes, a singulièrement activé l'afflux énorme de population vers les grands centres.

Autrefois, chaque région cherchait à se suffire, prenait soin de ses pauvres; la charité se cantonnait volontiers. Il est aujourd'hui nécessaire que toutes les régions s'entr'aident, la misère rurale se réfugiant dans les grandes villes avec l'espoir d'y trouver plus facilement du travail ou du secours. Ainsi le dénombrement de la population des indigents, en 1893, à Paris, a fait ressortir que 36,798 indigents étaient nés dans diverses parties de la France, tandis que 11,112 seulement étaient nés dans le département de la Seine. De même le nombre des enfants assistés dans la capitale représente 33 pour 100 du nombre total des enfants assistés de France, la population de Paris représentant 8 pour 100 de la population totale du pays. Aussi Maxime du Camp a-t-il pu affirmer avec raison, il y a quinze ans, que si Paris n'avait à soulager que des misères parisiennes, il en viendrait aisément à bout.

Mais s'il résulte de pareils faits une situation et des difficultés nouvelles dont il y a lieu de se préoccuper, bien autrement importantes ont été les conséquences de la grande et admirable poussée qui a suscité, depuis soixante ans, un nombre si extraordinaire d'œuvres charitables. Tant d'élans généreux se produisant à la fois ont été souvent confus ; il y a eu des efforts mal coordonnés, dépourvus d'unité, dispersés à l'excès. Établies sans concert et sans liens, la plupart des œuvres sont restées sans communication entre elles, enfermées dans un particularisme extrême, insuffisamment édifiées sur leurs protégés, toutes prêtes ainsi à être exploitées par la fausse indigence qui va de l'une à l'autre et vit à leurs dépens. Sans doute, il s'est fondé des œuvres pour soulager toutes les infortunes ; mais ni les bienfaiteurs ni les pauvres n'ont un moyen facile d'être renseignés sur elles, sur les conditions de leur intervention. D'un arrondissement à l'autre, on ignore l'existence de certaines institutions d'assistance. Telle œuvre connue est assiégée de demandes qu'elle ne peut satisfaire ; telle autre, excellente, mais ignorée, reste délaissée et végète. On déplore, par exemple, l'impossibilité de faire admettre un vieillard dans un asile urbain qui regorge de monde, tandis qu'il y a dans telle partie de la France, où la vie n'est pas chère, où le climat est excellent, des asiles bien organisés, à des prix modiques, et qui prendraient volontiers des pensionnaires.

Les bienfaiteurs, d'autre part, ne connaissent pas les pauvres, et leur charité s'exerce au hasard.

Dans un tel état de choses, une grande déperdition de forces et de ressources est inévitable ; et c'est par là surtout que s'explique l'inefficacité relative, et trop souvent constatée, de la charité contemporaine.

On en a pris occasion, selon les écoles, pour formuler des conclusions différentes. Les esprits pour lesquels l'intervention de l'État est appelée à résoudre tous problèmes n'ont vu d'autre remède à cette situation que la centralisation de tous les moyens d'action de la charité entre les mains de l'administration. L'État seul serait à même, a-t-on dit, d'introduire au milieu de ces efforts privés de cohésion et d'unité une direction, un plan d'ensemble, une méthode, une surveillance qui leur feraient produire leurs fruits et donneraient satisfaction au grand intérêt social qui est en cause.

On va jusqu'à déclarer que la bienfaisance officielle elle-même n'est pas suffisamment centralisée, qu'elle est encore trop abandonnée aux hasards des bonnes volontés publiques et privées, souvent incohérente, rebelle aux améliorations, sans esprit de suite, sans contrôle effectif, et qu'il y a aussi des réformes à faire de ce côté.

On ne saurait s'y méprendre ; il s'agit là d'un retour à la charité légale. Bien entendu, nous n'attribuons point cette conclusion à quiconque se préoccupe d'introduire dans l'organisation de l'assistance les améliorations que le temps a pu rendre nécessaires. Nous nous plaçons en présence d'une thèse dont les partisans ne dissimulent pas, pour la plupart, le but qu'ils poursuivent, déclarant avec netteté « que la misère n'a jamais pu être soulagée efficacement que par l'État, et que le bon vouloir des particuliers a toujours été insuffisant [1] ». Or allons-nous recommencer, comme on nous y convie, l'expérience tentée il y a cent ans, et dont l'événement a fait une si éclatante justice? Quand la leçon des faits est si claire, retomberons-nous dans les mêmes erreurs? Allons-nous de nouveau décourager l'initiative et la charité privée, tarir les sources de la générosité publique en remplaçant le don volontaire par l'emprunt obligé, apprendre aux citoyens qu'ils peuvent se dispenser d'être bienfaisants puisque l'État se charge de l'être pour eux? Allonsnous creuser un fossé plus profond que jamais entre les riches et les pauvres, substituer des fonctionnaires salariés aux hommes de cœur et de dévouement, qui acceptent la charge d'administrer le patrimoine des pauvres, donner à notre budget des créanciers innombrables, alors qu'il succombe déjà sous le poids des charges qu'il ne peut plus porter?

Je me bornerai à renvoyer ceux qui nous invitent à entrer dans cette voie à la lecture des documents officiels qui constituent l'histoire de la charité depuis la fin du dernier siècle et que met en lumière, dans un livre récent, un érudit doublé d'un écrivain de talent, dont la sincérité, pas plus que la compétence, ne saurait être contestée [2]. Il

1. Regnard. Discussion devant le Conseil supérieur de l'Assistance publique, session de janvier 1896, fascicule n° 53, p. 52.
2. *La Révolution et les pauvres*, par Léon Lallemand, correspondant de l'Institut de France. 1898.

n'y a point d'aveuglement, ce semble, qui puisse
résister à la publication de ces documents authen-
tiques, véritables dépositions des témoins dans un
procès en cours.

Quant à l'argument tiré des expériences de cette
nature tentées hors de France, un homme qui ne
passe pas pour avoir subi le joug des préjugés
et qui a joué un rôle considérable, M. Léon Say,
disait d'un pays voisin où fonctionne la charité
légale : « L'Angleterre souffre et souffrira encore
pendant des siècles de la *loi des pauvres* de la reine
Elisabeth. » Et la vérité est que les pays les plus
chargés de pauvres sont ceux où la charité légale
a fait le plus de progrès.

Mais fort heureusement la France, qui a parfois
la mémoire courte, se souvient de cette leçon de
son histoire et répugne à tout ce qui peut l'entraî-
ner vers la charité légale. Nous en trouvons la
constatation formelle dans un recueil publié par le
ministère de l'intérieur où se trouvent résumées,
avec leurs conclusions, les délibérations des Conseils généraux. M. de Crisenoy, le rédacteur de ce
recueil, fait remarquer, à propos d'un projet qui
avait paru constituer un premier pas dans la voie
de l'assistance légale et obligatoire, dans la voie du
droit à l'assistance, « qu'en France il existe un
courant d'opinion très accentué contre ce régime..., que toute nouvelle organisation de ce
genre est suspecte ».

De la situation dont nous avons signalé les inconvénients et les vices, il n'y a qu'une conclusion

à tirer : c'est qu'il appartient à l'initiative privée elle-même de remédier aux erreurs qu'elle a commises, aux inconvénients dont elle est responsable. Et elle n'a besoin, pour cela, que d'une chose : de la liberté. C'est ainsi, du moins, qu'une nation saine et forte, ayant la prétention de s'assurer l'avenir, corrigerait les défauts de son organisme. Elle se souviendrait, comme le rappelait si justement le dernier congrès international de bienfaisance tenu à Paris, que les deux grands ressorts de l'humanité, les deux grands instruments de progrès sont la liberté et la responsabilité individuelle.

Tout en constatant les graves imperfections qui se manifestent dans l'exercice de la charité, ne nous plaignons pas trop de la multiplicité de nos œuvres d'assistance; félicitons-nous plutôt que dans le domaine de la charité, l'initiative privée, à laquelle on a si souvent reproché de languir en notre pays, se soit manifestée si extraordinairement et de façon à faire envie à toutes les autres nations; et donnons-lui, dans la liberté et par la liberté, l'organisation rationnelle qui lui manque pour avoir toute son efficacité.

.•.

C'est de cette pensée que s'est inspirée l'OEuvre centrale dont je crois pouvoir, après dix années d'expérience, indiquer l'esprit et résumer les premiers travaux. Servir de lien entre les œuvres, les réunir, tout en respectant scrupuleusement leur autonomie, les mettre en communication; coordonner, harmoniser, éclairer les efforts individuels, renseigner à la fois les bienfaiteurs et les pauvres, les uns sur les institutions d'assistance dont ils ont besoin, les autres sur les malheureux qui les sollicitent; agir pour eux, s'ils sont, pour une cause ou pour une autre, hors d'état de le faire; établir une statistique à la fois des œuvres de bienfaisance et des pauvres; mettre en mouvement, suivant le cas, les œuvres appropriées à telle ou telle infortune; faciliter l'utilisation des ressources charitables qui existent sur tous les points du pays, et l'accès des œuvres privées aussi bien que des institutions ou des ressources dont dispose l'assistance publique; recourir aux moyens les plus propres pour sortir les indigents de l'état de misère, au lieu de le prolonger par des secours insuffisants; diriger l'ouvrier valide sans ouvrage vers des centres de travail; renvoyer dans leur pays de pauvres gens qui l'ont quitté à tort et seraient assurés d'y vivre moins misérablement; par-dessus tout, rapprocher de plus en plus le bienfaiteur et le pauvre digne d'intérêt qui se cherchent trop souvent sans se rencontrer : tel est, dans son ensemble et sous ses principaux aspects, le programme de l'œuvre nouvelle. Si vaste et si ambitieux qu'il puisse paraître, il a été réalisé, au moins en grande partie, dans le cours des dix années qui viennent de s'écouler.

Mais cette organisation serait encore insuffisante si elle ne s'étendait pas au pays tout entier. Pour atteindre ce but, il y aurait lieu — c'est un plan que nous avons soumis aux Conseils généraux dans

leur session de 1896 — de créer pour chaque région de la France, divisée en un certain nombre de
circonscriptions charitables, de seize à vingt environ, groupant plusieurs départements, un Office
central semblable à celui de Paris. Cet Office, qui
rapprocherait dans une action commune et sans
distinction d'opinions les hommes dévoués au soulagement de la misère, procéderait à une double
enquête, constamment tenue à jour, premièrement
sur les œuvres charitables de la région spéciales à
chaque catégorie d'indigents, et secondement sur
les indigents eux-mêmes, sur les divers éléments
dont se compose l'armée des sans-travail. Il arriverait, au moyen de cette dernière statistique, à faire
le départ entre : 1° les valides de bonne volonté,
cherchant du travail et n'en trouvant pas; 2° les invalides, malades, infirmes, etc. ; 3° les professionnels, les oisifs invétérés. Tous ses efforts tendraient
à procurer du travail aux premiers, à utiliser en
faveur des seconds les ressources charitables de la
région et des autres régions, à user vis-à-vis des
troisièmes des sévérités de la loi. J'ai soutenu et je
ne saurais cesser de soutenir que toutes les mesures
destinées à combattre le vagabondage et la mendicité demeureront vaines tant que cette distinction
fondamentale n'aura pas été établie, tant que l'on
agira aveuglément. L'expérience l'a, du reste, sura-
bondamment démontré. Les efforts de la législation, aussi bien que toutes les mesures administratives, ont été, jusqu'à présent, illusoires. Or je ne
vois pas d'instrument plus pratique pour arriver

à dresser cette statistique indispensable que les Offices régionaux constitués d'après les données qui viennent d'être indiquées.

L'entente entre les départements que rapprochent des traditions, des intérêts communs, des conditions géographiques particulières, faciliterait singulièrement leur création et leur fonctionnement, et elle pourrait être le prélude d'autres ententes non moins utiles. C'est à ces institutions régionales qu'il appartiendrait de créer et de développer l'assistance par le travail dans des conditions vraiment pratiques, rationnelles, en évitant les abus qui peuvent trop facilement en résulter; car il n'y a pas de genre d'assistance qui demande plus de prudence, plus de discernement et de méthode, qui doive être moins abandonné au hasard, aux caprices des bonnes volontés. Ce serait une grande erreur de le développer outre mesure et sans opérer une sélection judicieuse. L'Office régional éviterait ces écueils : il provoquerait la création d'une, deux, trois maisons de travail, selon les besoins, sur les points les mieux choisis de la circonscription charitable; il les ferait doter de ressources suffisantes, en sachant tirer parti des industries du pays, au lieu de laisser se multiplier des asiles destinés à végéter et incapables de provoquer aucun relèvement moral au sein de leur clientèle, ni même de lui apporter un secours matériel efficace.

Reliés entre eux, ayant un centre commun dans l'Office établi à Paris, les Offices régionaux de France feraient un échange constant de services, se

2

communiqueraient leurs renseignements, et se prê-
teraient, selon les cas, le concours de leurs œuvres
charitables. Aucune organisation ne serait plus
utile pour faciliter les rapatriements, aucune ligue
plus efficace pour combattre le déplorable exode
des populations rurales vers les villes. Enfin, comme
il est important de ne jamais séparer de la bienfaisance la prévoyance et que la meilleure méthode
d'assistance — je me permets de le redire sans
relâche — est celle qui consiste à mettre le malheureux qui la reçoit à même de s'en passer, il y
aurait lieu de faire servir les Offices régionaux à la
diffusion de la pratique des petites assurances; on
ne voit pas pourquoi ils n'y arriveraient pas s'ils
servaient d'intermédiaires entre l'ouvrier ou les
syndicats et les compagnies d'assurances dont ils
obtiendraient toutes les facilités possibles, et s'ils
amenaient les syndicats à organiser ces assurances
pour leurs membres, à se charger de la perception
des primes. L'exemple du *Patronato* de Milan, en
montrant quels résultats on peut atteindre ainsi,
prouve qu'un tel projet n'a rien d'illusoire. Mais je
ne fais que l'indiquer sans y insister.

C'est au sein de ces Offices régionaux, dans les
conseils appelés à les diriger, que se ferait la rencontre si importante et si nécessaire de l'assistance
privée et de l'assistance publique, qui devrait y être
représentée, la mise en contact de l'initiative individuelle et de l'État, des libres citoyens et des administrations officielles; c'est là que se réuniraient tous
les concours dans un commun effort contre la mi-

sère. Et pourquoi, plus tard, des délégués choisis
par les Offices régionaux ne se réuniraient-ils pas
une ou deux fois par an sous les auspices de l'Office
central de Paris pour constituer les assises périodiques de la charité privée, ces assises dont les États-
Unis nous offrent un si frappant exemple, où des
hommes animés des mêmes préoccupations peuvent
se rencontrer, se connaître, se grouper, où les
croyances et les opinions les plus différentes siègent
côte à côte, où tout le monde ne poursuit plus qu'un
seul but : s'éclairer réciproquement afin d'arriver à
la connaissance des meilleurs moyens de soulager le
pauvre?

Dira-t-on que ce projet est chimérique? Il est en
voie de se réaliser en ce moment même. En effet,
l'initiative prise par l'Office central de Paris a déterminé la création en France de plusieurs Offices
régionaux, et ces institutions commencent à se multiplier : Marseille, Lyon, Bordeaux, Lille, Roubaix,
Clermont-Ferrand, en sont déjà dotés; et le mouvement n'est pas près de s'arrêter, si l'on en juge par
les manifestations qui se produisent et par la faveur
avec laquelle l'opinion publique les accueille.

Je crois rêver, je l'avoue, lorsqu'en face de tels
résultats je me reporte à dix années en arrière.
Quand je me souviens qu'au moment où je fondais
l'Office central, au mois de juillet 1890, dans un
petit appartement que j'avais loué rue de Champagny, et dont le propriétaire voulait me congédier
dès le premier mois, à cause de la clientèle que je lui
amenais, je me trouvais seul, sans aucun des sou-

tions que j'ai rencontrés depuis, n'ayant encore pu
ni organiser un comité ni faire appel à d'autres ressources que les miennes, n'entendant répéter autour
de moi que ces paroles : « Vous n'arriverez à rien ;
vous n'aurez pas d'adhérents, pas d'argent, pour
une œuvre que l'on ne définit pas, que l'on ne comprend pas » ; quand je me souviens de la réunion
tenue, quelques années avant, en juillet 1885, et
dans laquelle j'emportai, contre un avis à peu près
unanime, la résolution d'acheter l'immeuble qui est
aujourd'hui le siège de l'œuvre de l'Hospitalité du
travail pour les femmes ; quand je me souviens que
je n'avais trouvé assez d'argent ni pour payer cet
immeuble, ni pour élever les bâtiments destinés à
recevoir les hospitalisés, ni pour construire la blanchisserie, instrument de gain indispensable, ni pour
servir de fonds de roulement ; quand je constate
qu'en 1892, lorsque fut décidée l'acquisition de
l'immeuble où se trouve établie la maison de travail
pour les hommes, nous n'étions pas davantage en
état de faire face à cette dépense, et que ce n'est que
quelques mois après que la magnifique libéralité du
comte et de la comtesse de Laubespin a permis de le
payer : devant cet ensemble de faits, je demeure
confondu de tant d'audace, confondu d'avoir été à
ce point à l'encontre de toutes les règles de la prudence humaine, et je me dis que si l'on nous avait
appliqué une législation que certains esprits auraient voulu faire prévaloir, et qui consiste à exiger des promoteurs d'une œuvre, avant sa fondation,
la justification des ressources suffisantes pour la faire

vivre, ni l'Office central, ni l'œuvre de l'Hospitalité
du travail n'existeraient aujourd'hui. L'Office central ne serait pas intervenu, pendant ces dix années,
en faveur de plus de cent mille malheureux ; plusieurs millions n'auraient point passé par son intermédiaire pour aller aux œuvres charitables et aux
pauvres ; l'Hospitalité du travail ne serait pas arrivée à assurer par an, à cinq mille cinq cents malheureux des deux sexes, un salaire, un abri, une aide
pour se placer, des secours de toutes sortes.

Grâce à Dieu, l'isolement des premiers jours n'a
pas duré. J'ai, depuis lors, obtenu l'appui d'hommes
éminents qui ont facilité ma tâche, l'appui d'un conseil où siègent des membres qui sont tous ou pré-
sidents ou membres des œuvres charitables les plus
importantes de la capitale ; je me suis assuré le
concours d'un collaborateur dont le dévouement
est admirable, qui est devenu l'administrateur-
directeur de l'Office central, et nous avons été secondés tous deux par un personnel excellent ; je sais
ce que je leur dois, quelle part leur revient dans le
succès. Mais il fallait remonter à l'origine de ces
œuvres, malgré le rôle personnel qui a pu m'y ap-
partenir, afin de mettre en garde contre le découragement de la première heure les promoteurs de toute
entreprise généreuse ; afin de leur faire voir où peut
conduire une action persévérante, malgré l'infirmité des moyens, les difficultés et l'absolu dénuement du début ; afin de montrer à l'État jusqu'à quel
point il lui siérait mal de faire fi de la plus modeste
initiative et surtout de l'entraver ; afin aussi de

mettre en lumière avec quel discernement la faveur publique sait, en définitive, reconnaître efficacement qu'une œuvre est utile et répond à un besoin, qu'une idée est juste et arrive à son heure.

La fondation à Paris de l'*Office central des œuvres de bienfaisance*, aujourd'hui reconnu d'utilité publique, et son rapide développement apportent, ce semble, un argument puissant à l'appui de cette thèse : que l'initiative individuelle est en mesure de remédier elle-même aux imperfections, aux lacunes que présente actuellement l'exercice de la charité privée, qu'elle est capable de s'organiser.

* *

Il convient d'aller plus loin et il est opportun d'insister sur l'impossibilité où se trouve l'État de se passer de ce concours et de rien faire d'efficace sans lui dans le domaine de l'assistance. L'enquête à laquelle a procédé l'Office central constitue même, à ce point de vue, une démonstration dont il serait regrettable de ne point tirer les conséquences. Cette enquête prouve, en effet, que l'assistance officielle a reçu de la charité privée une grande partie de ses ressources et ses meilleurs moyens d'assistance; qu'elle doit aux libéralités individuelles presque tous les hôpitaux qu'elle administre aujourd'hui : « cet asile des Enfants trouvés, dont elle a fait l'*Hospice des enfants assistés;* et l'asile de la Roche-Guyon, où elle envoie les jeunes convalescents; l'asile Vacassy, l'asile de la Providence, l'institution de Sainte-Périne, l'hospice Brézin, l'hospice Le-

prince, l'hospice Saint-Michel, les maisons de retraite Devillas, Dheur, Tisserand, Chardon-Lagache,
Galignani, Debrousse, où elle reçoit tant de vieillards; l'institution des Jeunes-Aveugles, et celle des
Sourds-Muets; l'école Braille; la clinique ophtalmo-
logique; le service des ambulances urbaines, etc.;
qu'elle doit à l'initiative privée les monts-de-piété,
les crèches, les salles d'asile, les dispensaires, les
asiles de nuit, les colonies de vacances, les patronages, les établissements d'assistance par le travail
qu'elle lui a successivement empruntés; — qu'enfin,
si cette initiative privée ne l'avait devancée, il n'y
aurait encore aucun établissement spécial pour les
enfants incurables ni pour les enfants tuberculeux
de Paris[1] ».

Voilà comment il est vrai de dire que la misère
n'a jamais pu être soulagée efficacement que par
l'État.

Au seul point de vue de l'assistance des vieillards,
que ferait, à Paris, l'assistance officielle si elle était
privée du concours de la charité privée et réduite
à ses seules forces? Un publiciste compétent constatait, hier à peine, l'insuffisance des lits de vieillards
et d'infirmes; il constatait, d'après les comptes rendus officiels, que l'Assistance publique ne possède,
en 1898, qu'un lit par 280 habitants (elle en possédait, en 1788, un par 87 habitants); que même les
pensions ajoutées aux lits ne représentent qu'un lit
ou une pension par 188 habitants, tandis qu'il y a

_____

1. *Paris charitable et prévoyant*, « Avertissement », p. VI.

16,000 vieillards sur le pavé, exposés à mourir silencieusement de faim et de froid [1] !

Quelle excuse l'Assistance publique invoque-t-elle pour justifier cette mauvaise situation des vieillards à Paris? C'est qu'elle est hors d'état de suffire à ce service. Le Conseil municipal de Paris et l'État lui-même invoquent l'insuffisance des ressources budgétaires pour répondre à une tâche aussi vaste. A ce premier point de vue, le concours de l'initiative privée est donc indispensable.

Mais si l'État ne peut se passer de ces établissements, de l'argent de la bienfaisance privée, il peut encore moins se passer des libres dévouements qui se consacrent au soulagement de la misère. Quel fonctionnaire remplacerait à la tête de la Commission des hospices de Lyon des hommes comme M. Sabran, par exemple, qui donne sa haute intelligence, son activité, son temps, sa fortune, à l'accomplissement de l'admirable mission qu'il a acceptée?

Je parlerai plus loin des innombrables et merveilleux dévouements qui sont dus à l'inspiration religieuse. Il n'est pas contestable, d'autre part, qu'il existe une sorte d'infériorité organique de l'assistance officielle vis-à-vis de la charité privée. Les représentants les plus élevés de l'Assistance publique n'hésitent pas à le reconnaître eux-mêmes. Au congrès de bienfaisance tenu à Paris en 1887, M. Monod, directeur de l'Assistance et de l'hygiène

1. D'Echerac, ancien inspecteur général de l'Assistance publique. — *Le Temps* du 23 janvier 1899.

publiques au ministère de l'intérieur, reconnaissait lui-même que l'assistance officielle est presque condamnée à la sécheresse, que l'enthousiasme et la délicatesse de la bienfaisance privée lui sont interdits, qu'elle doit compter avec la sévérité qu'impose tout emploi des deniers publics; et il ajoutait « que l'assistance officielle doit surtout frayer dans les sentiers battus, laissant à l'initiative privée l'honneur trop onéreux de faire des essais, des innovations ».

Elle les a tentées, en effet, ces innovations; elle a frayé des sentiers nouveaux, à ses risques et périls, en fondant les crèches avec Marbeau, les salles d'asile avec Oberlin et Cochin, les asiles de nuit avec Massabo et de Livois, en fondant les patronages, les établissements d'assistance par le travail, les œuvres de visite des malades dans les hôpitaux, les asiles pour les incurables, les sanatoria...

Il est également vrai de reconnaître que la bienfaisance privée se meut dans des conditions qui sont irréalisables pour l'assistance officielle, au point de vue de l'opportunité et de la rapidité du secours, et partant de son efficacité. On en a la preuve tous les jours à Paris. L'assistance privée n'a pas à recourir à certaines mesures draconiennes, ni à s'enchaîner par un souci exagéré du lieu d'origine, par une réglementation étroite du domicile de secours. Bien organisée, elle est à même de faire arriver le secours où il doit arriver, en temps opportun, et sous la forme la plus pratique; seule, comme le disait le secrétaire général de la Société de charité de Lon-

drès, M. Loch, elle est capable d'amener les bienfaiteurs au *summum* de l'effort généreux et d'assurer à celui qui est dans le besoin le *summum* d'une
assistance efficace. « Le rôle de l'assistance officielle, comme l'a dit M. de Crisenoy, est donc
surtout de suppléer aux irrégularités, aux lacunes
inévitables de la charité privée. C'est celle-ci qui a
été dans le passé et qui restera dans l'avenir la
grande secoureuse des misères humaines. »

Maintenir et garantir la liberté de la charité
privée, faire en sorte que les deux assistances se
prêtent un mutuel concours, telle doit être la préoccupation de l'État. M. Sabran, avec toute l'autorité
qui s'attache à sa parole en ces questions, définit
ainsi son rôle.

L'opinion s'était émue, il y a quelques mois, en
recueillant les échos de certains débats qui avaient
lieu au conseil supérieur de l'Assistance publique,
et d'où devait sortir, disait-on, un projet de loi
fort peu en harmonie avec ces principes, et de
nature à porter une grave atteinte à la liberté de
la charité privée. On prêtait à l'administration, qui
se déclarait insuffisamment armée pour exercer son
droit de surveillance sur les établissements d'assistance privée, tout un complot tramé dans le but
d'arriver à une sorte de mainmise sur ces institutions.

Il y a lieu de se féliciter que ce mouvement d'o-
pinion ait fourni à un corps aussi important que le
conseil de l'Assistance publique l'occasion de pro-
tester contre toutes tendances de ce genre et de con-

damner hautement l'erreur de ceux qui voudraient faire passer des particuliers à l'État l'exercice de la charité, et déplacer ainsi le devoir d'assistance.

M. Henri Monod, tout particulièrement, s'est défendu avec vivacité de viser à une concentration des forces et des ressources de la bienfaisance au profit d'une administration, et encore moins au profit d'un fonctionnaire, concentration qui, a-t-il déclaré, serait désastreuse si elle n'était chimérique [1]. Reconnaissant les limites nécessaires de l'Assistance publique, il a proclamé « l'immense utilité de la bienfaisance libre qui, dans notre pays surtout, a réalisé des merveilles et a mis au service de l'infortune d'inépuisables trésors ». Il a ajouté que si des mesures étaient à prendre pour empêcher certains établissements d'exploiter les gens bienfaisants et de commettre des abus, il fallait se garder de rien faire qui pût inquiéter la liberté de la charité privée.

A entendre ce langage auquel le conseil s'est associé par une manifestation unanime, nous devons croire qu'une loi nouvelle sur la surveillance des établissements de la charité privée, si elle était proposée, saurait concilier les droits de l'État avec le respect scrupuleux de la liberté, et que l'on n'en viendrait pas à créer toute une législation rétrograde, ainsi que le disait un membre du conseil supérieur, « pour réprimer quelques abus exceptionnels et quelques faits isolés, comme si la loi pouvait prévenir toutes les défaillances inhérentes à

---

1. Discussion devant le conseil supérieur de l'Assistance publique, session de janvier 1890, fascicule 53, p. 64.

la nature humaine [1] ». Il ne serait pas admissible que l'on diminuât sous aucun prétexte les garanties de la législation de l'an V, que tous les esprits libéraux doivent avoir à cœur de défendre.

Mais ce n'est pas assez de s'abstenir de décourager et de paralyser la charité privée, il faudrait faire quelque chose de plus, chercher à agrandir son action et à la débarrasser de toutes les entraves inutiles. M. Jules Simon a dit : « La liberté de donner n'est pas seulement quelque chose de beau, c'est ce qu'il y a de plus beau au monde. Réglementer outre mesure le droit de donner, c'est toucher à l'âme même et au cœur de la nation. »

De quelles difficultés, cependant, n'a-t-on pas entouré chez nous la liberté des fondations, la constitution et l'extension du patrimoine des pauvres! Et combien est précaire la vie de la plupart des œuvres incapables de recevoir des libéralités testamentaires, impuissantes à poursuivre de longs desseins et exposées à des vicissitudes de toutes sortes. Sans prétendre qu'il y ait lieu d'adopter la législation qui existe en Hollande, par exemple, où la personnalité civile s'acquiert par suite d'une fondation par acte notarié, passé devant témoins, et où le gouvernement se borne à examiner, en cas de donation, si l'institution légataire jouit de la personnalité civile, si les dons et legs ont été faits légalement, nous avons évidemment une réforme à

1. Maurice Lébon, conseil supérieur de l'Assistance, même discussion, fascicule 53.

faire dans un sens plus libéral et plus conforme à l'intérêt des pauvres.

Les Hollandais ne regrettent pas leur législation, puisqu'elle contribue à ce grand résultat que chez eux l'on ne mendie pas. Mais il ne semble pas douteux que l'on pourrait arriver chez nous à conjurer le péril de l'augmentation des biens de mainmorte, que je ne méconnais pas, à restreindre ces biens dans de justes limites, sans nuire à la liberté de donner, sans diminuer les bienfaits dont elle est l'origine.

Dans un moment où l'État, où les corps élus se reconnaissent impuissants à soulager des misères criantes, il serait opportun de supprimer toutes les réglementations qui sont de nature à ralentir ou à enchaîner inutilement la générosité privée, opportun d'adopter une législation et des pratiques administratives que n'inspirerait en aucun cas la méfiance vis-à-vis de la liberté et de l'initiative individuelle.

*
**

Dans cette grande tâche du soulagement de la misère, il y a un autre concours dont l'État ne peut se passer : c'est le concours de la religion. Mais ici l'évidence est si grande que l'on éprouve quelque confusion à insister.

J'ai dit que l'Assistance publique devait à l'initiative privée ses plus belles œuvres; il serait facile de prouver que l'initiative privée elle-même les doit, pour la plupart, à l'inspiration religieuse.

Sans parler des œuvres dont l'Église catholique a provoqué la création dans le passé, si nous voulions énumérer les œuvres qu'elle a enfantées dans ce siècle, la nomenclature en serait interminable. D'un autre côté, presque toutes les institutions de bienfaisance protestantes et israélites ont un caractère religieux. Un ouvrage considérable, récemment publié, résume l'histoire des œuvres protestantes et en présente l'imposant tableau[1]. La religion y tient la première place, et on n'hésite pas à le proclamer hautement. Il en est ainsi pour les œuvres israélites, dont l'Office central a montré l'importance : elles ont la même origine religieuse.

Il suffit de se placer un moment sur le terrain des faits pour se rendre compte du besoin que l'assistance officielle a du concours des œuvres fondées par la religion. J'ai fait allusion plus haut, en parlant de l'initiative privée, à l'assistance des vieillards et aux Petites Sœurs des pauvres. Je n'ai pas signalé le fait qui était le plus important à citer. Sait-on quelle est la part que prennent les Petites Sœurs dans les efforts tentés pour secourir la vieillesse? On a fait le calcul du nombre de journées de présence fournies, depuis leur fondation, par toutes les maisons créées par elles en France et à l'étranger : le total général obtenu ainsi dépasse 130 millions! 130 millions de journées auxquelles il a fallu pourvoir en courant chaque matin de porte en porte; il a fallu trouver moyen de loger, nourrir,

1. *Les œuvres du protestantisme français au XVII° siècle*, publiées sous la direction de M. Franck-Puaux. Paris, 1893.

chauffer, habiller la quantité de malheureux que
suppose ce nombre de journées[1]. Supprimez ce
concours et mesurez le vide qu'il laissera dans le
service des pauvres! Donnez à l'Assistance publique
pareil nombre de vieillards à secourir, et voyez
ce qu'il en coûtera à son budget. Et les exemples
abonderaient s'il était nécessaire de les multiplier.

Mais je trouve dans notre histoire contemporaine
une démonstration qui, pour tout esprit sincère,
devrait être décisive. Au sortir de la tourmente ré-
volutionnaire, quand les pouvoirs publics ont voulu
remédier à l'anarchie qui régnait dans le service
des pauvres, quel a été leur premier acte? Ils ont
fait appel au dévouement religieux; ils ont rappelé les Sœurs hospitalières. Ce n'étaient pas des
croyants, des *conservateurs* qui agissaient de la
sorte; c'étaient des libres penseurs avérés, des
hommes de la Révolution. Le Ministre de l'intérieur jugeant que, en ce qui regarde le soin des
malades et la distribution des secours, les corps administratifs ne suffisaient pas, leur adjoignit le
concours des Sœurs, et il n'est pas sans intérêt de
connaître les considérants de son arrêté :

« Considérant que les secours aux malades ne
peuvent être assidûment administrés que par des
personnes vouées par état au service des hospices
ou dirigées par l'enthousiasme de la charité;

« Considérant que, parmi tous les hospices de la
République, ceux qui sont administrés avec le plus
de soin, d'intelligence et d'économie sont ceux qui

---

1. *Paris charitable et prévoyant*, p. 580.

ont rappelé dans leur sein les anciennes élèves de cette institution sublime, dont le seul but était de former à la pratique de tous les actes d'une charité sans bornes;

« Considérant qu'il n'existe plus de cette précieuse association que quelques membres qui vieillissent et nous font craindre l'anéantissement d'une institution dont s'honore l'humanité, etc. [1] »

. Et dans un rapport du 9 fructidor an X, justifiant l'autorisation donnée aux Sœurs de Charité de se consacrer au soulagement des malades et de revêtir leur costume, on lit cette conclusion : « L'expérience a prouvé que les Sœurs ont constamment opéré le bien de l'humanité souffrante; dès que l'on s'est occupé des hospices, on a eu recours à leur piété et à leur zèle; leur établissement est national; il est né en France, il est le fruit de la religion de nos pères; on en est redevable à son fondateur à la fois religieux et philosophe, qui a mérité d'être placé au premier rang des bienfaiteurs de l'humanité[2]. »

J'ajoute que si nous nous en tenions à certaines manifestations extérieures qui ont bien leur signification, il ne semblerait pas que l'État eût aujourd'hui, après un siècle écoulé, une opinion des Sœurs de Charité différente de celle qui se trouve consignée dans ce rapport de l'an X. En dépit de tant d'actes qui sont de nature à indiquer une attitude d'hostilité vis-à-vis de l'esprit religieux en

1. Ces considérants sont tirés d'un arrêté du 1er nivôse an IX.
2. Arch. Nat. F1v, carton 73, plaquette 421.

général et vis-à-vis des Sœurs de Charité en particulier, nous constatons que depuis l'année 1870,
sur trente-trois croix de la Légion d'honneur accor-
dées à des femmes pour récompenser d'éclatants
mérites, vingt-quatre ont été données à des religieuses pour services charitables.

Dès que l'on se trouve en présence de juges im-
partiaux, la nécessité de ce concours ne fait, d'ailleurs, plus de doute. Un des hommes les mieux
placés pour observer et pour formuler une appré-
ciation compétente, un éminent fonctionnaire de la
Préfecture de police, que l'estime générale a suivi
dans sa retraite, n'hésite pas à déclarer, dans un
livre plein d'autorité sur la charité à Paris[1], que
jamais l'assistance officielle, avec des instruments
salariés, si consciencieux que soit leur concours,
avec ses sévérités de contrôle formaliste, ne pro-
duira les résultats qu'obtient par ses propres actes
la charité religieuse. Et, quand il s'est agi dans nos
assemblées de discuter la place que devait tenir la
religion dans les conseils de la charité, le pasteur
Athanase Coquerel, dans un magistral rapport aux
représentants du peuple, du 20 février 1849, a dit
avec infiniment de justesse : « La présence des
ecclésiastiques nous a paru indispensable, non
seulement parce que la charité fait toujours partie
intégrante, pour ainsi dire, de la religion, mais
par des raisons pratiques qu'il suffit d'indiquer. Il
convient d'éviter qu'une rivalité mal entendue et
préjudiciable des deux parts s'établisse entre la

1. Lecour, *la Charité à Paris.*

bienfaisance laïque et la bienfaisance ecclésiasti-
que. Toutes deux tendent au même but et doivent
marcher d'accord; les fondre l'une dans l'autre est
impossible, surtout en France; les séparer complètement serait nuire aux deux; établir entre elles un
concert qui ne sacrifie aucun droit et ne crée ni
privilège, ni domination, ni accaparement, est un
commun avantage à rechercher, et tous les véritables amis de la religion seront les premiers à y
applaudir. L'assistance publique doit se concilier,
autant que possible, la bienfaisance privée; celle-ci
serait froissée dans bien des esprits, si la religion,
dans la personne de ses ministres, n'était pas présente et n'avait pas sa voix dans les conseils de la
bienfaisance nationale. »

Voilà le langage du bon sens et de la raison pratique.

Mais s'il n'est pas possible de se passer du concours de la religion, s'il est insensé, presque criminel
de réduire volontairement le nombre de ses auxiliaires dans le grand combat engagé contre la misère,
on s'explique de moins en moins le parti-pris de
certaines administrations, de certains corps élus,
proscrivant impitoyablement les Sœurs hospitalières et tenant à l'écart de l'exercice de la bienfaisance, en les considérant comme suspects, des hommes qui sont simplement des croyants attachés à
leur religion. Les haines, les passions aveugles, peuvent inspirer, sans doute, ce parti-pris, amener des
corps élus à employer l'argent des contribuables
pour satisfaire les mesquines préoccupations d'une

coterie, à dépenser parfois dans un hôpital, pour
écarter les Sœurs au profit des infirmières laïques,
3 ou 400,000 francs qui auraient pu être économi-
sés et servir à installer des lits dont on manque.
Mais, parmi les hommes qui sont animés de ces
préventions antireligieuses, il n'y a pas que des
sectaires, que des hommes de mauvaise foi ; il y a
des hommes sincères, de bonne volonté. Comment
s'expliquer leur attitude ? Peut-être nous rediront-ils
les vieilles accusations portées contre les œuvres
charitables ayant une origine religieuse ou contre
les Sœurs : l'esprit d'intolérance, le prosélytisme
ardent qui violente la conscience des pauvres, des
malades, propage des superstitions indignes de ce
temps ; l'esprit d'accaparement, le masque de la
religion que prennent certaines œuvres pour exploiter la charité. Assurément, il y a et il y aura
toujours des abus ; il serait puéril de le contester ;
et, dûment constatés, on doit les réprimer. Mais il
y a lieu de remarquer d'abord que ces accusations
font contraste avec la faveur constante de l'opinion
publique pour les œuvres dues à la charité religieuse, et surtout avec l'attachement et la confiance
des masses populaires pour les Sœurs de Charité. Il
y a lieu de remarquer, en outre, que le plus souvent, quand on a pris la peine de s'éclairer sur la
valeur de ces attaques, on a reconnu qu'elles n'é-
taient pas justifiées.

J'en citerai un exemple frappant que l'on retrouvera dans le cours de cet ouvrage et dont j'ai été le
témoin. Le Conseil municipal de Paris refusait obs-

tinément une allocation à l'œuvre de l'Hospitalité du travail, établie rue d'Auteuil et dirigée par des religieuses. On s'en prenait à leur intolérance. A force d'instances, on obtint de quelques membres du Conseil qu'ils voulussent bien visiter l'œuvre, procéder à une enquête minutieuse. Un des conseillers qui faisaient partie de la délégation comptait parmi les plus intransigeants, les plus hostiles à toute œuvre religieuse. Or, qu'advint-il? L'enquête eut lieu, et, au cours de la séance publique où fut discutée l'allocation, M. Cattiaux, car c'était lui, fit la déclaration suivante : « Il vous paraîtra peut-être étrange que moi qui, en principe, refuse toute allocation à une œuvre où l'idée religieuse trouve sa place, je vienne parler de l'Hospitalité du travail. J'ai visité l'établissement, j'y ai vu une grande tolérance religieuse, je me plais à reconnaître l'utilité de cette œuvre. J'ai constaté qu'elle était excellente. » Et le directeur de l'Assistance publique, qui était présent, ajoutait : « Elle est très méritante et, pour ma part, j'en suis jaloux[1]. »

Il est évident que la plupart des préventions tomberaient de la sorte, si l'on consentait à examiner sincèrement les faits sur lesquels elles se fondent, si l'on voulait bien s'inspirer du langage si sensé que tenait récemment le maire de l'un des arrondissements de Paris, M. Risler, peu suspect de cléricalisme, lorsqu'il disait : « Les élèves que nous assistons, nous les cherchons dans les écoles communales *ou libres*, sans préoccupation politique ou

1. *Bulletin municipal officiel.*

religieuse; dans son rôle de bienfaitrice, notre œuvre ne connaît que des enfants malheureux. »

Toutes nos ressources réunies étant insuffisantes pour soulager efficacement la misère, nous ne pouvons pas, nous ne devons pas nous diviser. Dans la grande lutte que nous livrons, ceux-là doivent être déclarés traîtres à la cause des pauvres, qui paralysent une force, qui empêchent un corps de secours d'arriver sur le champ de bataille, et risquent ainsi d'amener la défaite. Or n'est-ce pas ce que l'on fait dans notre pays et dans un siècle épris de liberté et de progrès, en interdisant à toute une catégorie de citoyens, à d'admirables et saintes femmes de se vouer au service des pauvres, parce qu'ils ne pensent pas comme leurs adversaires sur la vie future? Il faudrait, pour guérir notre société divisée, malade, une grande effusion d'amour, comme il s'en produisit une au treizième siècle, et à ne regarder que les apparences, on serait presque tenté de croire que la haine seule domine dans les cœurs. Il n'en est rien, grâce à Dieu, car, au milieu de la fièvre de jouissance et d'intérêts matériels qui agite ce temps, se manifeste un sentiment auquel il a constamment obéi et qui a fait taire parfois les divisions : le sentiment de la pitié.

Un cri de détresse, en quelque endroit du monde qu'il soit poussé, l'émeut et provoque aussitôt toutes les générosités.

C'est son honneur! Des sceptiques ont beau railler la charité et la philanthropie, regarder comme une naïveté de venir en aide à ceux qu'ils appellent les traînards de l'armée sociale, les pauvres, les malades, les infirmes; ils ont beau déclarer que l'intérêt bien entendu veut que l'on n'en embarrasse pas la marche de la société, qu'on les laisse mourir; — qu'on laisse mourir ce chétif, — dût-il devenir un Pascal ou un Pasteur; ils ont beau dire que l'on est, d'ailleurs, presque toujours exploité et trompé par eux. L'âme généreuse de ce temps n'éprouve qu'indignation et révolte pour un tel langage, tandis qu'elle s'enflamme, au contraire, dès qu'elle entend l'appel de la charité. Et nous ne devons former qu'un souhait : c'est qu'elles retentissent plus que jamais au milieu de nous, ces voix qui, s'élevant jadis des collines d'Assise, annonçaient la paix aux miséricordieux, aux hommes de bonne volonté. Puissent-elles être entendues surtout de la jeune génération, l'amener à agir, à se dévouer, c'est-à-dire à payer de sa personne, de son temps, l'empêcher de se perdre dans les dissertations critiques, dans les théories sociales pour aboutir à un doctrinarisme infécond! Puissent-elles lui faire reconnaître que, dans l'action, aucune méthode, pour éclairée et scientifique qu'elle soit, ne saurait dispenser du contact avec les pauvres, et qu'en définitive se rapprocher d'eux et donner le plus qu'on peut de soi-même restent et resteront toujours le principe et la mesure d'une action véritablement efficace.

Si le lecteur a pris intérêt à l'œuvre nouvelle dont le programme vient de lui être exposé sommairement, il sera peut-être tenté de s'enquérir des circonstances qui ont amené l'auteur de ce récit à s'y consacrer et à quitter pour elle le terrain des luttes politiques. Un deuil infiniment douloureux, un cher foyer détruit, ont été pour moi le point de départ de cette vie nouvelle en m'empêchant de solliciter des électeurs le renouvellement du mandat législatif que l'Alsace d'abord, que Paris ensuite m'avaient fait l'honneur de me confier. Ce changement accompli dans des conditions indépendantes de ma volonté, cette brusque interruption d'une carrière pleine d'intérêt et dont les débuts étaient faits pour me séduire, ne devait point aller sans regret; mais ce renoncement devint bientôt réfléchi et définitif à mesure que se montrait plus évidente à mon esprit la nécessité de se tourner vers les œuvres charitables et sociales. Je n'ai pas eu besoin d'une longue expérience pour constater à quel point il est urgent de porter ses efforts de ce côté, de travailler à rapprocher, à réconcilier des éléments dont l'antagonisme peut être mortel pour notre société. Sans doute, je reconnais qu'il est possible de poursuivre efficacement ce but dans des conditions très diverses. Mais j'ai cru et je crois encore que ceux qui sont, en ce moment, éloignés de la vie publique, ont quelques chances de plus de réussir dans cette tâche difficile, s'ils ne peuvent être soupçonnés d'aucune arrière-pensée d'ambition personnelle, d'aucune recherche de popularité. C'est ainsi que tomberaient peu à peu bien des méfiances qui font obstacle à la paix sociale.

J'admire les voix éloquentes qui, au Parlement, défendent la cause de ceux qui souffrent. Elles peuvent beaucoup et l'on ne saurait se passer d'elles. Cependant il est nécessaire que cette cause ait aussi ses serviteurs en dehors des compétitions de partis et des luttes politiques.

Tels ont été les raisonnements auxquels j'ai obéi.

Et puis, plus tard, avec la marche des années, s'est opéré ce travail intérieur dont chacun de nous peut mesurer en soi l'influence et qui fait que l'on envisage l'avenir sous des aspects bien différents.

Pour tout homme, quand vient le soir de la vie avec ses lourdes ombres, quand les voix aimées se taisent l'une après l'autre, et que la solitude envahit peu à peu la route finissante, il y a une heure où l'âme se prend à interroger tour à tour les horizons prochains et le passé qui s'enfuit. Elle se demande quel emploi elle a fait des années écoulées, ce que représente son passage ici-bas, combien elle compte de jours utiles à elle et aux autres, de quelles infortunes consolées, de quelles souffrances apaisées elle emporte les bénédictions vers les régions mystérieuses qui l'attendent. En même temps, ce redoutable au-delà commence à l'inquiéter. Les enchantements sont évanouis; la vie n'a plus de promesses; il faut penser à ce qui s'approche. Plus que jamais on a besoin de croire à quelque chose qui demeure et on cherche des points d'appui pour sa croyance. On a besoin de croire à des réalités différentes de celles qu'emporte le temps, à une vie supérieure où se résolvent les énigmes d'ici-bas et qui réunisse, dans un amour sans déclin, ceux que la mort a séparés. On sent que l'on doit s'y préparer en travaillant au bien des hommes, et la pensée se tourne avec une vivacité particulière vers ceux qui souffrent. Je ne sais quelle force secrète, sans doute un sentiment d'immense pitié, mêlé de quelque remords, vous presse d'aller aux pauvres, de les aimer, de les servir; et il arrive que, en les aimant et en les servant, les uns trouvent le chemin de croire, les autres, l'affermissement de leur foi.

Oui, le chemin de croire, car il n'y a pas de démonstration plus décisive, pas de prédication plus éloquente que celle qui sort d'un commerce fréquent avec la pauvreté chrétiennement supportée. Tant de patience, de résignation confiante, d'oubli de soi, de dévouement envers de plus pauvres encore, ne permettent pas de nier la force supérieure qui inspire ces vertus, ni l'autre vie qui leur est promise.

Je sais bien que cette affirmation était contredite, hier à peine, dans un discours qui a eu du retentissement. Je sais bien qu'un célèbre écrivain[1], après avoir tracé le plus magnifique éloge de la pauvreté, après avoir fait passer devant les yeux de ses auditeurs une série de ces héros de la souffrance, « de ces êtres de légende », comme il les nomme, capables de tout sacrifier pour le prochain, qui confondent nos égoïsmes mondains par leur abnégation et leur bonté, a conclu par une parole de désolant scepticisme, et presque par une évocation du néant. Mais ce discours, loin d'ébranler en rien ma conviction,

1. M. Pierre Loti.

me fournit au contraire des arguments qui la forti-
fient. Je suis persuadé que son auteur est charitable,
et il n'eût pas prononcé ce discours s'il ne l'était
pas; mais il n'est peut-être pas téméraire de supposer qu'il n'a pas vécu avec les pauvres, et, dans
tous les cas, il n'a aperçu, bien certainement, ceux
dont il parle, qu'à travers les notes, les procès-ver-
baux, les documents écrits qui constituent le dossier
d'un discours académique sur les prix de vertu. Ma
conviction est que s'il avait suivi, entendu, fré-
quenté ces apôtres obscurs de la charité dont il fait
le portrait, et qui, n'ayant pas de quoi vivre eux-
mêmes, passent leur existence à ramasser dans les
boues des grandes villes de petits abandonnés, de
petits vagabonds pour en faire d'honnêtes gens;
s'il avait vu à l'œuvre ces pauvres filles aveugles
qui, malgré leur éternelle nuit, ont appris à filer la
laine et à coudre pour donner du pain à une mère
aveugle elle-même et qu'elles adorent; cette vieille
servante qui consacrait à de pauvres vieillards son
foyer, ses petites ressources et le reste de ses forces;
s'il avait connu ces admirables créatures que la ma-
gie de son style fait apparaître devant nos yeux,
ces êtres qui souffrent toute leur vie, dont l'enfance
rachitique a été sans soleil et sans joie, qui ont tout
le temps végété dans des logis sombres, qui ont atteint la vieillesse sans rencontrer un instant de
bonheur ni de santé, et qui, « dans l'endurance de
ce continuel martyre, ont trouvé cependant le
moyen d'être bons, de l'être inépuisablement, à toute
heure, durant des années et des dizaines d'années,

sans une minute de faiblesse, sans un retour de dé-
faillance, sans un murmure, qui ont trouvé le moyen
d'être secourables et doux, de donner, par miracle,
ce qu'ils n'ont pas, et, dans leur dévouement sublime, d'être heureux par la charité » : ma conviction est qu'ils lui eussent révélé le secret de leur
dévouement, la source de cette paix, de ce bonheur
qu'il qualifie lui-même « d'ultra-terrestre », qu'ils
lui eussent appris ce qu'ils allaient chercher et ce
qu'ils trouvaient aux pieds du Christ. Il eût considéré
dès lors comme une pensée sacrilège de leur faire
dormir le même sommeil, de les faire s'évanouir
dans le même néant que tel jouisseur cynique qui n'a
vécu que pour lui, que ce cupide sans entrailles qui
a extorqué la richesse, ce produit du temps, des
larmes, des sueurs, du sang humain; il n'eût pas
osé dire qu'il n'y a de justice ni pour les uns ni pour
les autres, sans que tout se fût révolté en lui, le
cœur, le bon sens, la raison, le sentiment le plus
vulgaire de l'équité, et cette révolte aurait valu à
elle seule plus que tous les raisonnements et plus
que toutes les démonstrations. S'il avait pu croire
un seul instant que la doctrine qu'il professe serait
recueillie et mise en pratique par ces pauvres, il aurait reculé devant la certitude de détruire en eux, non
seulement ce qui fait qu'ils supportent leur misère,
mais ce qui fait qu'ils le supportent lui-même, lui,
je veux dire les favoris de la terre, « ceux qui ont la
fortune, la gloire, les commodités de la vie, les len-
demains assurés, le bien-être en perspective jusqu'à
l'heure de la mort ».

L'erreur de ce discours a été de ne nous montrer, dans l'exercice des vertus dont il fait l'apologie, que l'application de l'un des deux commandements divins dont elles se sont inspirées : « Tu aimeras tes semblables comme toi-même », et d'avoir oublié, d'avoir laissé dans l'ombre le grand commandement dont ce dernier n'est que la suite : « Tu aimeras Dieu de toute ton âme. » Ces deux commandements, qui, à vrai dire, sont tout l'essentiel du christianisme, dogme, morale et culte, ils ne les ont pas séparés, eux, ces héros du dévouement, ces pauvres; ils en ont fait la loi de leur vie, ils ont vécu les yeux attachés sur le Maître adorable qui a dit : « Ce que vous avez fait au moindre de mes frères, c'est à moi que vous l'avez fait. » Ils ont cru aux paroles de ce livre dont vous avez écrit « que c'est le livre éternel qui survivra à tout le reste », l'Évangile qui ne peut être à la fois mensonge et vérité.

Voilà ce qu'il faut reconnaître et oser dire. Mais on admire ces vertus, et l'on n'a qu'un sourire, parfois un sourire de pitié pour la foi qui les suscite. On la raille doucement, comme la marque d'une faiblesse d'esprit. Or je me demande par quelles raisons nous serions amenés à penser que nous voyons plus clair que ces humbles, que ces croyants, dans le problème de la destinée. Si nous nous en tenons au saisissant parallèle que le même discours établit entre les pauvres qu'il célèbre et les gens du monde, entre tant d'hommes que l'on nous montre dévorés par leurs convoitises, tiraillés par les pas-

sions, aigris par les déceptions, « étalant chaque
jour la banqueroute de leurs plaisirs, le vide ef-
froyable de leurs élégances, le néant de leurs petits rêves puérils », et ces âmes simples, droites,
ces cœurs purs qui font le bien d'une façon patiente
et tendre, qui se donnent tout entiers; quels sont
ceux dont le jugement paraîtra le plus sûr, les lumières plus abondantes et que l'on trouvera dignes
d'approcher de plus près la vérité, cette vérité dont
la beauté morale est la manifestation la plus éclatante?

Sans doute, tous les malheureux ne ressemblent
pas à ceux auxquels le discours à l'Académie rend
un si juste hommage; mais, si je fais appel aux
hommes charitables qui visitent assidûment les
pauvres, si je les interroge, ils me répondront, j'en
suis certain, qu'ils sont journellement émus par les
spectacles auxquels il leur est donné d'assister;
qu'ils sont frappés d'admiration par tout ce qu'ils
rencontrent chez les malheureux de patience, de
courage, d'abnégation, souvent de dignité et de
délicatesse de cœur; par ce désir constant et si tou-
chant de se dépouiller pour de plus misérables encore. Ils me répondront qu'ils se sentent comme obligés par ce contact de devenir meilleurs eux-mêmes.

J'étais donc bien fondé à soutenir que l'amour et
la fréquentation du pauvre, joints à la recherche
des moyens de le soulager, en même temps qu'ils
sont un devoir chrétien et social dont l'accomplissement s'impose plus que jamais, donnent naissance au plus éloquent et au plus utile des enseigne-

ments; que c'est vraiment là le chemin de croire, comme c'est le chemin de toute perfection morale.

Rapprochons-nous donc de ceux qui souffrent; rapprochons-nous des pauvres, des déshérités, et, à leur tour, ils nous rapprocheront les uns des autres, si divisés que nous puissions être. Le même sentiment de pitié qui aura fait battre nos cœurs fera rencontrer nos mains dans une fraternelle étreinte. L'exemple de ces misérables si patients, si courageux dans la souffrance, si secourables aux autres dans leur pauvreté même, aura raison de notre égoïsme et nous enseignera le secret de la paix par la pratique de l'oubli de soi.

Au milieu des obscurités où nous nous débattons, les fermes et radieuses espérances qui les soutiennent projetteront la lumière. Ils mettront des certitudes à la place de nos doutes ou de nos négations; et nous apprendrons d'eux que l'on entre dans la vérité par la charité.

Avril 1899.

AVERTISSEMENT AU LECTEUR

J'ai réuni dans ce volume les discours et les rapports que j'ai faits successivement à l'occasion de la fondation de l'Office central de la Charité, pour en expliquer l'utilité, pour en provoquer la création, pour en saluer la naissance, pour en constater les premiers résultats; je les ai transformés en chapitres d'une même histoire, afin que le lecteur puisse assister, en quelque sorte, à la genèse de l'œuvre, en suivre toutes les vicissitudes et la marche progressive.

Remontant à son origine, il en trouvera tout d'abord le programme dans le chapitre Ier, programme que j'ai exposé pour la première fois en public, un an avant la fondation, dans une réunion tenue le 11 mars 1889, sous les auspices de la société d'Économie sociale de Paris et sous la présidence de M. le marquis de Vogüé.

Il m'a semblé que le lecteur prendrait intérêt à entendre résumer les idées, les principes qui ont servi de point de départ à la création de l'Office central, avant de voir ces idées traduites en actes.

C'est une bonne fortune trop rare que d'avoir été amené à donner la vie à un plan que l'on s'était idéalement tracé, pour ne pas mettre en lumière le passage de la théorie à l'action.

J'ai cru devoir reproduire ensuite les exposés annuels qui présentaient la situation de l'œuvre et rendaient compte de son développement, dans leur intégralité et dans leur ordre chronologique, avec leur physionomie du moment, sans appréhender certaines redites qui peuvent n'être pas inutiles.

J'ai raconté les origines de l'Hospitalité du travail établie à Auteuil et la part que j'ai prise à sa fondation, parce que l'histoire de l'Office central serait incomplète si l'on n'était initié aux diverses phases de l'existence de cette œuvre dont une branche a été créée par l'initiative de l'Office central et dont les autres concourent à son fonctionnement. J'y ai ajouté une étude sur les divers éléments qui composent la clientèle de ces institutions, c'est-à-dire sur l'armée des Sans-Travail, et j'ai terminé par un chapitre renfermant les indications pratiques nécessaires pour aider à la fondation des Offices régionaux.

A côté des enseignements que le lecteur pourra puiser dans ce livre, il trouvera ainsi la méthode qui en facilitera l'application.

CHAPITRE PREMIER

Le problème de la misère, à Paris, notamment. — Comment la
misère n'est pas soulagée et n'a pas diminué en raison de la
diffusion des œuvres charitables et de l'accroissement des libéralités publiques. — Explication de ce fait : utilisation imparfaite des ressources charitables, absence d'unité, de concert;
dispersion des forces et des ressources, particularisme extrême,
exploitation croissante de la charité par la fausse indigence.
— Nécessité d'un remède efficace. — Organisation rationnelle
de la charité privée. — Projet de création d'une Œuvre centrale.

* Le sujet que je vais aborder aujourd'hui avec
vous, a provoqué bien souvent, à coup sûr, vos mé-
ditations. Ce redoutable problème de la misère, qui
de nous ne l'a interrogé, qui n'en a scruté les causes,
étudié les remèdes? Loi mystérieuse de l'humanité
qui pèse sur elle depuis les anciens âges, et nous la
montre à la fois sous son aspect le plus hideux et
sous son aspect le plus divin, oui, divin, puisqu'elle
suscite la charité, cette fille du Ciel, comme l'appellent les poètes.

Hélas! Messieurs, notre siècle, tout épris d'idées
généreuses, a eu beau se flatter d'inaugurer l'ère de
la félicité universelle, le règne de la justice et de
l'égalité pure; il a eu beau répandre l'instruction

* Conférence faite le 11 mars 1889, à Paris, pour préparer la fondation de l'Office central.

4

dans le peuple, marcher de découvertes en découvertes, de progrès en progrès, dérober à la science ses secrets, s'assujettir les forces de la nature, triompher de la distance et du temps, il y a une conquête qu'il n'a pas faite : il n'a pas vaincu la misère ! Cette société au milieu de laquelle nous vivons, qui possède tous les genres de richesses, qui a connu les joies les plus raffinées qui furent jamais, elle souffre ! Et, chose étrange, la misère d'âme lui arrache peut-être autant de plaintes que la misère physique !

Mais ce ne sont pas des considérations philosophiques que je suis venu développer devant vous, c'est une question de fait que je veux traiter. Je me place sur le terrain de l'observation, de l'expérience, suivant la méthode de la Société d'Économie sociale et de son illustre fondateur, Frédéric Le Play, dont vous me permettrez de prononcer le nom avec la vénération dévouée et la reconnaissance qu'il m'inspire.

J'ai à cœur de rechercher avec vous comment on pratique la charité à Paris. Qu'on la fasse largement, très largement, nul ne l'ignore ; mais comment la fait-on ? Le résultat répond-il à l'immensité de l'effort ? En un mot, sait-on s'inspirer de cette parole d'un homme dont on doit toujours citer le nom, quand on parle de la charité à Paris, M. Benjamin Delessert : « L'homme le plus bienfaisant n'est pas celui qui donne le plus, mais celui qui donne le mieux. »

Lorsqu'on étudie l'état de la misère à Paris et les

efforts que tentent l'assistance publique et la charité
privée pour la soulager et en combattre les progrès,
on est frappé de trois grands faits :

1° L'accroissement constant des dépenses de l'administration de l'Assistance publique;

2° La diffusion de plus en plus grande des œuvres
charitables dues à l'initiative privée;

3° Le nombre extraordinaire des infortunes qui,
sous toutes les formes, sollicitent des secours.

Le budget de l'Assistance publique était, en 1870,
de 27,000,000; les prévisions de dépenses, pour
l'année 1889, dépassent 41,000,000.

Pendant que les ressources consacrées par la
charité officielle au soulagement des pauvres se
développaient dans cette proportion, l'initiative
individuelle créait des miracles de générosité. Ces
miracles, M. Maxime du Camp les a fait connaître
dans d'émouvants récits qui sont dans toutes les mémoires. Notre temps a été le témoin d'un véritable
épanouissement de la charité, et l'on n'a point à
craindre de céder à un sentiment exagéré d'amour-
propre national, en constatant qu'aucune ville du
monde ne saurait, à ce point de vue, rivaliser avec
la ville de Paris.

Depuis quinze ans seulement, que d'œuvres nouvelles fondées! Que d'œuvres anciennes transfor-
mées, agrandies! Que d'ingénieuses entreprises
tentées, afin qu'il ne reste plus, ce semble, une
infortune sans soulagement, une douleur sans remède; et de toutes parts que de mains secourables
tendues au malheureux!

La création des maisons d'hospitalité est venue combler une lacune regrettable qui existait à Paris, tandis que d'autres villes de France, Marseille notamment, étaient déjà dotées de cette institution. C'est aujourd'hui une œuvre considérable que plusieurs associations ont établie, les unes offrant l'hospitalité de nuit pour un court délai, les autres offrant une hospitalité prolongée, moyennant un travail quotidien, et s'attachant à ce qu'aucun de leurs pensionnaires ne se trouve sans emploi à la sortie de l'asile. L'une des plus belles fondations de ces dernières années, l'Institut des Petites Sœurs gardes-malades des pauvres qui vont soigner gratuitement à domicile la femme de l'ouvrier malade, s'occuper de ses enfants, faire son ménage, a pris une telle extension que, après avoir compté une douzaine de Sœurs, il y a dix ans, elle en compte par centaines aujourd'hui.

Les crèches, les orphelinats, les asiles ouverts à l'enfance abandonnée, les écoles d'apprentis, les cercles d'ouvriers, les maisons de retraite pour les vieillards, les œuvres pour les malades, les dispensaires gratuits, les patronages, les refuges pour les libérés repentants et pour les pauvres victimes du vice, n'ont cessé de se multiplier. La Société de Saint-Vincent-de-Paul a pris un développement considérable. Enfin, sous l'inspiration du sentiment chrétien, trois nouveaux hôpitaux viennent d'être fondés dans Paris par l'initiative individuelle.

Que si, maintenant, après avoir tracé ce tableau, je constate qu'en ce moment les pauvres nous assiègent et que, chaque jour, le cœur de ceux qui ont quelque pitié se serre, en se reconnaissant impuissants à soulager les misères dont le spectacle s'offre à eux de toutes parts, je me bornerai à affirmer un fait dont chacun de nous renouvelle incessamment l'expérience.

Et je ne parle pas ici de ces hordes de mendiants qui rendent difficile l'accès de tous les lieux publics, des églises, des chapelles notamment, de ces pauvres qui se prétendent des pauvres honteux et qui nous harcèlent dans les rues, le soir, et même à toute heure, en plein jour : ouvriers sans travail, mourant de faim, à les en croire, convalescents qui sortent des hôpitaux, femmes ou filles abandonnées.

Je parle de ces demandes innombrables de gens sans place, d'orphelins délaissés, de vieillards sans ressources, de malades qui attendent leur admission dans des hôpitaux trop pleins pour les recevoir, d'infirmes qui ne sont pas assez malades pour être hospitalisés, et trop pour pouvoir travailler, de femmes chargées de famille ou de jeunes filles qui gagnent un salaire insuffisant pour vivre et ne veulent pas, disent-elles, devoir au vice leur gagne-pain. Chacun est débordé par ces appels réitérés, ces lettres et ces quêtes à domicile.

Je connais, pour ne citer que ce trait, une œuvre d'orphelins qui, si elle avait la possibilité de les recevoir, pourrait admettre en moyenne trois enfants par jour en plus de ceux qu'elle recueille.

De ces faits, découlent logiquement deux conclusions qui peuvent être également justes et entre lesquelles il faut choisir. Ou bien toutes ces ressources réunies, accumulées par la charité officielle ou privée pour venir en aide aux malheureux sont insuffisantes, ce qui suppose que le progrès de la misère, à Paris, a été toujours croissant; ou bien il y a un vice radical dans la répartition des secours, de mauvaises méthodes qui rendent possibles le gaspillage, le double emploi, et par-dessus tout, l'imposture des faux pauvres, lesquels usurpent les aumônes destinées aux vrais malheureux.

Est-ce la première de ces deux hypothèses qui est fondée? La misère a-t-elle réellement grandi, dans une mesure qui est hors de proportion avec les ressources consacrées à la diminuer, sinon à l'éteindre? Il est très difficile, je dois le dire, d'arriver à faire une statistique tant soit peu exacte de la misère à Paris. Nous sommes cependant dans le siècle de la statistique et il n'est guère de problème sur lequel ses renseignements auraient autant de prix et d'importance pratique. Or, on peut affirmer que la statistique de la misère à Paris est encore à faire.

Parmi les tentatives les plus récentes pour l'établir, je citerai celle de M. le comte d'Haussonville dans ses belles études. L'Assistance publique lui a fourni ses données, elle lui a indiqué le nombre des indigents inscrits aux bureaux de bienfaisance, depuis un certain nombre d'années, le chiffre des pauvres qualifiés de nécessiteux, des admissions dans les hospices. M. d'Haussonville a pu se faire quelque idée de la misère *secourue*. Il a dû reconnaître bientôt combien les chiffres de l'Assistance publique sont insuffisants pour mesurer l'étendue *réelle* de la misère. On sait qu'une foule de malheureux jusqu'à ces derniers temps ne réunissaient pas les conditions exigées pour être admis au secours.

La comparaison entre des époques différentes est donc malaisée à faire, elle est plus difficile encore à établir entre les diverses capitales de l'Europe. Tout au plus peut-on, comme j'ai essayé de le faire, recueillir un certain nombre d'observations prises à des points de vue divers, qui, réunies, fournissent quelques lumières sur les progrès ou sur la diminution de la misère à Paris.

Mais encore faudrait-il bien s'entendre sur le point où commence la misère, question très complexe qui varie non seulement de ville à ville, mais dans le même milieu.

En Allemagne, par exemple, à Elberfeld, importante cité manufacturière dont je parlerai plus loin à cause de son organisation charitable, on indique comme le point au-dessous duquel commence la misère, les chiffres suivants de revenu par semaine (les marks sont convertis en francs). Pour un chef de famille ou une personne seule, 3 fr. 75. — Pour la femme vivant avec son mari, 2 fr. 50. — Pour un enfant de 15 ans et au-dessous, 2 fr. 50. — Pour un enfant de 10 à 15 ans, 2 fr. 25. — Pour un enfant de 5 à 10 ans, 1 fr. 62.

Est-ce tenir compte suffisamment de la différence du coût de la vie en Allemagne et en France que de majorer ces chiffres d'un quart?

M. d'Haussonville, dans ses calculs, estime que, en tenant compte des différences de sexe, d'âge, de tempérament, la somme annuelle nécessaire pour vivre à Paris, à l'abri du besoin, varie de 850 à 1,200 fr.; ce qui suppose un salaire variant de 2 fr. 75 à 4 fr. par jour. Au-dessous de 2 fr. 75 ce serait la misère; au-dessus, la vie assurée, bien entendu pour un individu isolé; pour un ménage, la dépense devrait être augmentée de moitié, et ensuite d'un tiers par tête d'enfant.

Au cours d'une importante étude sur *l'État moderne et ses fonctions*, M. Paul Leroy-Beaulieu exprimait, hier à peine, cette conviction que, bien loin que le nombre des pauvres ait augmenté dans les sociétés civilisées, — et l'auteur vise manifestement la ville de Paris, — toutes les recherches exactes démontrent qu'il a diminué, et il ajoute qu'il est vraisemblable que si l'État ne contribue pas à l'entretenir par une intervention maladroite, ce nombre se réduira encore. Je ne serai peut-être pas, je l'avoue, aussi affirmatif que M. Leroy-Beaulieu, en ce qui touche du moins la ville de Paris. Mes observations personnelles me portent à croire que, en tenant compte de l'accroissement de la population, le nombre des pauvres depuis quinze ou vingt ans, s'il n'a pas augmenté dans des proportions qui font contraste avec la générosité publique, a peu diminué et peut-être point du tout. M. d'Haussonville penche vers cette conclusion. M. Maxime du Camp, dans son livre sur *Paris et ses organes*, écrit en 1884, considérait déjà que la portion de la po-

pulation parisienne qui est dans un état précaire
s'était peu modifiée.

Que nous apprennent les documents officiels les
plus récents publiés par la ville de Paris? Si nous
consultons les registres de l'Assistance publique,
nous constatons que le nombre des indigents inscrits, en l'année 1861, s'élevait à 90,287 ; — en 1886,
ce nombre est de 133,649. En tenant compte de
l'augmentation de la population pendant la même
période, on trouve que le rapport de la population
indigente à la population totale n'a varié de 1861
à 1886 que de 5,32 à 5,91 p. 100. C'est l'indication
d'un état stationnaire. Il convient de faire remarquer toutefois que l'Assistance publique, en opérant
tous les trois ans le recensement des indigents inscrits sur ses registres, en profite pour réduire le
personnel indigent qu'elle doit secourir et pour le
mettre en rapport avec ses ressources.

Ainsi le 30 mai 1886, époque du dernier recensement, le nombre des ménages inscrits était de
74,735, comprenant 145,177 personnes. Or, ce
chiffre fut ramené à 51,600 ménages et 133,647 personnes, soit une diminution de 3,734 ménages et
11,528 personnes ou de 8 p. 100, par le seul fait des
radiations opérées. Il ne faut pas oublier que la place
d'indigent est très recherchée et que s'il y a beaucoup d'appelés, il y a peu d'élus.

Quelquefois ces recensements sont accompa-
gnés d'une enquête dont les résultats sont publiés.
La dernière a donné lieu à d'intéressants calculs
que M. le docteur Bertillon a consignés dans l'An-

nuaire statistique de la ville de Paris, pour 1884.

Les points de repère ou « index numbers », comme disent les Anglais, auxquels on peut recourir pour apprécier les variations de la misère et les progrès de l'aisance générale, sont le nombre proportionnel des habitants qui sont servis par des domestiques, celui des ouvriers, le prix des logements, le nombre des contrats de mariage, les classes d'enterrement et d'inhumation et enfin la consommation de la viande à l'intérieur.

Sur 100 indigents il n'y en a plus que 15 aujourd'hui qui payent moins de 100 francs de loyer. La grande majorité paye une somme qui varie de 100 francs à 200 francs et 20 p. 100 paye davantage. Cela indique surtout, malheureusement pour les pauvres, l'élévation du taux des loyers. En 1861, sur 36,713 ménages inscrits, 12,120 payaient un loyer *inférieur* à 100 francs.

Le nombre des domestiques et celui des ouvriers ont été calculés trop récemment pour qu'il y ait un écart sensible entre leurs chiffres.

Les contrats de mariage présentent une courbe décroissante. Sur 1,000 mariages contractés en 1880, 180 avaient des contrats; en 1884 on n'en trouve plus que 163, c'est-à-dire 16 p. 100; mais en 1886 le chiffre se relève et atteint 167. Cette statistique est invoquée comme un argument parce que le contrat indique, chez les fiancés, un certain apport dans la communauté. Le contraire, je le reconnais, n'implique pas la misère. Un ménage d'employés peut gagner des appointements de quelque importance, sans qu'il y ait aucun apport.

Quant aux services funèbres qui sont divisés en 9 classes variant de 8,000 francs à 19 francs, plus un service ordinaire qui ne coûte rien et a été confondu, en fait, avec la 9e classe, la statistique municipale nous apprend qu'il y a aujourd'hui, à Paris, 544 enterrements de 9e classe sur 1,000 décès. En 1872, le nombre des enterrements gratuits était de 580 pour 1,000. Depuis quinze à dix-huit ans, il n'y a donc pas eu de différence sensible. Il n'est pas sans intérêt de remarquer, en passant, que plus de la moitié de la population parisienne est portée en terre dans le char de 9e classe.

Enfin la consommation de la viande qui a beaucoup augmenté, à Paris, pourrait être l'indice d'un accroissement d'aisance, si la variation des tarifs de l'octroi, d'un laps de temps à l'autre, ne mettait obstacle aux comparaisons.

Malgré ces difficultés, on n'admettra pas, j'en suis convaincu, qu'il soit impossible à la Ville ou à l'Assistance, moyennant une enquête attentive, bien dirigée et faite avec suite, de dresser l'état chronologique du paupérisme à Paris, de savoir s'il augmente ou diminue et quelles sont les influences qu'il subit. A elles seules les observations journalières des secrétaires de bureaux de bienfaisance, dans chaque arrondissement, fourniraient un élément très utile à cette enquête [1].

Quoi qu'il en soit, constater, en présence de l'im-

___

[1]. D'après les études faites par un économiste distingué, M. Four-

mensité de l'effort tenté, que la proportion du paupérisme avec la population est restée la même, n'est-ce pas un fait infiniment attristant? Et ne sommes-nous pas conduits, dès lors, à faire le procès aux méthodes qui président à la distribution des secours? Est-il permis de s'étonner que dans l'esprit de beaucoup de ceux dont la charité est aux prises avec ces sollicitations, avec cette obsession de tous les instants, la question se pose de savoir s'ils ne sont pas les dupes et les victimes d'une vaste exploitation?

La réponse ne serait point douteuse si l'on s'en tenait aux affirmations d'un écrivain de beaucoup de talent (1), qui exposait tout récemment et avec quelque retentissement, dans l'un des plus importants journaux de la capitale, le résultat de ses observations sur la misère et décrivait le *Paris qui mendie*.

Dix-neuf fois sur vingt, au dire de cet écrivain, les malheureux qui implorent votre charité d'une

nier de Flaix, depuis que ce discours a été prononcé, « l'indigence qui aurait diminué en France, au commencement du siècle, de 10 à 4 3/4 p. 100, se serait accrue de 4 3/4 à 6 p. 100, de 1847 à 1896, par suite des crises politiques et agricoles et de la transformation sociale et économique. Cet accroissement aurait été plus sensible à Paris, 8 p. 100, parce que nulle part en France et peut-être ailleurs, l'assistance n'est aussi généreuse, 200,000 assistés, au lieu de 74,000, sans compter les vagabonds et mendiants ni les enfants abandonnés ». — L'ÉCONOMISTE FRANÇAIS. L'Indigence et l'assistance en France, n° du 25 mai 1890.

Je ferai remarquer que si l'on ne se reporte pas à une date aussi éloignée que 1847 et que si l'on envisage une période récente plus courte, les observations de M. Fournier de Flaix s'accorderont avec la conclusion que je signale, c'est-à-dire qu'il existe un état stationnaire.

1. M. Hugues Le Roux.

voix suppliante ne mériteraient ni pitié, ni assistance, et ne seraient que des industriels qui exercent
une profession, et une profession souvent lucrative.

Comme toutes les professions aujourd'hui, la mendicité aurait fait des progrès, et de même qu'il
existe des écoles d'apprentissage et de perfectionnement pour chaque branche d'industrie, il y a des
écoles d'apprentissage et de perfectionnement pour
ceux qui veulent faire leur carrière dans la mendicité, et le métier deviendrait de jour en jour meilleur.

Les efforts de la police pour réprimer la mendicité
seraient vains. Les trois quarts des mendiants arrêtés seraient remis en liberté, soit directement par le
parquet, soit par les tribunaux; en sorte que dans
cette lutte entre l'administration et les mendiants,
ces derniers auraient le dessus et les agents seraient
découragés.

M. Maxime du Camp avait déjà insisté, en des
pages saisissantes de couleur et de pittoresque, sur
cette plaie de l'imposture. Il l'avait montrée sous
des formes très diverses dans ses deux ouvrages,
Paris et ses organes et *Paris bienfaisant*.

L'étude récente à laquelle je fais allusion nous
initie à de nouveaux détails sur l'existence et les
mœurs de cette catégorie de la population; elle suit
le mendiant dans toutes ses métamorphoses : l'ap-
prenti devenant compagnon, puis faisant son choix,
selon ses aptitudes, entre le service actif et le service sédentaire, c'est-à-dire devenant mendiant am-
bulant, ou mendiant résidant à poste fixe.

Elles sont infinies les variétés de ces industries qui consistent à vivre à nos dépens, et rien n'est curieux en particulier comme l'analyse du budget du mendiant dit retraité, de ce mendiant qui vit de recettes auxquelles tout le monde contribue, excepté lui dont le seul rôle est de les dépenser, qui recevra dans sa journée plus de dix ou douze visites de personnes charitables ou déléguées de sociétés philanthropiques, lesquelles arrivent toutes les mains pleines. Le bureau de bienfaisance fournit le pain, le curé ou le pasteur donnent le pot-au-feu, la caisse des écoles habille les enfants, le vestiaire approvisionne le ménage de linge, la société des loyers paye le terme, les bonnes sœurs se chargent des petites douceurs; les familles riches du quartier, les journaux, les organisateurs de fêtes de charité, le maire, le préfet, le ministre de l'intérieur, donnent l'argent de poche.

L'art de tirer parti des infirmités, les habiletés du pauvre paralytique, du pauvre épileptique, de la femme aveugle et estropiée qui sert de boîte aux lettres aux amoureux, en un mot les roueries innombrables des mendiants pour exploiter les ressources de la charité parisienne et devenir capitalistes sans travailler et sans enfreindre le Code pénal, fournissent autant de chapitres d'un piquant intérêt.

Toutes ces infamies existent, conclut l'auteur, tous ces métiers prospèrent. Pourquoi? Parce que, à Paris, le mendiant est heureux, parce qu'il vit à l'aise, lorsqu'il ne fait pas fortune.

Et, faut-il le dire, un fait cité par M. le directeur

de l'Assistance au Ministère de l'intérieur, dans une séance d'ouverture du conseil supérieur, a paru — je dis : a paru — donner raison dans une certaine mesure au scepticisme de ce physiologiste de la misère parisienne. M. Monod racontait, en effet, qu'un homme de bien qui avait pris ses mesures pour assurer du travail à tous les mendiants valides venant à se présenter à lui, avait constaté que sur 727 mendiants valides qui se lamentaient de n'avoir pas d'ouvrage, et auxquels il en avait procuré, 18 seulement étaient revenus travailler après la troisième journée, en sorte que sur 40, on n'en rencontrait qu'un qui fût sérieusement disposé à travailler moyennant un bon salaire.

J'ai hâte de dire que le tableau du *Paris qui mendie,* fort spirituellement présenté, ne saurait être pris au pied de la lettre. Il peut avoir l'avantage de rendre plus circonspectes certaines âmes charitables, dont la crédulité trop facile encourage l'imposture; il serait infiniment regrettable que ces peintures, où l'imagination et la généralisation tiennent une grande place, vinssent refroidir l'élan de la charité.

Je n'ose m'en rapporter à ma propre expérience, mais je fais appel à tous ceux qui ont l'habitude de visiter les pauvres dans Paris, et je leur demande si presque toujours ils n'ont pas constaté, et dûment constaté que la réalité, en fait de misère, dépasse tout ce que l'on pouvait supposer. Pour moi, je n'ai pas encore fait connaissance avec le mendiant dit retraité, auquel tout le monde contribue à faire des

rentes et qui vit comme un seigneur. Si j'avais besoin de démontrer combien sont réelles et nombreuses les souffrances à Paris, je n'aurais qu'à attirer
votre attention un instant sur l'état des logements
où se réfugient les pauvres et vous dire qu'il y a
27,835 logements habités par des indigents, soit
57 p. 100, qui ne se composent que d'une seule
pièce, que 47 p. 100 de ménages indigents ne res-
pirent que par une tabatière; qu'il y a 3,192 logements, soit 7 p. 100, qui ne prennent jour que sur
un palier ou un corridor. A dire vrai, je ne connais
guère dans la capitale d'indigents qui jouissent de
l'air et de la lumière hors les 659 ménages recueillis
et soignés par les Petites Sœurs des pauvres.

Il n'en est pas moins vrai que l'exploitation existe,
et sur une grande échelle, et que l'on n'a pas su
se défendre contre de tels abus. Je traiterai plus
loin cette question du contrôle, sans lequel l'aumône est distribuée à l'aveugle, question qu'un généreux et sagace ami des pauvres s'est efforcé de
résoudre depuis quelques années à Paris, mais dans
une mesure forcément restreinte.

Je recherche en ce moment les causes générales
qui expliquent comment la charité officielle et la
charité privée sont arrivées, en dépit de tant de
ressources, à soulager la misère d'une manière si
insuffisante.

Sans vouloir méconnaître le rôle de l'administration de l'Assistance publique et sans être injuste
envers elle, il est permis de dire qu'elle est loin de
réaliser avec ses 42 millions le bien qu'elle devrait

produire, et que son organisation présente des lacunes incontestables. Je ne méconnais pas la portée de certaines améliorations récentes. On a modifié ces inscriptions permanentes aux bureaux de bienfaisance avec leurs secours dérisoires, distribués sans profit réel pour les indigents. On a organisé à Bicêtre une œuvre d'enfants idiots. Mais sans parler de la laïcisation et de ses résultats désastreux à tous les points de vue, que de misères restées sans soulagement, que d'obstacles avant de pouvoir obtenir un subside, que de règlements destinés à écarter les catégories de nécessiteux et à les priver même d'une parcimonieuse assistance!

Les pauvres petits infirmes qu'abrite la maison des frères de Saint-Jean-de-Dieu ne verraient point s'ouvrir les portes des hospices avant leur vingtième année; les orphelins, les délaissés, ne reçoivent habituellement que des sommes insuffisantes, ou sont embrigadés dans le service des enfants abandonnés.

L'Assistance, avec ses formules étroites, sa bureaucratie, enchaînant les bonnes volontés, subordonnant tout à des règlements inflexibles, n'arrive pas à relever le nécessiteux valide tombé dans la misère, à le mettre à même de se passer d'aide, but final que doit se proposer toute assistance raisonnée. Cette administration si vaste ne peut presque rien pour l'enfance. Ses asiles de vieillesse engloutissent en constructions fastueuses, en personnel superflu, des millions qui assureraient un refuge à des centaines de malheureux, le travail y est mal organisé, et il semble que certain corps élu.

5

prenne plaisir à désorganiser ces grandes agglomérations, en y énervant toute discipline.

Je ne sais si ce qu'à écrit un inspecteur général des établissements de bienfaisance, M. le baron de Watteville, dans un rapport souvent cité sur la situation du paupérisme en France, est vrai; mais il est frappant de trouver sous la plume d'un haut fonctionnaire de l'Assistance cette constatation que « depuis soixante ans que l'administration de l'Assistance publique à domicile exerce son initiative, on n'a jamais vu un indigent retiré de la misère et pouvant subvenir à ses besoins par les moyens et à l'aide de ce mode de charité, et que, au contraire, elle constitue souvent le paupérisme à l'état héréditaire ».

Mais si l'Assistance publique est insuffisante et laisse à désirer par bien des côtés, les œuvres charitables privées donnent lieu à des critiques fondées.

D'abord, elles sont isolées les unes des autres, sans cohésion; elles ne peuvent assez ni s'entr'aider, ni donner la mesure exacte de leurs moyens. Il semble qu'une muraille de la Chine les sépare et que chacune d'elles doive ignorer à qui profitent les secours donnés hors de son cercle d'action. Rien de plus fréquent, dès lors, que les doubles emplois; rien de plus encourageant pour les industries de la fausse indigence. Cet isolement augmente, en outre, dans une proportion considérable les frais généraux des œuvres et diminue les ressources qui peuvent être directement employées au soulagement des malheureux.

D'un autre côté, pour quelques œuvres dont le nom est dans toutes les bouches, la plupart sont inconnues de ceux mêmes qui font le bien et qui pourraient y recourir.

Là, il y a cent demandes d'admission pour dix places vacantes; ailleurs, un établissement peu connu végète, meurt, faute de trouver les ressources nécessaires pour subsister. Que l'on en juge par ce qui se passe pour les orphelinats auxquels on a si souvent besoin de recourir. Où existe-t-il des renseignements précis sur ces établissements, sur les conditions d'admission, etc.? Il y a des manuels, dira-t-on, qui renferment la nomenclature et l'adresse de toutes les œuvres et où se trouvent ces indications. Sans doute. Mais entre les mains de combien de personnes se trouvent-ils ces manuels? Ne sont-ils pas, d'ailleurs, tout à fait insuffisants dans leurs indications et nécessairement et bien vite incomplets, les institutions se transformant et rien n'indiquant les modifications survenues?

Aussi, qu'arrive-t-il? Un malheur imprévu frappe une famille d'ouvrier, d'artisan, de concierge, de petit employé; une femme meurt laissant deux, trois, quatre enfants; le mari, obligé de travailler tout le jour pour vivre, ne peut les élever; des voisins généreux ouvrent leur bourse et se déclarent prêts à assurer l'avenir d'un ou de deux enfants. Vite, on se demande à quelle porte frapper. On s'informe. Le hasard indique un orphelinat. On s'y rend. Il n'y a pas de place, ou le prix de la pension est trop élevé. On en cherche un autre. On ne le dé-

couvre pas tout de suite. Le temps oule: l'élan
généreux se ralentit. Les donateurs nent qu'un
si long retard soit nécessaire pour accepter une libéralité : le bon vouloir devient mécontentement,
et voilà peut-être la destinée d'un pauvre petit être
qui était assurée et qui est à jamais compromise.
Peu de personnes soupçonnent l'étendue des ressources qu'offrirait la charité à Paris, si l'on était à
même d'en tirer profit opportunément; bien peu
savent combien sont nombreuses, variées, les œuvres destinées à l'enfance : crèches, orphelinats
dans les conditions les plus diverses; œuvres d'a-
doption, de pupilles, d'apprentis; œuvres pour le
rapatriement d'orphelins délaissés, pour les jeunes
filles sans place, les femmes abandonnées, les mères
de famille indigentes, les pauvres honteux; œuvres
de toute nature en faveur des malades, pour les
faire visiter à domicile ou dans les hôpitaux; sociétés de secours pour les mutilés pauvres, pour l'admission à bon marché dans des maisons de santé,
pour les convalescents; asiles spéciaux pour les épi-
leptiques, les incurables, les vieillards; sociétés de
patronage pour les prisonniers libérés; institutions
de prévoyance de tout genre, banques populaires,
caisse des loyers, etc.

Pour que ces œuvres fussent connues de la masse
du public, pour que l'on sût où et comment s'adresser, pour qu'on pût le faire rapidement, une organisation rationnelle de la charité libre était indispensable. Elle n'a même pas été tentée. Il n'y a eu
place jusqu'ici que pour l'inflexible réglementation

de l'assistance publique ou pour les élans confus et le particularisme extrême de l'assistance privée.

Il est vrai de dire que, dans ce domaine de la charité comme dans tous les autres, nous avons accompli en France, à un moment donné, de ces changements brusques et radicaux, bien faits pour déconcerter les inspirations et l'action de la charité. On a vu disparaître tout à coup une vieille organisation, qui pouvait avoir ses vices, qui n'avait pas d'unité, pas d'idées générales, mais qui était le résultat d'efforts et d'institutions séculaires, qui avait sa raison d'être dans les besoins et les traditions, dont les centres naturels étaient répandus sur tous les points du pays, et permettaient de pratiquer l'assistance dans un rayon assez restreint pour le faire en connaissance de cause. Il est sorti de cette transformation un état de choses nouveau, un peu artificiel au début.

L'État moderne, obéissant à ses tendances, a cherché à se substituer un peu partout aux institutions indépendantes, autonomes, spontanées, et il a cherché notamment à s'emparer du domaine de l'assistance, croyant, selon une juste remarque, que rien ne peut résister au double pouvoir dont il dispose : la contrainte légale et la contrainte fiscale.

A côté de l'assistance administrative, les œuvres privées se sont fondées et développées sans concert, un peu au hasard, le plus souvent sous l'inspiration de la foi religieuse, quelquefois sous l'inspiration de la vanité; l'effort n'a pas toujours été porté du côté où le besoin était le plus pressant, ni dirigé

par un esprit de discernement qui eût été très nécessaire.

Nous aurions pu tout au moins nous informer de
ce que faisaient les nations voisines pour rendre
efficace l'effort de la charité et bénéficier de leur
expérience. Mais, il y a longtemps qu'on l'a dit,
nous ne savons pas regarder au delà de nos fron-
tières. Quand parfois cela nous arrive, nous sommes tout surpris de découvrir les applications multiples et fécondes de mesures, de progrès dont nous
avions eu l'initiative, et que nous avons négligé de
poursuivre.

Au point de vue de l'organisation de la charité,
il s'est accompli à l'étranger des progrès considérables, surtout depuis le Congrès de Bienfaisance tenu
à Londres en 1862, congrès qui a eu un véritable
retentissement, et où la France a été brillamment
représentée par MM. de Melun et Augustin Cochin.

Mon dessein n'est pas d'entrer dans l'examen ap-
profondi des divers systèmes pratiqués chez les autres nations et des améliorations qu'ils ont reçues.
Je voudrais me borner à signaler, parce que cela
rentre dans l'exposé de la thèse que je soutiens,
deux types d'organisation de charité tout à fait différents; je veux parler des méthodes qui ont pré-
valu en Allemagne et aux États-Unis, et qui ont été
mises en pratique d'une manière remarquable dans
deux villes importantes de ces pays : Elberfeld et
New-York. Si j'ai choisi la ville d'Elberfeld, c'est
qu'elle donne une idée de l'organisation de la charité en Allemagne et que c'est un centre industriel

considérable qui a plus de cent mille habitants, et
une population ouvrière énorme; elle nous offre le
spectacle de la plupart des vicissitudes du combat
engagé contre le paupérisme moderne. Ce n'est pas
que l'organisation de la charité dans ces grandes
cités n'offre point d'analogies, dans son fonctionnement pratique, avec l'organisation de l'Assistance
publique ou même de la société de Saint-Vincent-
de-Paul chez nous; mais elles sont caractérisées
par des points de départ, par des idées générales et
par un esprit si absolument différents, qu'il n'est
pas sans intérêt de les mettre en lumière.

Deux principes, on le sait, dominent en Allemagne toute l'organisation de l'Assistance.

1° A l'État incombe (c'est le texte même d'une
disposition de l'*Allgemeines Landrecht* de Prusse)
la tâche de pourvoir à la nourriture et à l'assistance
de tout citoyen qui ne peut se suffire à lui-même,
si d'autres particuliers ne se trouvent pas légalement obligés à son entretien; 2° à l'État appartient
la surveillance de l'indigent, et la faculté de dé-
léguer ses devoirs et ses pouvoirs à des autorités
locales. C'est le principe de l'assistance obligatoire.

En vertu de ce principe, toutes les œuvres d'assistance : hôpitaux, secours à domicile, sont concen-
trées à Elberfeld entre les mains d'un bureau central,
nommé par le Conseil municipal et placé sous sa
dépendance. C'est une autorité de contrôle et de
direction. Au-dessous d'elle se trouve la section qui
est une autorité de décision et se compose de visiteurs des pauvres, agents d'enquête, de surveillance

et de distribution. La ville est partagée en un certain nombre de sections qui comprennent chacune quatre quartiers.

Les visiteurs des pauvres sont choisis par le Conseil municipal pour trois ans et renouvelés par tiers. Ces fonctions sont obligatoires et gratuites. On est visiteur des pauvres comme on est juré chez nous. Chaque visiteur a un quartier, c'est-à-dire deux ou trois familles. Leur nombre est aujourd'hui de 364.

Les secours sont délivrés par le bureau central après enquête et sur la proposition de la section. Le visiteur doit chercher du travail à l'indigent : le but est la dation du travail, et si le travail est interrompu par quelque crise imprévue, la ville y doit pourvoir par des travaux extraordinaires.

C'est un service public dont le fonctionnement est assuré et garanti au moyen de l'impôt, et cet impôt lui-même est établi par la ville sur le chiffre des ressources annuellement nécessaires pour faire face aux besoins de l'assistance, après constatation de ce chiffre par le comité central.

Fondé sur la centralisation de toutes les ressources entre les mains de l'administration, sur une enquête permanente ouverte sur la misère, sur le contrôle sans cesse renouvelé de la situation de chaque pauvre, ce régime aurait réduit d'une façon constante, si l'on en croit les documents qui ont été publiés, la proportion des indigents dans la ville d'Elberfeld.

Il donne lieu toutefois à deux remarques importantes. La première, c'est que la mesure adoptée en

1843, du recouvrement par voie d'impôt de la
somme nécessaire à l'Assistance publique, a eu
pour conséquence immédiate une recrudescence
du paupérisme, la diminution qui s'est produite n'é-
tant venue que plus tard après un changement que
je vais indiquer; la seconde remarque, c'est que les
promoteurs eux-mêmes de l'assistance officielle ont
reconnu en 1880 que cette organisation était insuffisante et qu'elle avait besoin du concours du dévouement volontaire pour être complète et efficace.
L'Assistance publique a donc provoqué elle-même
la fondation de l'Association libre des femmes d'Elberfeld, laquelle a créé depuis son existence un
grand nombre d'œuvres utiles, et sert de trait d'u-
nion entre l'assistance administrative et les diverses
associations de bienfaisance privée et notamment
avec l'assistance donnée par les diverses confessions
religieuses. L'Assistance publique n'avait aucun lien
avec elles avant 1880; elle excluait même les pauvres assistés par ces confessions de tout droit au secours de la ville, et s'était emparée de tous les biens
dont les églises consacraient le revenu aux pauvres.
Elle leur avait déjà rendu ces biens en 1854, mais
l'établissement de l'Association libre des femmes
d'Elberfeld a inauguré tout un nouvel état de
choses.

Entre ces procédés et l'organisation de la charité
qui fonctionne à New-York et dans les villes des
États-Unis, le contraste est frappant. Ici tout s'accorde avec la forme décentralisée et très démocratique du gouvernement.

Depuis 50 ans, dans chacune des grandes cités américaines, il se manifestait une tendance à multiplier et à doter les institutions charitables. Des œuvres nombreuses se formèrent, distinctes, sans communication entre elles : toutes les communions religieuses en établirent. La plupart obtinrent le bénéfice de l'existence légale, l'incorporation étant conférée, sur leur demande, à presque toutes les sociétés s'occupant des pauvres, lesquelles se trouvaient ainsi à même de recevoir de toutes parts des libéralités testamentaires.

Au milieu de tant de sociétés indépendantes, discordantes, parfois rivales, la confusion, la mauvaise distribution des secours étaient fréquentes, et il en résultait pour les faux indigents la possibilité de vivre au détriment de ces œuvres. C'était, selon une expression qui eut cours à ce moment, le chaos de la charité. Il manquait une organisation de l'effort charitable, des méthodes plus sages présidant à la distribution des secours.

Faire appel pour y remédier aux autorités civiles, aux administrations municipales, à l'État, c'eût été évidemment aller à l'encontre de l'esprit des institutions américaines. On jugea qu'il fallait recourir à la coopération et à l'organisation volontaire des sociétés existantes. Dans la plupart des grandes villes une agence centrale fut établie, sorte de bureau de contrôle des pauvres qui éclairait les associations charitables et permettait d'éviter le cumul des secours. On y examinait la moralité de ceux qui demandaient, en utilisant le concours d'agents visiteurs et de conseils de districts. Des archives étaient constituées.

La tentative faite à Londres en 1869 pour donner à la charité une organisation nouvelle a exercé beaucoup d'influence sur le mouvement qui s'est produit aux États-Unis. Les instructions rédigées par la Société de bienfaisance de Londres furent partout répandues. Le but poursuivi, c'était qu'il n'y eût plus d'échappatoire pour l'imposture, plus de sombre recoin de misère, de maladie et de corruption qui ne fût visité, plus de plaie sociale s'envenimant qui ne fût soignée par des mains aimantes et habiles, plus de barrière d'ignorance ou d'apathie entre le riche et le pauvre qui ne fût renversée, aucune différence de religion n'empêchant l'unité d'action pour la cause commune de l'humanité.

La Société fondée à New-York prit de rapides développements, et c'est celle que je désire signaler ici, encore qu'il y en ait d'importantes aussi à Buffalo, à New-Haven, à Philadelphie, à Baltimore.

La Société de New-York est une grande agence s'interposant pour obtenir des secours, et qui a surtout pour but de coordonner et de rendre pratiques les efforts de la charité. Son but est d'amener les sociétés de bienfaisance à coopérer entre elles par un système d'enregistrement, pour empêcher les secours distribués sans discernement et en double, de garantir le corps social de l'imposture, de s'assurer de renseignements complets et d'une action appropriée à tous les cas, d'obtenir des associations de charité existantes le secours précis dont on a besoin, afin qu'il n'y ait pas un cas de pauvreté qui ne soit convenablement secouru, exceptionnellement de donner des secours, quand on a besoin d'une aide immédiate, et que toutes les autres ressources manquent. Des visites bien organisées assurent l'exécution pratique de ce plan, elles ajoutent à l'aumône la sollicitude affectueuse qui parfois la remplace.

J'aurai achevé de caractériser son action, en disant qu'elle poursuit l'amélioration continue de la condition des pauvres, en s'efforçant de diminuer le vagabondage et le paupérisme et d'en déterminer les causes, de faire du travail la base des secours, de relever la vie de famille, l'hygiène et les mœurs des pauvres, d'empêcher par tous les moyens en son pouvoir les enfants de grandir comme des êtres voués au paupérisme, en poussant à l'épargne, au respect de soi-même et à une meilleure manière de vivre, en se vouant enfin à une étude approfondie des causes du paupérisme et des meilleures méthodes pour combattre l'indigence et la dégradation.

En ce qui touche spécialement l'épargne, l'office charitable a engendré des sociétés d'épargne notamment à Newport et à Castleton, qui par l'organe des visiteurs vont provoquer et recevoir à domicile le versement des petites épargnes, engageant ainsi le pauvre à s'aider lui-même. Une de ces sociétés d'épargne a fait en une année plus de huit mille visites à 500 familles diverses et a ramassé quatre mille dollars, et elle a constaté que les pauvres étaient en général très reconnaissants envers ceux qui les poussent et les forcent ainsi amicalement à l'économie.

La Société de New-York, qui ne fonctionne que depuis cinq ans, n'a pas cessé de grandir dans la faveur populaire. A la fin de l'année 1886, 288 sociétés se servaient d'elle comme de centre de communication, un nombre considérable de particuliers avaient recours à son office pour se renseigner sur ceux à qui s'appliquent leurs aumônes. Le bureau d'enregistrement de la Société a reçu 137,938 rapports; elle a donné des informations sur 88,333 familles qui comprennent 352,000 personnes. Sur 4,285 individus qu'elle a, d'une manière suivie, entrepris de faire sortir de la misère, près de 700 ont pu se suffire à eux-mêmes, quand on leur eut procuré du travail, 457 ont été envoyés chez des amis prêts à les soutenir ou dans des milieux où ils pouvaient trouver à s'employer.

L'examen des individus congédiés l'année précédente comme n'ayant plus besoin de secours prouve que très peu d'entre eux retombent dans l'indigence. Sur ces 4,280 pauvres, la proportion des individus indignes de secours n'a été que de 14 p. 100.

« L'expérience a convaincu le conseil central, dit le dernier rapport de la Société d'organisation de New-York, que les charités publiques et privées de la ville sont amplement suffisantes, si elles sont bien systématisées et coordonnées, pour soulager convenablement tous ceux qui peuvent y avoir titre par suite d'abandon, d'accident ou de circonstances critiques, et que, par conséquent, il n'y a pas d'excuse à mendier dans la rue. »

Si j'ai cité l'organisation de la charité dans ces

deux pays, est-ce avec la pensée que l'un ou l'autre
de ces deux types soit fait pour prévaloir dans notre
pays, et qu'il en faille souhaiter l'adoption? Telle
n'est pas ma pensée. J'ai voulu montrer avec quel
zèle, quelle sollicitude, et aussi quel esprit pratique,
on s'occupe à l'étranger de la solution de cette ques·
tion capitale.

Chaque nation a ses traditions, son esprit, ses habitudes, ses besoins; elle doit compter avec ce que
le temps et la coutume ont établi, et ni le régime de
l'assistance sous la forme de service obligatoire, ni
le régime de l'assistance libre substituée exclusivement à l'assistance publique ne nous conviennent.
Chez nous ces grands facteurs interviennent tous deux
dans ce domaine et y ont chacun leur rôle. Ce dont
nous avons à nous préoccuper, c'est de coordonner
leur action et de faire qu'ils se complètent l'un l'autre et arrivent à combattre efficacement la misère.

Cette solution ne plaît point aux fanatiques de
progrès rapides et illimités, comme les appelle
M. Leroy-Beaulieu; l'action exclusive de l'État, la
contrainte légale, leur paraît être un moyen plus
expéditif d'atteindre le but proposé. Volontiers, ils
feraient de l'État la nourrice, le maître d'école, le
tuteur, le médecin, l'aumônier de tout le monde.
L'expérience nous montre, chez nous du moins, le
résultat précaire de cette manière de résoudre les
problèmes sociaux par l'intervention de forces générales, au lieu de la demander aux œuvres vivantes
et partielles. Il nous faut autre chose qu'un fonctionnaire public venant au nom de l'État acquitter

avec le produit de l'impôt une dette de l'État. Rien
ne serait plus contraire à notre esprit spontané,
généreux, chevaleresque, à nos qualités françaises
et à l'intérêt même des pauvres.

La charité légale n'a pas supprimé le paupérisme
en Angleterre; elle l'a plutôt augmenté; elle a
éteint le sentiment de la prévoyance, de la responsabilité personnelle et de la dignité, étouffé les vertus
de la famille dans toute une partie de la classe ouvrière britannique. Les socialistes nous disent : Vous
parlez toujours de l'Angleterre de 1831. Les temps
sont bien changés. L'Angleterre a vaincu le paupérisme, grâce à ses lois que vous critiquez sans les
connaître! Le revirement de l'opinion est complet.
Je réponds : le mal causé par la loi des pauvres a
été tel et si bien reconnu qu'en 1885 le Parlement a
ordonné la réimpression de l'enquête de 1832, ainsi
que le constate M. Georges Picot, dans un rapport
du mois d'octobre dernier, présenté à l'Académie
des sciences morales et politiques sur l'assistance
publique dans les campagnes, et cette enquête de
1832 est la condamnation la plus formelle de la
charité légale.

Et, bien que l'Allemagne ait des mœurs différentes des nôtres et qu'elle se prête par nature à
l'embrigadement, on a vu qu'à Elberfeld l'assistance
officielle a reconnu la nécessité de recourir à l'initiative individuelle, au dévouement libre, sachant
qu'elle demeure forcément stérile en bien des choses.

En France ce sont les représentants eux-mêmes
de l'Assistance publique, nous l'avons vu, qui recon-

naissent que, impuissante à extirper le paupérisme, elle en développerait plutôt les germes. L'intervention de l'État dans ce domaine, si elle a sa raison d'être, doit donc être maintenue dans de justes limites et restreinte, bien loin d'être étendue.

Pour organiser rationnellement et pratiquement, pour rendre efficace la double action qui existe chez nous, pour mettre les œuvres privées à même de donner toute leur mesure, que nous faudrait-il donc?

Une grande œuvre libre d'assistance, fondée par l'initiative privée, à côté de l'Assistance publique; une association puissante, n'ayant aucun caractère politique, mais un caractère purement bienfaisant, destinée à combler les lacunes de l'assistance officielle, vivant en bons rapports avec les administrations publiques, lien naturel entre les œuvres charitables et intermédiaire efficace entre elles, le public et l'État, un Bureau central qui n'accorderait pas lui-même de secours, mais qui ferait donner utilement et opportunément et saurait si le secours donné atteint son but.

Je l'ai dit : les œuvres existent chez nous, elles se nomment Légion, elles couvrent Paris, la province; mais elles sont isolées, et on ne sait comment s'adresser à elles. Le rôle de cet Office central serait considérable.

Il ne saurait s'agir, bien entendu, de s'immiscer en aucune façon et sous aucun prétexte dans la vie intérieure des œuvres, ni de porter la moindre atteinte à l'indépendance, à la personnalité d'aucune d'elles : son action serait tout autre et prendrait les formes les plus diverses.

Veut-on savoir ce qu'elle serait en ce qui touche l'enfance? Il peut être utile ici d'entrer dans quelques détails. Nulle part, je l'ai fait observer, il n'existe de renseignements précis sur les orphelinats. Le Bureau central en relation continuelle avec tous ces établissements aurait toujours des dossiers complets, des tableaux indiquant les vacances. Les bienfaiteurs occupés, voulant placer un enfant dont le sort les intéresse, n'auraient plus à perdre un temps précieux, trop souvent en vain; ils trouveraient à l'Office central non pas des bureaucrates, mais des hommes de cœur les guidant, les éclairant, leur fournissant en quelques minutes les renseignements indispensables. Le Bureau recevrait en dépôt l'argent recueilli, se chargerait en cas de nécessité de faire conduire à destination le pauvre orphelin. L'enfant placé, le Bureau servirait d'intermédiaire entre l'orphelinat, les bienfaiteurs et les familles. S'il s'agissait de versements annuels, promis par des personnes charitables, il offrirait son autorité morale pour faire rentrer l'argent. Quelle simplification!

Faut-il recourir à la bienfaisance officielle? le Bureau possède la collection des règlements, la pratique des affaires, il facilite les placements dans les hôpitaux, les hospices-asiles. Sur tous ces points, le Bureau vient en aide aux hommes d'œuvres si souvent absorbés, et bien plus encore aux gens du monde.

Mêmes ressources, en ce qui touche l'âge mûr et la vieillesse, pour les placements, les secours, qu'il

6

soit question de pauvres honteux ou d'indigents ordinaires. Le Bureau central est au courant de tout, se charge de réunir les pièces nécessaires, facilite les démarches, hâte les solutions.

Il rend possibles et efficaces les secours immédiats, débarrassés des points de vue égoïstes du domicile de secours, permettant à des hommes et à des femmes du monde aimant l'infortune, mais ne faisant point partie d'associations religieuses, de venir apporter à l'indigent, avec l'aumône matérielle, l'aumône de leur affection et de leur dévouement.

Manuel vivant, le Bureau central économise le temps qui vaut de l'argent pour les riches et les travailleurs, et abrège les souffrances des malheureux qui attendent un soulagement.

Loin d'avoir pour but ou pour résultat de supprimer dans la charité l'effort personnel qui en est la meilleure part, il la stimulerait, en l'éclairant et en la rendant plus rapide et plus sûre, il écarterait les exploiteurs, multiplierait les libéralités et les démarches charitables, en montrant les résultats obtenus.

J'ai dit que cette œuvre devait arriver à faire donner avec discernement, c'est-à-dire après une enquête qui permette de secourir le vrai pauvre et d'arracher le masque à celui qui est indigne d'intérêt.

Pour atteindre ce but, l'Office central trouverait l'élément de contrôle indispensable dans une collection de dossiers, renfermant une notice sur tout individu dont il aurait eu à s'occuper, et indiquant les noms divers sous lesquels se cache parfois la personnalité de ces individus.

On ferait sur une grande échelle ce qui a été tenté par l'homme bienfaisant que j'ai déjà cité et dont le nom est connu et respecté dans le commerce parisien, M. Mamoz. Et pourquoi, en consentant à faire partie de l'œuvre, ne lui apporterait-il pas le bénéfice de ses recherches, en même temps qu'il la ferait profiter de la longue et précieuse expérience qu'il a acquise dans son œuvre de l'assistance par le travail, si bien décrite par M. Maxime du Camp?

Que d'impostures ainsi déjouées, Messieurs! Que d'argent gaspillé en faveur d'êtres indignes, utilisé au profit de véritables malheureux!

Mais ce devrait être le grand effort de l'institution nouvelle d'écarter de Paris tout individu qui ne peut pas y trouver de moyens d'existence, de délivrer, d'assainir ainsi moralement la capitale. Le dévouement avec son zèle et sa persévérance infatigable, avec ses mille industries, réussit là où l'administration et la police échouent. Tous les jours, nous nous trouvons en présence de quelque rapatriement qu'il serait utile de faire. Mais il faut s'adresser à des administrations dont l'action est lente, il faut dépenser du temps, faire des démarches, s'assurer que l'homme est bien parti. Un Bureau central rendrait tout facile. Selon les circonstances, il mettrait en mouvement les administrations ou agirait auprès des Compagnies de chemins de fer. Par ses soins l'individu serait conduit à la gare, et ses ruses, s'il en avait, seraient déjouées. L'Office serait renseigné sur son arrivée, par des correspondants qu'il devrait avoir un peu partout : des hom-

mes de dévouement auxquels il rendrait des services
et qui lui en rendraient.

C'est ainsi que l'on arriverait peu à peu à rapatrier ces déclassés, ces ouvriers sans travail, échoués
dans la capitale, en les secourant au cours de leur
route par des stations hospitalières analogues à
celles dont M. le pasteur Bodelschwing a contribué
à couvrir l'Allemagne, et qui ont été si bien dé-
crites par M. Arthur Raffalovich. On parviendrait
de même à diriger hors de Paris nombre de malheureux, de malades, de vieillards, pour lesquels il
y aurait lieu d'utiliser les ressources hospitalières
de la province, ainsi que le démontrait si bien
M. Cheysson. Pourquoi, en effet, lorsqu'il s'agit de
vieillards, d'incurables, ne pas recourir à l'asile, à
l'hospice de province, où il y a si souvent des vacances, et où les prix s'abaissent dans une proportion si sensible? Le vieillard n'a besoin que d'un
abri, avec de la nourriture, de l'air et du soleil.
Pourquoi le retenir à Paris?

Un des derniers rapports de M. Monod, directeur
de l'Assistance au ministère de l'intérieur, nous
apprend que, en 1886, sur 39,248 lits d'hôpital,
c'est-à-dire réservés aux malades, 15,700, soit 40
pour 100, sont restés vacants dans les hôpitaux et
hospices de province. Et pendant ce temps, les hôpitaux des grandes villes sont encombrés!

Que d'individus qui n'ont aucune raison d'être
dans la capitale, il serait possible d'éloigner à
un moment donné, de renvoyer en province, dans
un milieu où l'on offre du travail, grâce à des cor-

respondants zélés, ou de diriger sur nos colonies ou ailleurs, en se chargeant de prendre toutes les mesures nécessaires d'embarquement et autres. Ce sont ces malheureux, ces déclassés, ces vagabonds, qui finissent par remplir nos prisons et qui constituent cette pépinière de récidivistes, dont l'audace et le nombre croissant ont fini par effrayer l'opinion publique. On s'est flatté d'y remédier, en reléguant à grands frais le récidiviste dans nos colonies. Mais à quoi bon de telles mesures, dont l'efficacité est douteuse, et qui pèsent si lourdement sur les contribuables, si nous entretenons nous-mêmes, au sein même de la capitale, une fabrique de récidivistes? Or, cette fabrique, elle existe, elle fonctionne tous les jours, et je la signale publiquement à votre attention.

Et si quelqu'un doute de mes affirmations, qu'il aille assister aux séances du petit parquet. Chacun sait que l'on désigne sous ce nom une juridiction rapide exercée par des magistrats chargés d'interroger d'urgence les nombreuses personnes mises en état d'arrestation chaque nuit dans Paris, et de statuer sommairement sur leur sort. On arrête en moyenne 150 personnes par jour. Il m'est arrivé maintes fois, grâce à la bienveillance des juges, d'assister à ces interrogatoires. Quel sujet d'étude pour le moraliste, le philosophe, l'homme politique, que le spectacle de ce long défilé de visages humains, où tant de misères, tant de vices se reflètent.

Le plus souvent, un individu arrêté pour vagabondage, qui a passé la nuit sous un pont, sur un banc, n'ayant pas d'ailleurs de mauvais antécédents judiciaires, est remis en liberté. Quelquefois, il est trois heures, ou quatre de l'après-midi. Un jour c'était un jeune garçon arrivé depuis peu à Paris, qui avait cru que l'ouvrage abondait dans la capitale, qui n'en avait pas trouvé, avait dépensé son petit pécule, et s'était vu sans le sou en poche, ne connaissant personne, ne sachant plus que faire après s'être vainement adressé aux bureaux de bienfaisance, où on lui objectait qu'il n'était pas inscrit et ne pouvait l'être, à la préfecture de police où on lui disait qu'il n'existait pas de crédit pour donner des secours. Quand ce jeune homme fut remis en liberté, je me permis de dire au juge : « Vous voulez donc forcer ce garçon à faire quelque mauvais coup, ce soir, pour manger et pour se coucher. Vous savez qu'il n'a rien en poche, et vous le mettez dans la rue à une heure où vous êtes certain qu'il ne trouvera de travail nulle part. Ce qui peut lui arriver de moins fâcheux, c'est d'être ramené devant vous demain pour vagabondage et peut-être encore après-demain. Alors, vous le renverrez en police correctionnelle. Il sera condamné à quinze jours de prison : il aura un casier judiciaire qui le poursuivra toute sa vie. Ce sera un repris de justice, et on le mettra à la porte des ateliers où il sera employé, dès qu'on le saura. Ce sera un récidiviste, car repoussé de tous côtés, il n'aura plus de carrière à embrasser que celle de malfaiteur. — Tout cela est malheureusement très vrai, me répondait le juge, mais à qui adresser ces malheureux dont le

sort me touche profondément? En dehors de l'œuvre des Prévenus acquittés, dont les ressources sont
bien restreintes, je ne connais point d'institution
dans Paris pour leur venir en aide. Je ne possède
aucun crédit dans ce but. Je ne puis les expédier
hors de la capitale. »

Voilà, Messieurs, ce qui se renouvelle tous les
jours. Je dois dire que l'œuvre des Prévenus acquittés a été fondée anciennement par MM. Casenave,
Demetz et par un homme dont le nom se retrouve,
alors comme aujourd'hui, partout où il y a une œuvre généreuse à établir, par M. Picot, le père de
l'éminent vice-président de la Société d'Économie
sociale qui nous réunit ce soir. Mais, comme l'œuvre de l'Hospitalité fondée depuis peu de temps, elle
ne peut apporter à cette situation qu'un remède
tout à fait insuffisant.

Revenant à l'exemple que je viens de citer, j'a-
joute que j'ai connu des gens condamnés ainsi en
police correctionnelle avec les meilleurs renseignements à leur dossier.

Des condamnations qui pourraient être évitées se
multiplient; le nombre des casiers judiciaires s'ac-
croît; la prison, qui fait l'éducation des novices,
achève trop souvent de corrompre les pervers; et je
le répète, l'État fabrique lui-même des repris de
justice. Et quand il les a fabriqués, il demande de
l'argent aux contribuables pour les amender, si
c'est possible, ou pour les mettre hors d'état de nuire
et nous en débarrasser, en les envoyant au loin.
C'est comme si vous meniez une armée dans un

pays pestilentiel, et que vous disiez ensuite au médecin : Guérissez ces malades.

On peut juger par une curieuse monographie, mise très remarquablement en lumière par M. Alexis Delaire, monographie d'une famille de malfaiteurs américains, the Jukes, véritable dynastie de voleurs qui s'est perpétuée pendant plusieurs générations, ce que coûtent en définitive aux contribuables de telles lacunes dans les mesures qui doivent prévenir le mal, le guérir à sa source.

Il y a un dernier point de vue sous lequel je voudrais faire envisager la création de cette œuvre libre et centrale d'assistance destinée à mettre en action toutes les ressources de la générosité publique, et aussi de la prévoyance sociale.

Je l'ai dit au cours de cet entretien, et on l'a répété souvent, la véritable assistance est celle qui met celui qui la reçoit à même de s'en passer. L'aumône est un palliatif, et quelquefois même il arrive que la profusion des secours engendre les pauvres. C'est à la racine du mal qu'il faut aller. Les Américains, les Anglais l'ont parfaitement compris. Ils ont compris qu'une bonne organisation de la charité ne doit pas seulement empêcher le pauvre de tomber dans la catégorie des prolétaires, ceux-ci dans la catégorie des mendiants, et les mendiants dans la catégorie des criminels; mais qu'elle doit provoquer et obtenir un mouvement ascensionnel, c'est-à-dire combattre le paupérisme à sa source, dans ses causes.

Les grandes sociétés charitables américaines s'occupent de la vulgarisation des institutions de prévoyance de toute nature, en même temps que de la bonne répartition des aumônes. Ce sont des foyers de propagande pour toutes les améliorations qui peuvent être apportées dans la condition des travailleurs et des pauvres.

Or, quelles sont les causes qui exposent au dénuement un individu qui cherche à vivre de ses mains? L'incapacité temporaire ou permanente de travail, déterminée par la maladie, par un accident, la perte d'un membre, une infirmité, par la vieillesse enfin. Comment le mettre à l'abri de ces éventualités? En lui faisant contracter une prime d'assurance.

Il y a deux grands obstacles à la vulgarisation de l'assurance dans les classes laborieuses, c'est-à-dire là où on en aurait le plus besoin, et ni l'État, ni les entreprises commerciales, ne viendront jamais à bout de ces obstacles, ou tout au moins de l'un d'eux. Ce sont : 1° le chiffre élevé de la prime pour des gens qui vivent de leur salaire; 2° la difficulté de la perception alors qu'il s'agit d'individus peu prévoyants de leur nature et qui se déplacent selon les vicissitudes de leurs professions.

Il faut, pour résoudre ce problème, l'intervention d'un autre élément; il faut l'action du libre dévouement qui ne compte ni sa peine, ni son temps, ni ses deniers; il faut la puissance de l'apostolat, soit pour contribuer à parfaire le versement de la prime, soit pour en assurer la perception. Jamais, encore une fois, ni l'État, ni l'industrie privée, ne triompheront de la double difficulté que je signale.

Pourquoi tant d'associations charitables qui disposent de ressources considérables, pourquoi ces syndicats agricoles ou autres, que la loi nouvelle permet d'établir, ne constitueraient-ils pas un fonds spécial destiné à parfaire les primes d'un certain nombre de leurs membres qui s'assureraient, et n'organiseraient-ils pas l'encaissement des primes? Les riches ne pourraient-ils pas faire par contribution volontaire ce qu'ailleurs on demande sous forme d'impôt, et une partie du pays permettre à l'autre de s'assurer et de se mettre ainsi à l'abri de la misère?

Suis-je dans l'illusion quand j'estime que pour une somme de 60 à 70 francs, dont une partie pourrait être payée par l'association, on ferait assurer un individu de 25 à 30 ans contre toutes les éventualités qui peuvent l'atteindre, accident de tout genre, en lui assurant en outre une pension viagère de 300 francs à l'âge de 55 ans, avec réversibilité d'une partie de cette pension sur sa veuve et ses enfants en cas de mort?

Si ces avantages étaient certains, ne pourrait-on pas déterminer les associations à entrer dans la voie que j'indique, en créer partout de nouvelles, les tourner vers les institutions d'épargne et d'assurance? Et ne serait-ce pas faciliter singulièrement le succès de cette entreprise que de fournir à ces associations locales, inexpérimentées, justement méfiantes, éloignées de la capitale, un intermédiaire entre elles et les compagnies d'assurances; un Office central, qui simplifierait absolument leur tâche, leur servirait de guide, de conseiller, de représentant?

Je me borne, Messieurs, à ouvrir devant vous ces horizons. Si la tâche est trop vaste et trop ambitieuse pour l'Office central de la charité dont je souhaite la création, rien n'empêcherait d'établir un Office spécial de la prévoyance. Dans tous les cas, il me semble que ce vœu, si ce ne doit être qu'un vœu, mérite d'appeler vos réflexions, et vous ne trouverez pas, je l'espère, que ce soit là une digression qui prolonge inutilement cette étude. Ces considérations, au contraire, servent puissamment, à mes yeux, à en justifier la conclusion.

En résumé, soit que l'on veuille assurer une meilleure répartition des secours à Paris, les rendre vraiment efficaces, délivrer la capitale d'une foule d'individus qui ne peuvent, en y demeurant, que se nuire à eux-mêmes et menacer la sécurité publique; soit que l'on veuille se rendre un compte exact des progrès du paupérisme, discerner les moyens de le combattre dans ses causes et propager l'usage de ces moyens, une organisation nouvelle de la charité, sous la forme d'une œuvre libre et centrale, est nécessaire.

La difficulté de se procurer des ressources ne saurait être une objection à un projet de ce genre. Le budget de l'œuvre consisterait uniquement dans des frais d'administration susceptibles d'être limités, et que la générosité publique fournirait volontiers, une fois que le but serait connu. Ce qu'il faudrait, c'est le concours de quelques hommes de cœur; un conseil où seraient représentées toutes les grandes œuvres charitables de la capitale et au-dessous de ce conseil un petit nombre d'hommes d'action, initiés dès longtemps à la charité, recevant des honoraires et présentant toutes garanties. Ainsi outillé pour lutter contre la misère, ayant tout mis en œuvre pour secourir efficacement les malheureux, on pourrait recourir à une répression plus sévère infligée aux vagabonds incorrigibles, lesquels sont une menace permanente pour la paix publique. Les pays voisins nous en donnent l'exemple ; la Suisse notamment, qui procède par mesure administrative et moyennant une procédure sommaire, offrant néanmoins toute garantie, à l'internement des individus adonnés à l'oisiveté, au vagabondage. Des maisons de travail bien organisées, où les internés se livrent à des travaux agricoles en rapport avec leurs forces et leurs aptitudes, complètent ces mesures. N'avons-nous pas assez de terres en friche ou jachère en France, assez de travaux à exécuter en Algérie pour occuper les bras valides ?

Je n'insisterai pas davantage, Messieurs, sur cet ordre d'idées. J'ai à m'excuser d'avoir déjà retenu bien longtemps votre attention. J'abrégerai les quelques considérations que j'ai à cœur de vous soumettre en finissant.

Comme vous le voyez, vous n'avez pas été conviés ce soir, Mesdames, Messieurs, uniquement pour entendre exposer des théories sur l'assistance publique ou privée, mais pour aboutir à une action commune. Vous avez été conviés dans l'espérance que vous sortiriez de cette réunion animés de la double conviction qu'une grande œuvre nouvelle et essentiellement pratique, est indispensable, et que vous lui devez votre concours. Puissé-je avoir démontré l'opportunité, la nécessité de cette œuvre!

Il me semble qu'il suffit de soulever un coin du voile qui dissimule nos plaies sociales et de se mettre, ne fût-ce qu'un instant, en face de la réalité, en écartant les apparences brillantes de la civilisation, pour être épouvanté du petit nombre de ceux qui jouissent des biens de la vie et de la multitude de ceux qui en sont privés, soit qu'ils souffrent en silence, soit qu'ils murmurent et se révoltent. Dans ce grand Paris, sur cette population de deux millions d'habitants, comptez combien sont ceux que n'assiège pas le poignant souci du lendemain, sinon les angoisses de l'heure présente!

Et ce qui épouvante et attriste autant que la misère, c'est le spectacle des haines qui y sont associées et qui mettent aux prises une partie de la société avec l'autre. On constate alors bien vite que la question qui s'agite autour de nous est bien autre chose qu'une question de personnes, qu'une question de formes politiques, qu'elle est autrement haute et profonde. On constate que ce qui fait trembler le sol sous nos pas, c'est le choc violent de l'opulence et de la pauvreté, la lutte de ceux qui n'ont rien et de ceux qui ont tant. Deux armées sont en présence, prêtes à en venir aux mains; dans l'une, la fortune, la naissance, l'instruction élevée, les hautes situations sociales; dans l'autre, tout ce qui vit au jour le jour, du travail de ses mains, tous les malheureux qui n'ont pas de quoi vivre.

Sans doute cette lutte est ancienne. Mais elle est

particulièrement grave à l'heure où nous sommes, dans un pays où les liens sociaux sont rompus, où les points d'appui naturels font défaut, en face de ces masses ouvrières qu'agite un continuel malaise et qui sont nourries d'utopies malsaines devenues le fond de leur esprit et le fléau de leur condition.

C'était déjà un grand malheur que la classe des travailleurs en fût arrivée à considérer que ses intérêts étaient distincts de ceux des autres classes. Aujourd'hui elle les considère comme diamétralement opposés. Non seulement elle ne compte plus sur nous pour améliorer sa condition, mais elle nous regarde comme y faisant obstacle et n'a plus d'autre programme que le programme de la destruction.

Quel peut être l'avenir d'une société ainsi divisée, dont une fraction, qui est le nombre, et qui, avec le droit de suffrage, a la toute-puissance politique, ne voit de salut pour elle que dans l'anéantissement de l'autre fraction? Combien de temps verra-t-on subsister un corps social dont les membres entendent détruire la tête? Il serait insensé de prétendre donner une solution définitive à aucun des problèmes que nous pose l'avenir de notre pays, tant que l'on n'aura pas remédié à celui-là. Tout semble vain auprès de ce formidable péril.

Quel est le moyen de le conjurer? Il n'y en a qu'un seul. Il faut reconquérir la confiance du peuple qui s'est éloignée, et on ne peut la reconquérir que par des actes.

Ce n'est pas sans motif que cette confiance n'existe plus. Il y a des explications, sinon des excuses, à

cette hostilité toujours grandissante dont nous
sommes les témoins.

De quelle immense piperie le peuple n'est-il pas
depuis trop longtemps l'objet? Que de promesses
menteuses sans cesse renouvelées! Chaque parti lui
en a fait, chaque candidat l'en a ébloui. Chaque révolution s'est accomplie, en affirmant qu'elle trans-
formerait la condition des travailleurs, le sort des
pauvres, des malheureux. Une cruelle expérience a
appris au peuple que ceux qui affectent le plus de
penser à lui ne pensent qu'à eux-mêmes. Il assiste
à nos misérables querelles et il s'aperçoit du peu
de place qu'il tient dans ce conflit de calculs égoïstes
et d'ambitions effrénées. Aujourd'hui même où le
triomphe de sa cause semble assuré par l'avènement
de la démocratie au pouvoir, quelle déception nouvelle pour lui!

En présence d'un budget de quatre milliards, de
l'augmentation constante et écrasante des charges
publiques, la première pensée qui vient à l'esprit
est que cette situation financière résulte d'entraînements généraux, peut-être chimériques, ayant en
vue la réalisation d'un vaste programme démocratique inspiré par le sentiment de la solidarité humaine. On doit se dire et on se dit que si des centaines de millions ont été dépensés, risqués, c'était
pour faciliter les assurances à bon marché, améliorer les logements des ouvriers et en créer d'économiques et de salubres, habituer les travailleurs
aux entreprises coopératives, multiplier les banques
populaires, les sociétés de secours mutuels, provo-

quer, organiser la fondation des caisses de retraite, en faveur des ouvriers.

Il n'en est rien! Si l'initiative privée ne s'était pas chargée d'accomplir certains points de ce programme, tout serait à faire! Vous avez dans le souvenir, Messieurs, le nom des hommes de cœur qui ont réellement obéi à l'idée démocratique et poursuivi la réalisation de ces réformes populaires. Je n'aurais point à chercher beaucoup autour de moi pour en pouvoir citer ici même plus d'un.

Si le peuple savait encore discerner ses vrais amis, il les trouverait sans peine. Il ne saura les reconnaître désormais que moyennant un effort constant et désintéressé de notre part, si nous lui prouvons — et il faudra du temps et de la patience pour rendre la démonstration convaincante — que c'est son bien que nous cherchons et non pas notre intérêt; il ne les reconnaîtra que si un certain nombre d'entre nous se consacrent avec une entière et sincère abnégation à servir sa cause, sans lui rien demander en retour.

A dire le vrai, l'oubli de soi a seul le secret d'apaiser les haines sociales comme seul il fait naître les œuvres grandes et durables. L'oubli de soi, qu'est-ce en effet? C'est l'égoïsme vaincu, c'est le dévouement, c'est l'amour du prochain et il n'y a que lui qui puisse susciter, entre ces deux armées qui se menacent et dont je parlais tout à l'heure, ces médiateurs qu'Ozanam appelait déjà de ses vœux et qui seront les véritables pacificateurs des âmes.

Car, Messieurs, ne l'oublions pas, comme l'a dit

excellemment M. Jules Simon, le mal dont nous souffrons est surtout un mal moral; ce sont les âmes qu'il faut guérir.

A coup sûr, il ne dépend pas de nous, ni d'aucune combinaison encore inconnue, de refaire un monde sans douleur.

Ce n'est pas la faute de la société si l'homme souffre; telle est la condition humaine, mais c'est la faute de la société, on l'a fait observer avec raison, si ces souffrances ne diminuent pas; et sa responsabilité est d'autant plus lourde, que ses exemples, ses influences corruptrices, son mépris de la loi divine, multiplient et développent les causes du paupérisme.

Vous objecterez, Messieurs, que la tâche à remplir est bien vaste, que l'on se sent bien impuissant, que chacun de nous a une sphère d'action bien restreinte, que l'on est la goutte d'eau. Oui, cela est vrai, et cependant interrogez l'histoire de la charité et voyez ce qu'a su faire parfois le dévouement d'un seul, celui-là fût-il le plus humble, le plus petit.

Vous dites que vous n'êtes qu'une goutte d'eau? Je vous réponds, avec Lacordaire, que la goutte d'eau, lorsqu'elle a abordé à la mer, n'en a pas moins formé le fleuve et que le fleuve ne meurt pas.

Est-ce qu'il faut tant d'efforts, d'ailleurs, pour créer cette œuvre dont je viens de vous entretenir, Messieurs, cette œuvre qui s'impose quand on examine l'état de l'organisation de la charité à Paris, ses lacunes, ses vices? Mais non, un peu de bonne volonté, et elle est fondée. Et chacun ne doit-il pas

7

être pressé d'y concourir par quelque considération qui lui est propre, à laquelle il obéit : l'homme de foi, le chrétien, pour qui la personne du pauvre est sacrée; l'homme de cœur, qui ne peut goûter paisiblement les joies dont il a le privilège sans faire une part à l'infortune; le riche, l'homme de plaisir, le politique, qui ont le souci de la sécurité sociale et s'inspirent de la loi de l'intérêt bien entendu.

Au fond, la religion, l'humanité, la politique ne sont que les formes diverses d'un même art, — qui est toute la destinée de l'homme ici-bas, l'art de faire le bien.

Il excellait à l'exercer, celui dont j'emprunte ici les paroles, Augustin Cochin, comme il excellait à en parler, et il nous laisse un mémorable et efficace exemple!

Unissons-nous donc, Messieurs, pour pratiquer ce grand art de faire le bien.

Ne nous déchargeons pas sur l'État du soin de remplir nos devoirs sociaux. Divisés sur tant de points, réservons, pour nous y rencontrer, ce domaine d'où toute politique doit être bannie. Cessons de donner le pas, sur ces questions vitales, à nos stériles agitations, à ces luttes d'intérêt personnel où nous nous épuisons. Cessons enfin de justifier la saisissante image qui nous compare à ces passagers insensés, uniquement occupés, au cours d'une traversée orageuse, à se disputer ou à s'étourdir follement, tandis qu'ils oublient de fermer les voies d'eau par où l'existence même du navire est menacée!

CHAPITRE II

L'Office central des Œuvres charitables se constitue le 14 novembre 1890, rue de Champagny, 3, après une période d'essai de quelques mois. — Les premiers débuts. — Faveur avec laquelle il est accueilli par l'opinion publique. — Il répond à un besoin réel. — Organisation du service des renseignements sur les Œuvres et sur les pauvres. — Liens établis entre les Œuvres. — Doubles emplois évités. — Efforts faits pour développer l'assistance par le travail. — Échange d'informations et de services avec les Œuvres charitables étrangères. — Prévoyance ajoutée à l'assistance. — Exemple du Patronato de Milan spécialement étudié.

* Il ne suffisait pas de formuler, le 11 mars de l'année dernière, un programme d'organisation rationnelle de la charité privée. C'eût été une manifestation vaine, si l'on ne s'était pas empressé de mettre ce programme en pratique. Je m'y suis employé immédiatement et de toutes mes forces; persuadé que votre concours ne me ferait pas défaut, j'ai pris l'initiative, au mois de juillet, de la création de l'œuvre nouvelle. La dispersion qu'amènent les mois d'été m'a réduit à agir seul, pendant cette période, et a forcément retardé jusqu'à ce jour toute réunion. J'ai donc à vous retracer les débuts de l'œuvre que nous fondons et je dois en même

* Rapport présenté le 14 novembre 1890 aux premiers adhérents de l'Office central.

temps vous exposer son fonctionnement, et vous rendre compte des résultats qu'elle a obtenus depuis un peu plus de trois mois, c'est-à-dire depuis qu'elle existe.

Vous avez pu constater la faveur avec laquelle a été accueilli par l'opinion publique le projet de création d'un Office central des institutions charitables. La sympathie des premiers jours n'a fait que s'accentuer : elle est devenue générale ; et au milieu de la division des esprits, notre œuvre a eu ce privilège de provoquer, sur le terrain de la charité, un rapprochement devenu trop rare, hélas! sur les autres terrains.

Il y avait évidemment dans cette création nouvelle — un tel accueil le démontre — quelque chose qui répondait à un besoin réel, aux vœux d'un public nombreux, à des tentatives essayées vainement.

En présence d'une misère dont l'état reste stationnaire, s'il ne s'aggrave pas, malgré tant de générosités publiques et privés, concentrer les efforts charitables, les relier, les coordonner, les rendre plus judicieux et plus prompts, aviser aux moyens d'éviter, dans la mesure du possible, le gaspillage des forces, la distribution vicieuse et tardive des secours, était, on peut le dire, une idée dans l'air.

Chacun de nous, sollicité par une infortune, avait souffert plus d'une fois de ne savoir pas, sur l'heure, à quelle porte frapper pour la soulager efficacement et comment utiliser à son profit l'une des œuvres innombrables qui existent dans la capitale ou en province. On avait le sentiment que pour remédier à cette impuissance, il fallait dans Paris un centre, connu de tous, où l'on trouverait un guide prêt, tout ensemble, à indiquer l'œuvre créée spécialement pour la misère à secourir, et à renseigner sur le degré d'intérêt mérité par les malheureux, un guide déjà accrédité auprès de cette œuvre, en mesure d'obtenir son concours, de suppléer les personnes charitables dans des démarches qu'elles n'ont ni le temps ni la possibilité de faire elles-mêmes. Que l'on eût à placer un vieillard hors d'état de travailler, un orphelin, un enfant abandonné par ses parents, un vieux ménage, ou à rapatrier un ouvrier sans ouvrage et sans ressources, à le recommander à un correspondant secourable de province, que l'on eût quelque misère honteuse et saignante à faire secourir discrètement, on éprouvait le même embarras, et cet embarras, que nous avons tous plus ou moins ressenti, est la première explication de la rapide faveur conquise par l'Office central de la charité.

Je dois ajouter qu'il s'est produit, au moment de sa fondation, une coïncidence qui n'a pas peu contribué aussi à éveiller l'attention sur cette œuvre nouvelle. L'horreur de certains drames causés par la misère, et dont la révélation a éclaté tout à coup au sein de cette opulente cité, a surpris et surexcité la pitié publique. On a salué avec joie l'apparition opportune d'un remède, d'un secours à ces lamentables détresses dont la civilisation rougit d'apprendre l'existence. On a voulu savoir ce qu'était le remède. Il en est résulté pour nous une publicité considérable qui a eu ses avantages, mais aussi ses inconvénients. D'une part, l'œuvre a été plus promptement connue, et les sympathies et les concours ont été provoqués par là même. Mais, d'autre part, cette publicité nous a valu, dès le lendemain de l'installation de nos bureaux, des demandes sans nombre. Les malheureux ont afflué ici, au point de mettre en question notre maintien dans cette maison; les lettres sont arrivées en foule. On nous a demandé, dès les premiers jours, des services qu'une organisation de plusieurs mois ou d'une année pouvait seule rendre possibles. Nous avons fait de notre mieux. Après avoir subi l'épreuve, peut-être ne devons-nous pas déplorer ce coup de feu. Il nous a été utile à deux points de vue. Il nous a obligés à hâter notre organisation et à faire de suite un grand et décisif effort; il nous a fourni la preuve tangible en quelque sorte de la nécessité et de l'opportunité de la fondation de l'Office central.

Ah! Messieurs, quel défilé de misères plus poignantes les unes que les autres, que d'effroyables récits dans cet énorme dossier de lettres qui est là sur votre table, lettres que j'ai toutes lues et dont nos enquêtes n'ont que trop souvent attesté la sincérité! Que de confidences navrantes cette salle a entendues! Je crois que le cœur le plus endurci par la prospérité en eût été ému, comme je crois que l'esprit le plus antireligieux, aux prises avec de telles douleurs, eût été épouvanté à la seule pensée de proscrire la grande consolatrice des maux de l'humanité. « Nous en avons le cauchemar, » me disait notre administrateur M. Béchard; et M. Roland, qui a bien voulu nous donner son concours au début de l'œuvre, me tenait le même langage. Et ce cauchemar n'était pas seulement causé par le spectacle de souffrances inouïes, mais, vous l'avez déjà compris, par l'impuissance où l'on était, trop souvent encore, d'y apporter un remède immédiat et suffisant.

Qu'avons-nous fait, Messieurs, pour nous mettre à la hauteur d'une tâche à la fois si haute et si difficile, et pour tenir les promesses de l'œuvre qui se constitue? C'est là ce que j'ai à vous dire. Je me bornerai pour cela à vous signaler des faits, des résultats et à vous exposer les mesures que nous préparons pour atteindre notre but. Passer successivement en revue avec vous les différentes branches ou les différents services dont l'ensemble constitue l'Office central de la charité, me paraît être la meilleure méthode pour être à la fois court et clair.

Je commence par le service des indications à fournir sur les œuvres.

Pour fournir ces indications, nous avions avant tout à apprendre à connaître ces œuvres, à les connaître autrement que par la lecture d'un manuel, très utile d'ailleurs, mais qui n'en peut fournir que la nomenclature.

Il fallait étudier, visiter chacune des œuvres qui existent dans Paris, et en même temps que l'on entrait en relations personnelles avec leurs directeurs, établir nettement à leurs yeux le caractère de ces visites, démontrer que l'on ne songeait à s'immiscer sous aucun prétexte dans la vie intérieure des œuvres, ni à porter la moindre atteinte à l'indépendance, à la personnalité d'aucune d'elles; mais que l'on entendait, au contraire, se constituer le serviteur de toutes les œuvres, s'appliquer à les faire mieux apprécier du public, et que si l'on se proposait de recourir à elles en faveur des malheureux qui s'adressent à l'Office, on comptait bien aussi tourner vers elles, de plus en plus, les libéralités des gens charitables.

Dès la fin de juillet, nous avons organisé ces enquêtes. Le directeur de l'Office, aidé d'un collaborateur, partageait son temps entre les audiences, la correspondance et la visite des œuvres. On avait songé d'abord à visiter successivement et méthodiquement les institutions de même nature; on s'est arrêté à la résolution de les visiter par quartier, et en suivant des indications purement topographiques.

Les mois d'été étaient utiles à mettre à profit pour ce travail préparatoire. Les nombreux dossiers qui sont là vous prouvent que le travail est avancé. Chaque œuvre a son dossier, renfermant toutes les informations susceptibles de la faire connaître à la première demande de renseignements : moyennant un répertoire général et un système de fiches bien combiné, les réponses peuvent se faire très rapidement.

Mais ce qui l'emporte encore sur la formation des dossiers, c'est la connaissance personnelle que notre administrateur aura de chacune des œuvres qu'il a étudiées.

Quand l'enquête sera terminée, nous aurons constitué une statistique d'un grand intérêt de toutes les œuvres charitables de la capitale.

Ces premières études nous ont amenés à constater une situation qui ne vous surprendra pas, c'est que la plupart des œuvres sont assiégées de demandes et souvent encombrées. Cependant, il y a toujours quelques vacances; mais on ne les fait connaître et on ne les donne qu'à bon escient, et on a raison. Dans de telles conditions les relations personnelles, constantes avec les directeurs ou supérieurs, la confiance qu'on leur inspire sont deux choses capitales, si l'on veut arriver à un résultat.

Deux autres enseignements sont à retenir : en premier lieu, c'est qu'il faut tirer parti des œuvres moins connues, et par là même moins surchargées; contribuer à relever celles qui végètent et à leur donner l'extension dont elles sont susceptibles; en second lieu, c'est qu'il faut savoir utiliser les ressources hospitalières de la province dans une large mesure et sous les formes les plus diverses. J'insisterai tout à l'heure sur ce point.

Cette vaste enquête, Messieurs, que nous avons commencée à Paris, nous la poursuivons en province sur toutes les œuvres charitables qui existent. Elle est difficile à mener à fin, il n'y a pas lieu de se faire d'illusion sur ce point, mais elle est indispensable, et on peut la faire aboutir. Nous avons affirmé — et c'est peut-être un des traits caractéristiques de notre Bureau central — que nous devions utiliser les ressources hospitalières de la province pour un grand nombre d'infortunes qui nous sont signalées à Paris. Rien n'est plus justifié ni plus nécessaire. Les œuvres de province ont des vacances, et leurs prix s'abaissent dans les proportions les plus sensibles. Il y a des malheureux dont le maintien à Paris n'a aucune raison d'être. Le vieillard doit chercher ailleurs l'air et le soleil.

J'ai cité plus d'une fois ce fait mis en lumière par M. Monod, directeur de l'Assistance au ministère de l'intérieur, que dans l'année 1886, sur 39,248 lits d'hôpital, c'est-à-dire réservés aux malades, 17,500, soit 40 p. 100, sont restés vacants dans les hôpitaux et hospices de province.

Nous avons sans tarder frappé à la porte des œuvres de province. Nous l'avons fait avec succès, et l'une des premières fois dans les conditions suivantes qui méritent de vous être rapportées.

Un matin, nous recevons une lettre d'une personne charitable nous signalant, dit-elle, une infortune exceptionnelle. Tous les jours, je le constate en passant, des lettres semblables nous arrivent, et souvent de personnes très autorisées, nous disant : « Nous gémissons souvent sur certaines souffrances délaissées, sans savoir à qui les signaler. Nous savons aujourd'hui où est la vigie, le poste de secours. Nous allons à lui. » Voilà comment peu à peu s'organisera la police de la misère. La lettre dont

je parle nous indiquait un vieillard de soixante-dix
ans, aveugle, sourd et muet, qui passe sa vie age-
nouillé aux abords du cimetière de Clichy où il
tend la main aux passants. Les gamins sans pitié
s'amusaient à lui jouer de méchants tours. Deux fois
le malheureux a eu la main percée d'un coup de
crochet que des chiffonniers lui donnaient en guise
d'aumône. A Paris, les maisons d'aveugles l'ont refusé parce qu'il est sourd et muet, et les maisons de
sourds et muets n'ont pu l'accepter parce qu'il est
aveugle. Les règlements de ces maisons sont, paraît-
il, formels à cet égard. Qu'en faire? Vers quelle
œuvre le diriger? On s'est adressé en vain à l'Assistance publique, aux bureaux de bienfaisance. Nous
n'avons pas hésité à tirer parti des indications de
notre enquête sur la province, à peine entreprise
pourtant, et nous venons de faire admettre ce malheureux vieillard en dehors de Paris, dans un asile
où par charité pour lui et par égard pour nous on
le reçoit gratuitement, bien que l'asile soit payant.

Mais, Messieurs, pour se servir utilement et sur
une vaste échelle des œuvres de province, pour
répartir judicieusement entre elles les demandes qui
nous sont adressées, il faut les connaître, c'est-
à-dire qu'il faudrait les voir, les étudier. Or, nous
n'avons pas d'agent, pour les visiter comme nous
visitons celles de Paris. Une enquête de ce genre ne
peut réussir que moyennant des concours bénévoles,
et le difficile était de rencontrer des concours à la
fois expérimentés, dévoués et désintéressés. Ces
concours, nous espérons qu'ils ne nous feront pas

défaut, à mesure que l'Office central et le but qu'il poursuit seront mieux connus et mieux appréciés. Certaines publications renfermant des indications sur les œuvres sont également mises à profit par nous.

Deux diocèses ont déjà fait le recensement de leurs institutions charitables : Angers et Nancy. Le résultat de ces recherches est consigné dans trois beaux et curieux volumes qui sont là devant vous. Il est vraisemblable que nos investigations nous amèneront à découvrir de nouveaux éléments d'information.

L'occasion de faire profiter le public de nos visites et de nos renseignements, c'est-à-dire d'appliquer la première partie de notre programme, s'est présentée promptement pour nous.

Dès la création de l'Office, on nous a demandé de fournir des indications sur les œuvres, et de servir d'intermédiaire auprès d'elles, de placer des enfants dans des orphelinats, de jeunes filles ou de jeunes garçons dans des ateliers professionnels, de vieux ménages dans des maisons de retraites, des vieillards infirmes dans des asiles.

Vous aurez ultérieurement le détail de ces placements, et il vous sera donné de constater avec quelle conscience et quel soin dévoué ils ont été faits. Environ quatre cents demandes de toutes sortes, ayant nécessité une correspondance et des démarches nombreuses, nous ont déjà été adressées; nous recevons en moyenne de quinze à vingt personnes par jour, qui se rendent au siège de l'œuvre et auxquelles nous donnons des indications verbales. En ce qui touche les renseignements qui nous sont demandés sur les pauvres, quand il nous paraît utile de compléter nos informations personnelles, nous avons recours au service organisé par M. Mamoz, qui s'est mis avec une parfaite obligeance à notre disposition.

Les administrations publiques, la préfecture de la Seine et la préfecture de police nous ont adressé des malheureux.

Si nous avons été vers les œuvres, les œuvres aussi sont venues à nous. La Société de la maison paternelle de Mettray, fondée par le vénérable M. Demetz, nous a demandé de la représenter à Paris, tâche qui consiste principalement en renseignements à donner et cela moyennant l'allocation d'une indemnité qui dédommagerait notre œuvre de ses débours. Je tiens pour un honneur la démarche que son président, M. Gouïn, sénateur, a bien voulu faire auprès de nous dans ce but. Il nous a été facile de nous entendre. Plusieurs associations catholiques et protestantes nous ont exprimé le désir d'utiliser notre concours.

Les œuvres qui ne sont pas très connues commencent à bénéficier de notre intervention.

Nos opérations de rapatriement se sont également multipliées dans ces derniers temps, bien que notre intervention soit subordonnée à un examen minutieux, sévère, des demandes qui nous sont adressées. Nous avons dû sur ce point nous entendre avec la préfecture de police, qui nous a fait le plus bienveillant accueil, et je dois remercier aussi publiquement les compagnies de chemins de fer du précieux concours qu'elles veulent bien nous prêter. Nous nous sommes tout particulièrement appliqués à bien organiser cette branche importante de notre œuvre, en nous souvenant que ce doit être son grand effort de chercher à écarter de Paris tout individu qui ne peut y trouver des moyens d'existence, et d'arracher des malheureux à la misère, tout en délivrant et assainissant moralement la capitale.

A quelle organisation merveilleuse de la charité on pourrait arriver, Messieurs, si toutes les œuvres répandues sur la surface de ce grand et généreux pays étaient ainsi reliées, mises en communication par un centre commun, et s'il était possible de répartir entre elles les misères qui trop souvent s'accumulent sur un point où tous les secours sont insuffisants. Est-ce un idéal qui ne peut être atteint? Nous croyons tout le contraire. Nous ajoutons en outre que cette organisation, ces liens établis entre toutes les personnes charitables de France, ces correspondants dévoués qui se rencontreraient ainsi dans le pays entier peuvent seuls permettre d'opérer le rapatriement dans des conditions vraiment pratiques et utiles. Pouvons-nous, en effet, renvoyer au hasard les malheureux dont nous délivrons Paris? Le préfet de police consulte, avant de faire le rapatriement, les préfets des départements, lesquels consultent les maires pour savoir si le malheureux rapatrié trouvera dans la localité où il se rend, des moyens d'existence. Mais vous jugez tout d'abord du temps que prend cette correspondance administrative, et vous jugez ensuite de la portée de la réponse que rédigera le secrétaire de mairie d'une petite et même d'une grande localité qui a l'ennui de répondre à ces demandes importunes.

Si les relations charitables avec la province étaient bien organisées, on arriverait à être renseigné même sur les points où le travail est offert, et à diriger d'une manière rationnelle et pratique les ouvriers qui s'éloignent de Paris. Mais vous le reconnaîtrez, il n'y a que le dévouement personnel, il n'y a que l'amour du pauvre qui puisse être l'agent d'exécution d'un tel programme.

Je viens de parler du travail, j'arrive à l'un des points les plus importants de ce rapport. Je dois vous faire connaître ce que nous avons tenté pour procurer du travail à tant de malheureux qui voudraient ne pas mendier et qui ne demandent qu'à être employés à un titre quelconque, pour nourrir eux et leur famille.

C'est en présence de situations de ce genre que nous nous trouvons tous les jours, et grande est notre perplexité. Pensionner l'oisiveté est une solution immorale, et d'ailleurs les ressources nous manqueraient pour le faire. Que répondre à des gens qui vous disent : « Je meurs de faim, je ne veux pas mendier, donnez-moi un travail quelconque qui me permette d'acheter du pain » ?

Sans doute, de généreux efforts ont été tentés à bien des reprises pour résoudre ce douloureux problème. On y a, dans quelque mesure, remédié pour les femmes, moyennant certaines institutions.

Aucun de nous n'ignore que telle a été la préoccupation constante depuis vingt ans de l'un de nos premiers adhérents, M. Mamoz, qu'il n'a reculé devant aucune peine pour obtenir un résultat satisfaisant; mais il a été amené à circonscrire aux femmes son assistance par le travail.

M. le pasteur Robin a poursuivi avec le plus grand zèle le même but. Il a fondé à Belleville, cette fois pour les hommes, un asile, où le travail et l'hospitalité sont associés; il n'a pu occuper jusqu'ici qu'une vingtaine d'hommes en même temps.

Je dois le dire, je ne connais pas dans Paris à l'heure qu'il est, en dehors de deux ou trois institutions extrêmement restreintes, hélas! une seule œuvre organisée dans de vastes proportions, pour offrir du travail en échange d'une hospitalité temporaire ou d'une certaine rémunération à des ouvriers sans ressources, lesquels, en dépit de leur bonne volonté, ne trouvent pas momentanément l'emploi de leurs bras et sont impuissants à défendre leurs femmes et leurs enfants contre la misère; à des individus qui attendent leur rapatriement, à des infirmes qui sollicitent et attendent leur admission dans une maison spéciale ou qui pourraient être envoyés en province; à ces malheureux enfin que l'on arrête pour avoir couché sous un pont, dont le seul crime est de n'avoir pas un sou dans leur poche, et que le juge du petit parquet relaxe et remet sur le pavé dénué de toute ressource. Per-

suadés, Messieurs, que l'efficacité de notre action
charitable dépendait en grande partie de la prompte
organisation sur de larges bases d'une œuvre d'assistance par le travail pour les hommes, nous avons
entrepris de provoquer la création de cette œuvre,
et nous avons été secondés par un concours de circonstances dont vous serez frappés et réjouis. Je dis
provoquer, car l'Office central ne doit pas se charger d'administrer directement aucune œuvre. Ce
sont là ses statuts.

Au n° 52 de l'avenue de Versailles, près du pont
de Grenelle, Messieurs, il existe une maison hospitalière où le travail est organisé pour les femmes
et dont la description si attachante faite par
M. Maxime du Camp est encore présente à vos esprits. Une blanchisserie importante y occupe un
grand nombre de bras et alimente le budget de
l'œuvre. Or, il a été reconnu que, moyennant une
combinaison ingénieuse, près d'une centaine d'hommes dès le début, un plus grand nombre ensuite,
pourraient être employés, dans un local tout à fait
distinct et séparé, à des travaux qui se rattachent à
cette blanchisserie.

L'œuvre de l'Hospitalité se prêterait à une combinaison qui, après mûr examen, a paru très pratique
et à l'abri de toute critique fondée. La supérieure
de l'œuvre déclare qu'elle serait en mesure de donner aux hommes ainsi employés un salaire de 1,50
à 2 francs par jour, et leurs repas leur seraient fournis, moyennant un prix infime, dans un fourneau
économique établi pour eux.

8

Que faudrait-il pour cela? Louer un terrain voisin de la blanchisserie, établir sommairement quelques ateliers et acheter une certaine quantité de linge destiné à être livré aux bouchers, blanchi et entretenu à leur usage. Une somme une fois donnée, dont le chiffre n'a rien d'effrayant, serait nécessaire pour fonder la maison de travail dans ces conditions; l'œuvre tenterait ensuite de se suffire à elle-même.

Car, Messieurs, et c'est là le côté éminemment pratique qui distingue la combinaison dont je parle, elle résout les deux difficultés qui ont toujours été la pierre d'achoppement des institutions de ce genre. On ne parvenait jamais, en effet, ni à découvrir un travail susceptible d'être mis à la portée de tous les hommes méritant l'assistance, malgré la diversité des professions ou l'absence même de toute profession, et on ne trouvait pas, d'autre part, un travail suffisamment rémunérateur pour que les hommes étant payés, l'œuvre eût les ressources nécessaires à sa vie normale sans être à la merci de sacrifices plus ou moins précaires. Donc, au point de vue de la réalisation du projet, toute la question se résume en un point : fournir à l'œuvre de l'Hospitalité qui existe déjà, un concours financier suffisant. Plusieurs personnes s'en préoccupaient, lorsqu'un journal dont l'autorité est considérable a bien voulu donner son appui au projet. M. Patinot, directeur du *Journal des Débats,* a été séduit par les résultats que l'on pourrait obtenir, grâce à une œuvre dont l'absence à Paris est un fait si extraordinaire que l'on a peine à y croire, et cela d'autant plus que les administrations publiques qui s'occupent des pauvres sont unanimes à déplorer cette grave lacune. M. Patinot est sur le point de saisir l'opinion publique de ce projet et nous avons sujet de croire qu'une fois l'idée lancée, les concours ne manqueront point et que le but sera bientôt atteint.

L'œuvre de l'Hospitalité de l'avenue de Versailles prendrait à sa charge toute la gestion matérielle de cet asile de travail.

Vous nommeriez une commission de patronage qui aurait à s'occuper spécialement du placement, lequel serait le complément naturel et obligé de l'assistance par le travail. Un agent attaché à l'asile surveillerait les hommes, réunirait les informations qui les concernent, noterait leurs demandes, leurs aptitudes. Un autre agent (plusieurs si nos ressources le permettaient) passerait sa journée à visiter les patrons, entrepreneurs, marchands de la capitale, notant les emplois vacants. Le soir, les deux agents rapprocheraient leurs informations, prépareraient le travail de répartition des hommes assistés, qui recevraient le lendemain les indications nécessaires pour se présenter dans telle ou telle maison, et s'offrir à remplir la place disponible. Vous comprenez, Messieurs, à quel chiffre important d'hommes assistés par le travail on pourrait arriver, au bout de l'année, grâce à un roulement bien organisé pour cette centaine d'hommes.

Le stage dans l'asile donnerait le temps de faire bien des démarches utiles, à Paris ou en province, de solliciter des concours, de découvrir parfois une issue inespérée à de lamentables situations, et permettrait d'aviser peut-être aux mesures nécessaires pour diriger sur nos colonies bien des hommes valides qui, pour un motif ou pour un autre, ne peuvent plus trouver leur voie dans la mère patrie.

Nous avions eu un moment l'espoir de pouvoir vous annoncer dans cette réunion que la maison de travail est fondée. Diverses circonstances ont retardé les généreux efforts qui en doivent assurer le succès, mais il ne s'agit que d'un court délai, nous l'espérons.

Notre programme comprend également l'établissement d'un échange d'informations avec les œuvres charitables à l'étranger. Nous pensons qu'il importe de bénéficier de leur expérience et que ce profit a été trop longtemps négligé. Ces liens que nous voudrions voir se multiplier entre les œuvres de notre pays, nous souhaiterions dans une certaine mesure de les voir s'établir entre les institutions charitables des différentes nations, la charité devenant ainsi une occasion de rapprochement et de mutuel concours.

Nous avons à cœur de vous informer que cette partie de notre programme est en voie de se réaliser également. Des relations personnelles sont nouées entre nous et les directeurs ou fondateurs de grandes œuvres qui existent aux États-Unis, où nous nous sommes adressés aux 60 bureaux de charité des grands centres, en Angleterre, en Allemagne, en Suisse, etc. Ces œuvres nous envoient leurs pré-

cieux documents. Je place sous vos yeux, en même
temps que les volumes publiés à New-York et à Genève, qui donnent la nomenclature très attachante
de toutes les œuvres charitables de ces villes, les
lettres récentes de M. Mocatta, de M. Loch, secrétaire de la Charity organisation Society de Londres,
de M. Kellog, secrétaire de la grande société de
New-York, de M. le colonel Rilliet, de Genève, etc. Le
président du gouvernement de la province de Dusseldorf est entré spontanément en rapports avec nous,
et sa dernière lettre, dont il vous sera donné communication, est des plus flatteuses pour notre œuvre.

Je viens d'étud'er moi-même, ces jours derniers,
dans un voyage en Suisse, l'organisation d'un Bureau central qui fonctionne à Genève, dans des
conditions particulièrement intéressantes. Ce Bureau a surtout pour but de centraliser les secours
et de substituer à l'aumône individuelle, multiple,
un dispensateur unique qui est juge de l'intérêt
que mérite le malheureux et qui lui vient en aide
sous la forme qui lui paraît la plus opportune, en
argent ou en nature. L'œuvre fonctionne depuis des
années, et avec un plein succès. Elle est très bien
dirigée par M. le colonel Rilliet avec lequel nous
sommes dès aujourd'hui en excellentes relations.
Mais ce n'est pas, vous le voyez, l'organisation que
nous avons adoptée. Nous nous préoccupons d'utiliser ces enseignements, et d'emprunter aux divers
pays avec lesquels nous avons établi des rapports,
dans la mesure où il peut être appliqué chez nous,
tout procédé pratique qui constituerait une simpli-

fication ou une amélioration dans l'exercice de la charité. C'est seulement ainsi, lorsque l'on aura mis tout en œuvre pour secourir efficacement les malheureux, que l'on pourra recourir à une répression plus sévère infligée aux vagabonds incorrigibles, lesquels sont une menace permanente pour la paix publique.

Je voudrais abréger, Messieurs, mais il me reste encore à vous entretenir d'un dernier article de notre programme.

Je vous en parlerai succinctement parce qu'il sera l'objet d'un rapport spécial qui vous sera soumis incessamment.

Nous avons cru, à l'instar des grandes sociétés charitables américaines, que nous ne devions pas séparer la prévoyance de l'assistance, que c'était aussi notre tâche de nous occuper de la vulgarisation des institutions de cette nature, en même temps que de la bonne répartition des aumônes, convaincus qu'il faut aller à la racine du mal, et nous souvenant que l'aumône n'est qu'un palliatif, et que la véritable assistance doit mettre celui qui la reçoit à même de s'en passer.

L'exemple du *Patronato* de Milan nous était un puissant et décisif encouragement.

Il n'est pas douteux que de nombreuses associations organiseraient des pensions de retraites pour leurs membres, si elles étaient renseignées sur les combinaisons pratiques qui sont à leur portée, si elles croyaient à la possibilité de le faire, si quelqu'un leur venait en aide, simplifiait leur tâche, non pas en prenant aucune responsabilité dans leurs résolutions, mais simplement en leur fournissant des indications.

Ces indications, elles nous sont demandées de divers côtés, par des syndicats, par de grands industriels, et les faits eux-mêmes démontrent que nous avons été bien inspirés.

Je vous signalerai tout particulièrement une demande émanant du conseil d'administration du Syndicat des agriculteurs du Loiret et signée par M. Baguenault de Puchesse, qui est déposée devant vous, et qui a trait à l'assurance contre les accidents pour les ouvriers de l'agriculture. Une série de combinaisons pour l'organisation des pensions de retraites ont été étudiées par nous, soit avec les compagnies d'assurances privées, soit avec la caisse nationale. Vous aurez lieu d'examiner sous quelle forme elles pourront être signalées à l'attention des associations qu'elles intéressent.

Il nous deviendra évidemment nécessaire d'avoir à notre disposition un instrument spécial de publicité. Nous nous sommes préoccupés déjà de faire revivre *les Annales de la charité* fondées par M. de Melun, de regrettée et vénérée mémoire, dont nous serions heureux de suivre les généreuses traditions. Nous avons l'espoir de nous entendre avec un ami de la première heure, M. Delaire, qui dirige la *Réforme sociale*. Il nous a semblé qu'une combinaison financière avantageuse pour les uns et les autres pourrait nous assurer une place spéciale dans la Revue et ensuite un tirage à part. Le Bulletin prendrait le titre d'*Annales de la charité et de la prévoyance;*

c'est un projet sur lequel vous aurez à vous prononcer.

Puis-je espérer, Messieurs, après cet exposé, que
ces trois mois vous auront paru bien employés;
que les débuts de notre œuvre répondent à votre attente, et que notre gestion recevra votre approbation? Je ne vous ai point parlé encore du concours
dévoué que je rencontre auprès de l'administrateur
de l'Office central, M. Béchard, dans lequel j'ai été
assez heureux pour trouver, depuis peu, un collaborateur dont le nom personnifie des traditions qui
sont si heureusement continuées. Je n'ai point parlé
de la question financière, c'est-à-dire des ressources
nécessaires à l'œuvre pour vivre et pour se développer. Vous n'avez, permettez-moi de vous le dire,
pas à vous préoccuper des dépenses entraînées par
le fonctionnement de l'Office jusqu'à ce jour, dans
cette première période, durant laquelle je n'ai pu
consulter personne. J'ai gardé intact le dépôt des libéralités que j'ai recueillies, bien que leurs auteurs
m'aient autorisé à en disposer; elles proviennent de
certaines démarches individuelles que j'ai tentées,
puisque nous n'avons fait encore aucun appel public aux souscripteurs. J'espère que des libéralités
nouvelles ne tarderont pas à nous parvenir, dès que
la souscription sera ouverte, et que nous pourrons
ainsi établir le budget normal de l'Office central
pour l'année 1891.

J'ai la conviction que nous arriverons à l'asseoir,

pour l'avenir, sur un ensemble de souscriptions annuelles qui assureraient absolument son existence.

L'élan de la charité ne se lasse pas, grâce à Dieu,
dans ce généreux Paris, et ce n'est pas en vain que
nous aurons proposé aux gens de cœur des moyens
plus pratiques, plus rapides, plus sûrs, de venir en
aide aux malheureux, de les relever et de les mo-
raliser.

Il n'est pas permis, ce nous semble, de douter de
la générosité publique, quand il s'agit de misères
semblables à celles dont le spectacle nous est donné,
quand le devoir nous presse de prévenir un choc
imminent entre l'opulence et la pauvreté, quand
l'heure est si clairement venue de faire appel à
toutes les forces pacificatrices.

En comparaison des sacrifices que s'impose une
grande nation pour se préparer à des luttes meur-
trières, que pèse d'ailleurs ce que nous sollicitons
pour assurer la paix intérieure, pour guérir, pour
faire vivre, pour conserver des forces qui se perdent,
pour répondre, en un mot, à l'idéal d'une société
chrétienne ?

L'art de la guerre, qui est œuvre de mort, nous
réclame des milliards et nous les lui accordons sans
hésiter. Ne marchandons pas son budget à l'art de
faire le bien, à l'œuvre de vie, à la divine charité,
et après avoir fait ce que commande le patriotisme,
ne nous dérobons pas à ce que commandent à la
fois la religion, l'humanité et la justice.

CHAPITRE III

Plus de neuf mille personnes, bienfaiteurs et malheureux, s'adressent à l'Office central dès sa première année. — Les différents services s'organisent. — L'Office entreprend une enquête sur les œuvres charitables de Paris et de toute la France. — L'œuvre de l'Hospitalité du travail pour les femmes, déjà fondée, concourt au fonctionnement de l'Office central. — Création d'une maison de travail destinée à recevoir les hommes sans ouvrage et sans ressources. Fondation Laubespin. — Les Œuvres commencent à demander à l'Office central le concours de ses services administratifs, tout en conservant leur autonomie. — Le mouvement dont l'Office a pris l'initiative s'étend à la province. — Rapports avec l'Office de Marseille. — Témoignages de sympathie venus de l'étranger, des Congrès charitables. — Visites de plusieurs représentants des Œuvres les plus considérables du dehors. — La Croix-Rouge de la charité se fonde.

* La préoccupation la plus vive de l'Office central des Institutions charitables, dès les premiers temps de son existence, a été de provoquer la fondation de l'œuvre dont vous voulez bien aujourd'hui saluer et encourager les débuts. La création d'une maison de travail destinée à occuper temporairement les hommes sans ouvrage et sans ressources était considérée comme l'un des éléments indispensables d'une organisation rationnelle de la charité libre à Paris. C'est pourquoi nous avons pensé, le but si ardem-

* Rapport présenté le 21 mai 1892 à la première Assemblée générale de l'Office central.

ment poursuivi une fois atteint, qu'il y avait lieu de faire coïncider l'inauguration de cette maison avec l'assemblée générale dans laquelle doivent être exposés chaque année les résultats obtenus par l'Office central de la charité.

Je suis appelé par ma fonction à présenter cet exposé; s'il n'est pas aussi bref que je le désirerais, cela tient à ce que, malgré la date récente de son origine, l'action de l'Office central a été féconde et ses services multipliés.

C'est une œuvre qui a eu la bonne fortune de venir à son heure, de répondre aux préoccupations publiques. Elle est née dans un moment où l'opinion était frappée du contraste qui existe entre l'immensité de l'effort tenté par la charité publique et privée et l'insuffisance des résultats obtenus, où l'on s'inquiétait de la dispersion des forces, de l'absence d'unité, d'entente, d'un certain gaspillage des ressources qui en était la suite; dans un moment où chacun était las de l'aumône aveugle, las de subventionner la paresse et le vice, et effrayé des progrès de l'exploitation pratiquée par le mendiant de profession au détriment du vrai pauvre.

Quelque chose était à tenter, on en avait le sentiment, pour combler l'abîme, souvent infranchissable, qui existe entre les bienfaiteurs et ceux qui ont besoin d'être secourus; pour éviter qu'ils se cherchent sans se rencontrer, que les intentions les plus généreuses demeurent stériles; pour mettre, en un mot, les vrais malheureux à même de savoir où s'adresser, puisque l'expérience démontre de

plus en plus que c'est de cette ignorance qu'ils périssent trop fréquemment.

Voilà comment s'expliquent les sympathies que
l'Office central a, dès son apparition, rencontrées
dans le public, dans la presse entière sans distinction de parti. Voilà comment s'explique surtout le
nombre si considérable de personnes qui se sont
adressées déjà à cette œuvre naissante.

A la date du 15 mai, en effet, plus de neuf mille
personnes, bienfaiteurs et malheureux, avaient eu
recours à l'Office central. Les uns lui demandaient
de les renseigner sur les œuvres dont le concours
pouvait soulager et guérir définitivement les infortunes qui avaient excité leur pitié; les autres lui
demandaient d'intervenir directement et de se
charger des démarches nécessaires, soit pour faire
admettre d'urgence des malades dans des hôpitaux,
hospices de Paris ou de province; soit pour placer
des enfants dans des orphelinats, des adultes dans
des écoles professionnelles, des vieillards isolés
dans des asiles, de vieux ménages dans des maisons
de retraite; soit pour diriger sur la province ou sur
des pays étrangers des malheureux qui devaient
trouver ailleurs des moyens d'existence. Les pauvres qui se présentaient eux-mêmes venaient solliciter le remède approprié à leurs maux.

Nous ne saurions dire l'usage qui a été fait de
toutes nos indications; mais si nous récapitulons
l'ensemble des cas dans lesquels l'Office est intervenu directement, depuis qu'il fonctionne régulièrement, c'est-à-dire depuis le mois de novembre

1890, — et il convient de le faire, puisque c'est la première fois que nous présentons ce compte rendu devant une assemblée aussi importante, — nous constatons que le chiffre de ces interventions s'est élevé à 4,521; que l'Office a fait secourir 2,513 personnes qui étaient dans un état de dénuement absolu; qu'il a placé 392 enfants dans des orphelinats, écoles professionnelles, maisons de préservation; 251 vieillards ou infirmes dans des maisons de retraite, asiles ou hospices, et enfin qu'il a opéré 529 rapatriements.

Parmi ces chiffres, il en est un qui vous a frappés peut-être : le nombre important d'enfants placés par nos soins. Il indique la sollicitude de l'Office pour ce genre d'infortune.

Le mal est plus grand que nous ne le pensions.

Ce qu'une expérience quotidienne nous a révélé de situations poignantes, je ne saurais le dire! Je n'apprendrai rien aux promoteurs de ces œuvres admirables qui existaient ou qui viennent de se fonder et auxquelles nous avons eu recours; je n'apprendrai rien aux lecteurs du livre récemment publié par MM. Rollet et Guy Tomel. Il y a un trait particulièrement douloureux sur lequel cependant je voudrais retenir un instant votre attention.

L'Office central faisait assister une malheureuse famille composée du père atteint d'une maladie de poitrine, de la mère et de trois enfants. La mère soignait son mari et faisait quelques travaux insuffisants pour entretenir le ménage. Elle semblait trouver le fardeau trop lourd. La maladie s'aggravant, le père est transporté à l'hôpital. Nous continuons à le visiter. Il se remettait lentement, quand il apprend que sa femme a déserté son foyer avec un de ses enfants, en emportant une partie du mobilier, et qu'elle allait faire ménage ailleurs. Rien ne l'arrête. Il quitte l'hôpital et, malgré son état, cherche à travailler. Nous plaçons un des enfants. L'aîné, âgé de onze ans, était désespéré du départ de sa mère. Il propose à son père d'aller la voir et de la déterminer, à force de caresses, à revenir vers les abandonnés. L'enfant part. Il emportait deux sous pour acheter de quoi déjeuner. En chemin, il passe près d'une marchande de fleurs. C'est la fête de sa mère. L'idée lui vient d'acheter avec ses deux sous un petit bouquet pour le lui offrir. Hélas! Messieurs, comment il fut reçu par cette femme! on l'a su par des voisins. On a su que le pauvre enfant était parti fou de chagrin. Quelques heures plus tard, son corps inanimé était retrouvé à l'écluse du pont Neuf. Il devait traverser ce pont pour rentrer chez son père. Sa petite main crispée tenait encore le bouquet de fleurs destiné à attendrir le cœur de sa mère.

Pourquoi un rayon d'en haut n'était-il pas entré dans cette âme au moment des sinistres pensées? L'éducation et les exemples reçus ne le disent que trop.

Une double condition, Messieurs, vous l'avez compris, était nécessaire pour que l'Office central pût, autant qu'il l'a déjà fait, renseigner le public sur les œuvres, et recourir lui-même à ces œuvres :

les connaître d'abord, avoir obtenu leur confiance ensuite.

Il y avait là un premier effort à faire, une vaste et délicate enquête à opérer sur les œuvres charitables de la capitale et de tout le pays. Cette enquête a été entreprise. Elle a été faite à Paris par un de nos collègues les plus dévoués et les plus distingués, M. Rivière, ancien magistrat, qui a visité, étudié dans la capitale des centaines d'œuvres dont il a constitué le dossier.

L'enquête se poursuit en province. Un questionnaire a été adressé à un certain nombre de correspondants. Il a été arrêté par un homme éminent que vous connaissez tous, M. Cheysson. Une enquête de ce genre est une œuvre de longue haleine qui a ses difficultés, nous ne nous le dissimulons pas. Mais nous avons l'ambition de la mener à fin et de dresser l'inventaire des richesses charitables de la France.

Les faits nous ont déjà permis de constater que la province a des ressources hospitalières considérables dont souvent on ne se doute pas et qu'il serait possible d'utiliser dans une large mesure. Bien que l'enquête soit à ses débuts, une administration importante est en pourparlers avec l'Office pour le charger de placer, chaque année, dans des asiles et maisons de retraite de province, où le prix d'admission est peu élevé, un certain nombre de vieux serviteurs, dont la retraite ou la pension est insuffisante pour vivre à Paris, et fait d'eux, dans les dernières années de leur existence, des nécessiteux et souvent des mendiants.

Une œuvre bien connue, qui a un orphelinat, s'est adressée à l'Office pour assurer à un certain nombre de ses pupilles à leur sortie de l'orphelinat, et moyennant paiement, leur admission dans des écoles professionnelles de province, où ils acquerront la connaissance d'un métier qui sera leur gagne-pain.

Pour nous aider dans cette enquête, nous avons fait un appel, que j'ai à cœur de renouveler aujourd'hui, au concours de jeunes hommes qui ont l'ardeur de la charité et qui veulent bien mettre à son service une part de leur intelligente activité et de leurs loisirs. Plusieurs ont répondu et consentent à aller visiter eux-mêmes et étudier sur place les œuvres d'une région, de concert avec les correspondants locaux que nous cherchons à établir sur divers points du pays.

Ce n'est pas seulement de la capitale que nous viennent les demandes de renseignements sur les œuvres. Elles nous arrivent, par lettres très nombreuses, de la province, où on les ignore d'un département à l'autre. L'Office a reçu les témoignages les plus touchants de gratitude de la part de personnes habitant au loin dans des régions très diverses qui ont pu, grâce à son intervention, découvrir des œuvres dont elles ne soupçonnaient même pas l'existence, tenter des démarches qu'elles étaient dans l'impossibilité d'accomplir elles-mêmes, et se faire ouvrir des portes qui étaient restées fermées devant un quémandeur inconnu. A côté des demandes de renseignements et d'intervention, il y a la sollicitation formidable, journalière, en faveur des malheureux qui meurent de faim et auraient besoin d'un secours immédiat, qui ne veulent pas mendier et demandent du travail, qui supplient qu'on les aide à trouver un emploi à Paris, en province, à l'étranger.

Assurément l'Office central ne doit pas être un bureau de secours proprement dit, ses statuts le déclarent expressément. Il ne le pourrait pas, d'ailleurs, sur son modeste budget, et si étendu que puisse être ce budget, il n'y suffirait pas. Mais n'est-ce pas son rôle de provoquer la charité? N'est-ce point un des buts pour lesquels il a été créé, de constituer une sorte de vigie à laquelle on signale les cas de détresse et qui doit déterminer, précipiter les secours? Si l'on a songé à créer de merveilleuses organisations pour remédier instantanément aux ravages du feu, ou mieux encore pour procurer un pansement immédiat aux victimes d'un accident, devait-on se préoccuper moins vivement d'atteindre la misère cachée qui agonise, et prévenir ces drames obscurs, épouvantables, qui se déroulent dans le silence et la solitude, et qui sont l'opprobre d'un siècle civilisé? Nous avons pensé que l'Office avait, sous ce rapport, un double service à rendre : rechercher, découvrir, signaler les cas de détresse dont la sincérité est évidente, et faire parvenir le secours dans les conditions les plus rapides et les plus efficaces. Il n'y a guère d'œuvre dans la capitale qui soit outillée pour cela, sans parler des règlements, des formalités qui re-

9

tardent, embarrassent, paralysent la charité officielle. Dès qu'une infortune poignante lui a été signalée, l'Office central n'a pas perdu un instant.
Il a avisé, selon le cas, l'Assistance publique, que
l'Office ne saurait assez remercier de sa générosité
et de son empressement, les Sociétés privées de
bienfaisance, les Conférences de Saint-Vincent de
Paul, dont le concours a été précieux, l'œuvre de
la Miséricorde, d'autres œuvres encore, ou bien il a
fait appel à ses amis, à un certain nombre de personnes charitables qui veulent bien non seulement
faire de l'œuvre la dispensatrice de leurs libéralités,
mais lui permettre de disposer de leur personne, de
les faire intervenir auprès des pauvres. Plût à Dieu
que le nombre de ces personnes riches qui se mettent à la disposition de l'Office central pour visiter
les infortunés fût plus considérable et qu'il augmen-
tât chaque jour, de ces personnes qui vont porter,
avec le secours matériel, le mot du cœur qui ré-
conforte un malheureux plus encore parfois que le
don en argent, et qui lui rend assez de courage,
d'énergie, de confiance pour se tirer d'affaire lui-
même, pour faire l'effort nécessaire. Ah! sans doute,
de tels concours seraient plus nombreux si l'éloquent auteur du *Devoir présent* était écouté de
tous. Notre grande préoccupation est d'amener les
riches non seulement à ouvrir leurs bourses, mais
à ouvrir leur cœur, à se rapprocher des pauvres,
à s'intéresser à eux, à les aimer. Il faut bien se
garder, croyons-nous, de permettre aux gens opu-
lents ou aisés, comme certaines organisations de

charité le font à l'étranger, d'arriver à éloigner
d'eux, par une sorte de rançon, l'image importune
de la pauvreté et à se désintéresser du sort des indigents; aussitôt qu'une infortune digne d'intérêt
nous est connue, nous lui cherchons un patron, un
curateur, comme on dit dans le IIIᵉ arrondissement
de Paris, où l'on voudrait que l'homme aisé qui va
visiter le pauvre fît comme le soldat qui prend le
sac du compagnon épuisé et lui dit : Appuie-toi sur
mon bras, camarade!

Ces avis qui nous signalent tout à coup une ef-
froyable détresse ne sont malheureusement que
trop fréquents.

Un jour, par exemple, on nous signale, rue
Saint-Roch, une famille de trois personnes, le père,
la mère et un enfant, que l'on savait dénués de
toutes ressources, malades, et que l'on n'avait pas
vus sortir depuis quarante-huit heures. L'un de
nous y court, et arrive quand des voisins charitables, les plus pauvres de la maison, aidés des con-
cierges, forçaient la porte du malheureux ménage.
C'était par une des journées les plus glaciales de
l'hiver : trois corps étaient étendus presque iuani-
més dans la pièce. La mère, d'origine américaine,
et parlant à peine le français, était malade depuis
quelque temps; l'homme, de nationalité belge, avait
été un travailleur, il avait lutté contre un concours de circonstances fatales. Fier, il n'avait pas
voulu mendier. Il était tombé malade, à son tour,
ainsi que l'enfant. La maladie, le froid, l'inani-
tion, les avaient plongés dans une torpeur voi-

sine de la mort. Il était temps que le secours vînt!

Une enquête approfondie nous a révélé ce qu'il y avait à faire : renvoyer ce ménage à New-York, d'où il était venu, un échange de lettres nous ayant démontré que des parents, des amis, les accueilleraient à l'arrivée et qu'ils étaient assurés de gagner leur vie. L'assistance de l'Office leur a permis d'attendre le moment de quitter Paris. La générosité de la Compagnie transatlantique et un don du journal *le Figaro*, d'où l'avis était parti, ont complété les ressources que l'œuvre pouvait consacrer à leur rapatriement. Deux lettres de New-York nous ont démontré que le ménage était sauvé.

Hier à peine, c'était une détresse, plus poignante encore peut-être, qui nous était signalée par une personne appartenant à une famille protestante dont le nom est justement honoré dans la capitale. Là, il y a une aïeule de quatre-vingt-cinq ans, un père phtisique, une mère qui vient de mourir en couches, une fille de dix-sept ans qui n'a encore rien gagné et dont le salaire de début doit faire vivre l'aïeule, le père moribond et six enfants de treize ans à quatorze jours.

Quand d'aussi lamentables infortunes sont mises en lumière, n'est-on pas effrayé à la pensée qu'il se rencontre des gens qui, dans l'opulence, goûtent paisiblement les jouissances de la vie, sans avoir fait, dans leur budget, une part à de telles souffrances?

L'exemple que j'ai cité à l'instant de la famille de la rue Saint-Roch vous a prouvé que la préoccupation de l'Office central était d'éloigner de la capitale tout individu, toute famille, pouvant trouver ailleurs des moyens d'existence, de la délivrer et de l'assainir moralement.

Nous avons constitué dans ce but une caisse de rapatriement. Les Compagnies de chemins de fer accordent généreusement à nos protégés une réduction sur le prix des places; notre caisse, s'il y a lieu, subvient au surplus de la dépense.

Une personne attachée à l'Office accompagne jusqu'au train les rapatriés.

Ces rapatriements, bien entendu, ne se font qu'après une enquête aussi minutieuse que possible, après que toutes les mesures sont prises pour rendre le départ définitif, pour faire intervenir, quand cela se peut, un de nos correspondants.

Mais, j'ai hâte de le reconnaître, en dehors de cas déterminés, l'assistance, qui prend la forme du secours, est absolument insuffisante.

Il n'y a, pour les pauvres qui sont valides, qu'une vraie forme de secours, qu'une seule qui soit en même temps digne, efficace, moralisatrice; on ne le proclamera jamais assez. M. Mamoz a été bien inspiré en se faisant l'apôtre de cette idée : c'est le travail.

Le principe dont s'inspire avant tout l'Office central, c'est qu'il faut mettre aussi promptement que possible le malheureux qui reçoit un secours à même de s'en passer.

Ainsi l'Office est parvenu, sur les recommandations de ses souscripteurs et grâce au zèle de son personnel, à procurer 220 emplois à ses protégés;

il en a recommandé 267, en leur indiquant des emplois vacants, et il a fourni des travaux d'écriture à 349 personnes.

Dans la crise que nous traversons, ces chiffres ont leur importance, car rarement les difficultés ont été aussi grandes pour procurer des emplois ou du travail.

Nous avons établi une caisse spéciale pour venir en aide à des malheureux auxquels il ne manque, pour gagner leur vie, qu'un instrument de travail : outil, machine à coudre, vêtements convenables pour se présenter, etc.

Mais ce qui nous faisait défaut, ce dont nous déplorions chaque jour l'absence, Messieurs, c'est une œuvre organisée dans d'assez vastes proportions pour pouvoir offrir du travail, en échange d'une hospitalité temporaire et d'une certaine rémunération, à des ouvriers sans ressources et ne voulant pas mendier, lesquels, en dépit de leur bonne volonté, ne trouvent pas momentanément l'emploi de leurs bras, et sont impuissants à défendre leurs femmes et leurs enfants contre la misère; à des individus qui attendent leur rapatriement ou une place promise, qui sollicitent leur admission dans une maison spéciale, à Paris ou en province.

Ce problème avait été, dans une certaine mesure, résolu pour les femmes.

L'Office pouvait compter notamment sur le concours de l'œuvre de l'Hospitalité pour les femmes qui fonctionne depuis des années, en hospitalise environ 150 par jour et a déjà rendu tant de services.

Les noms de M. Le Roux de Villers, de Mme la comtesse de Briey, de MM. le comte Armand, l'abbé Bardinal, MM. R. Bischoffsheim, Dutartre, comte Foy, marquis de Ganay, baron Gérard, Eugène Lecomte, comte de Ludre, Pellechet, comte d'Ursel, baron F. de Schickler, noms qui ne représentent pas tous les mêmes croyances, mais que réunit le lien de la charité, demeurent attachés à cette œuvre dont le succès est dû à l'intelligence, au courage, aux efforts persévérants de la sœur Saint-Antoine, qui en est l'âme.

Je parle ainsi après M. Maxime du Camp et après l'éminent directeur de la Société de charité de Stockholm, M. Lindblom, qui est protestant.

Sauf l'œuvre de M. le pasteur Robin, sauf quelques tentatives généreuses, mais encore restreintes, il n'existe pas d'œuvre analogue pour les hommes.

La maison que nous inaugurons aujourd'hui répond à ce besoin. Nous avons éprouvé bien des vicissitudes avant de toucher au port. Le grand journal parisien sur lequel nous comptions pour ouvrir une souscription en vue de réaliser cette création, n'a pu donner suite à ce projet. Nous avions commencé par louer le terrain désiré par nous et nécessaire, grâce à un don généreux de M. Paul Fould. C'est à l'insigne libéralité de M. le comte et de Mme la comtesse de Laubespin que nous devons de posséder définitivement ce même terrain, sans lequel rien n'était possible.

M. et Mme de Laubespin ont bien voulu mettre les

ressources nécessaires pour effectuer cette acquisition et construire les bâtiments indispensables au fonctionnement de la maison de travail, à la disposition de l'Office central dont les statuts portent que l'un de ses buts (art. 2, § 4) est de provoquer la création d'œuvres d'assistance par le travail et d'aider à leur développement. La maison de travail a son organisation propre et un Comité spécial. Placée dans le voisinage de l'œuvre déjà existante de l'Hospitalité du travail dont elle reste distincte, ayant son entrée rue Félicien-David, elle a pu s'établir dans des conditions exceptionnelles, réduire ses frais généraux, bénéficier des travaux annexes que lui procure la blanchisserie voisine, profiter du fourneau économique. Il y avait là un genre de travail tout trouvé, à la portée de tous les hommes méritant l'assistance, malgré la diversité des professions, et un travail suffisamment rémunérateur pour que l'œuvre ne soit pas constamment à la merci de sacrifices qui pourraient ne pas se renouveler.

Les hommes y sont employés au pliage du linge destiné à être livré aux bouchers et aux boulangers, au cardage des matelas, à des travaux d'épuration, et enfin à des travaux spéciaux de menuiserie. Pour l'organisation de ces derniers travaux, on s'est entouré des consultations les plus compétentes d'architectes, tels que MM. Pellechet et Labouret.

Les hommes sont payés à raison de 25 centimes l'heure, ce qui doit leur rapporter 2 francs par jour. Ils sont libres de prendre leur repas dans la maison ou de l'apporter avec eux, sauf à le consommer dans le réfectoire. Les hommes mariés rentrent chez eux le soir. Les célibataires sont logés dans des familles choisies du voisinage, à raison de 35 centimes la nuit.

La maison de travail, qui s'ouvre seulement, va pouvoir occuper près de 50 hommes par jour. Quand les travaux de menuiserie seront complètement organisés, elle en recevra 100, d'abord, et pourra encore augmenter progressivement ce chiffre. Au bout d'une année, un roulement bien établi permettrait de venir en aide à un nombre considérable de malheureux.

Les hommes, en effet, ne doivent passer à la maison que le temps nécessaire et déterminé par le règlement pour trouver du travail. Ils ont certaines heures pour en chercher et on les aide au moyen d'un service de recherches.

Le recrutement s'opère en ce moment dans des conditions toutes spéciales. Les hommes sont envoyés par l'Office central, par l'œuvre de l'Hospitalité de nuit, par l'Union d'assistance du XVI° arrondissement fondée par le dévouement de M. de Crisenoy. Les rapports se sont établis dans les conditions les meilleures. Nous en remercions M. le baron de Livois, qui a acquis par la création de cette grande œuvre de l'Hospitalité de nuit un titre impérissable à la reconnaissance publique. Le rapprochement de telles œuvres, leur entente, n'est-ce pas l'idée de l'Office central mise en action?

Le système du bon de travail, délivré dans la rue à un mendiant inconnu, a paru offrir, pour l'heure

présente, des inconvénients dans une ville telle que
Paris et avec une organisation de l'assistance par le
travail qui commence à peine, et qui est nécessairement insuffisante. C'est une question réservée.

L'expérience que nous tentons est d'un grand
intérêt, au point de vue de l'efficacité du soulagement de la misère dans la capitale. Si elle réussit,
si elle provoque la création d'institutions analogues,
son succès peut singulièrement aider à la solution
du problème de la misère, contribuer à diminuer le
délit et le crime en employant les bras inoccupés.
On ne saurait, dans tous les cas, tenter une entreprise plus actuelle, alors que plusieurs capitales de
l'Europe ont été le théâtre de graves désordres, par
suite du grand nombre d'ouvriers sans travail.

Et il est permis, ce semble, de répéter avec plus
d'opportunité que jamais le langage que nous tenions en 1885, lors de l'inauguration de la Maison
d'hospitalité par le travail pour les femmes, et de
se demander qui pourrait demeurer indifférent à
une œuvre de ce genre, destinée a arracher au
désespoir et peut-être aux tribunaux ou au suicide
tant de malheureux? qui refuserait de donner son
concours, lorsqu'il s'agit, non seulement de les empêcher de mourir de faim, mais de les relever moralement, de leur rendre le courage, de les réconcilier avec une société qu'ils maudissent trop
souvent et trouvent sans entrailles?

Pour l'ouvrier valide qui a cherché vainement de
l'ouvrage et ne veut pas mendier, pour l'homme
qui sort parfois de maladie et qui a besoin encore

de ménagements, cet atelier qui s'ouvrira devant
lui pour plusieurs semaines, qui l'assiste sans qu'il
en coûte à sa dignité, n'est-ce pas le salut?

M. le comte et Mme la comtesse de Laubespin ont
rendu aux pauvres de Paris le plus signalé des services, et vous ne serez pas surpris que le Conseil
d'administration de l'Office central, auquel le don
a été fait et qui a été l'instrument de cette bonne
action, veuille en perpétuer le souvenir. Il a décidé
qu'une médaille serait gravée en mémoire de l'i-
nauguration de cette maison et comme témoignage
de sa reconnaissance, et qu'elle serait remise aujourd'hui par son président aux généreux bienfaiteurs. C'était répondre à un sentiment unanime.
Nous n'avons fait du reste que nous inspirer de cette
haute et juste pensée, que si nous devons aimer
l'humanité dans tous ceux qui souffrent, nous devons l'aimer et l'honorer dans tous ceux qui la
servent.

Grâce à ses moyens d'action, l'Office central peut
servir de point d'appui aux œuvres les plus diverses
et leur rendre des services de toute nature. Depuis
quelque temps déjà, comme vous le savez, la maison
paternelle de Mettray, dont le Conseil d'administration a pour président l'honorable M. Gouïn, sénateur, et qui est si bien dirigée par M. Cluze, a confié
à l'Office le soin de la représenter à Paris. Plusieurs
œuvres sont en voie de le charger de leur gestion
matérielle, sans rien abdiquer de leur autonomie,
sans porter atteinte à aucune de leurs attributions.

Une institution, respectable entre toutes, qui

rappelle des noms célèbres dans la charité, l'œuvre de la Miséricorde, que préside Mᵐᵉ la maréchale de Mac-Mahon, est de ce nombre. Cette œuvre et son illustre présidente donnent à l'Office central un témoignage de confiance dont il sent l'honneur et dont il tient à les remercier publiquement.

Enfin, est-il besoin de dire que l'Office central, animé de l'esprit le plus large, est secourable à tous sans distinction et ne demande qu'une seule justification : la sincérité de l'infortune pour laquelle son concours est demandé?

Tels sont les résultats que nous avons obtenus en dix-huit mois, Messieurs, grâce à Dieu, avec des ressources modestes, et avec un personnel peu nombreux. Ce ne sont que des commencements! Quels services pourrait rendre l'Office central, s'il était secondé dans une large mesure! Avec une bonne organisation, on décuplerait l'action de la charité libre.

S'il nous a été donné de réaliser, en si peu de temps, des résultats aussi considérables, nous le devons au zèle absolu du personnel de l'Office, personnel très restreint, je l'ai dit, mais composé de quelques gens de cœur, n'ayant jamais regardé à la peine, et qui sont dirigés par un homme qui a la passion du bien, et qui est prodigue de lui-même. Tous ceux d'entre vous qui ont eu à s'adresser à l'Office central ont déjà prononcé le nom de M. Béchard, administrateur, et savent tout ce que l'œuvre lui doit.

L'exemple donné n'a pas été stérile, un grand

mouvement s'est manifesté en France depuis quelque temps, qui tend à grouper, à concentrer les efforts, les ressources de la charité : à Bordeaux, où la municipalité nous a fait l'honneur de s'adresser directement à nous et où M. Gaston David est intervenu si efficacement ; à Lyon, à Nancy, à Lille les œuvres s'organisent ; à Marseille, il y a une œuvre qui fonctionne merveilleusement depuis plus d'un an.

Des personnes considérables de ces villes sont en rapports constants avec l'Office central. De tels faits attestent que l'initiative individuelle n'a besoin que d'être stimulée dans notre pays, et que l'Office peut devenir un grand foyer d'action, de vie charitable. A ce point de vue encore, si notre budget était mieux doté, que de services nous pourrions rendre !

« Votre belle OEuvre centrale, nous écrit de Marseille un homme qui mérite d'occuper une place à part dans l'histoire de l'initiative privée et des œuvres sociales et charitables de ce temps, M. Eugène Rostand, votre OEuvre pourrait nous aider puissamment, soit en nous secondant pour certains placements, rapatriements, à Paris ou auprès d'œuvres sous votre influence, soit en nous allouant telle ou telle subvention d'encouragement et de récompense : il y aurait là un rôle bien utile à jouer pour promouvoir ou appuyer les initiatives locales, et je prends la liberté, dans l'intérêt de la cause commune que nous servons, de le signaler à votre attention. »

A l'étranger, les relations de l'Office central avec

les œuvres charitables n'ont fait que se multiplier. Elles existent avec les États-Unis, l'Angleterre, l'Allemagne, la Russie, la Suède, l'Italie. Il entrait dans notre programme d'établir avec ces œuvres un échange de services et d'informations, de mettre à profit leur expérience.

Nos nationaux ont déjà eu occasion de bénéficier de ces relations, notamment en Angleterre. Par contre, nous rendons de fréquents services aux Sociétés de bienfaisance que la plupart de ces pays ont établies à Paris pour leurs nationaux, et elles nous en témoignent la plus vive gratitude.

L'Office central a reçu, à Paris, la visite d'un grand nombre d'hommes placés à la tête des œuvres les plus considérables de l'étranger, qui lui ont apporté le témoignage de leur sympathie. Je me bornerai à citer M. Freat Paine, le président et le fondateur des institutions de bienfaisance les plus importantes de Boston; M. Mocatta, de la Société de charité de Londres; M. Lindblom, le directeur de la Société de charité de Stockholm.

Dans une importante réunion tenue le 16 octobre 1891, en Westphalie, un économiste très distingué, M. Brandts, conseiller du gouvernement à Dusseldorf, a déclaré que l'exemple donné par l'Office central de Paris devait être suivi et imité.

« Nous aussi en Allemagne, a-t-il dit, nous perdons un temps précieux, en présence de telle ou telle misère, à chercher l'institution qu'il nous faut, et le plus souvent nous ne nous la trouvons pas, bien qu'elle existe. »

Enfin, Messieurs, nous recevons des points les plus différents des documents sur les questions relatives aux moyens employés pour soulager la misère. Les Sociétés charitables nous adressent leurs publications. Si quelque généreux donateur nous dotait d'un local convenable, nous arriverions à établir une bibliothèque qui serait un centre d'études pour tous ceux qui s'occupent, en France et à l'étranger, de l'état de la misère et des institutions de bienfaisance.

Est-ce poursuivre une ambition trop haute que de prétendre établir ainsi un lien entre les œuvres charitables, non seulement d'un pays, mais de tous les pays; que de chercher à rapprocher, à unir les gens de cœur appartenant à toutes les nations? Ah! cette ambition, elle nous possède, Messieurs, nous l'avouons; notre vœu serait qu'il n'y eût entre les hommes charitables d'autre jalousie que celle qui les doit porter à rendre plus de services aux misérables, qu'ils se montrassent aussi reconnaissants du bien que l'on fait à côté d'eux que s'ils en étaient eux-mêmes l'objet.

A la ligue de la haine et de la destruction nous voudrions opposer la ligue du dévouement. Aux folies antisociales, à l'exagération énervante de l'action de l'État, nous voudrions opposer la ligue de toutes les forces de l'initiative privée, de toutes les libres et généreuses activités associées sur ce terrain.

« On a fait l'union, disait naguère un illustre écrivain qui est aussi un grand ami des malheureux, M. Jules Simon, on a fait l'union sous l'égide même de la guerre par la Croix de Genève, adoptée par toutes les nations, et soigné les ennemis et les amis avec le même empressement. Pourquoi ne ferions-nous pas aussi pour les autres œuvres la même fédération? » Fondons la Croix-Rouge de la Charité, Messieurs, et demandons-lui de résoudre quelques-uns de ces problèmes avec lesquels nous sommes aux prises, et que n'ont pu trancher encore ni la science, ni la force, ni les mesures législatives, ni la politique, ni l'argent lui-même. Et elle les résoudra, croyez-le bien, le jour où, animés de son esprit, nous aurons secoué le joug de l'égoïsme et allumé partout la flamme du dévouement, le jour où la haine sera vaincue par l'amour!

CHAPITRE IV

Développement rapide et constant de l'Office central. — Il est
obligé de se transporter dans un local plus vaste, boulevard
Saint-Germain, 175. — Ses services s'étendent et se complètent
de façon à remédier aux défauts que présente l'organisation
de la charité : ignorance où l'on est des œuvres, lenteur et insuffisance du secours et sa mauvaise appropriation aux cas
auxquels il doit remédier, forme vicieuse du secours, maintien dans la capitale d'un trop grand nombre de malheureux.
— L'Office n'est pas un bureau de secours. — S'il soulage des
besoins urgents, son rôle propre, en face de la misère, est de
mettre en mouvement les œuvres appropriées ou les personnes
charitables dont le dévouement lui est acquis. — Extension
prise par le service des enquêtes sur les pauvres. — Rapidité
et sûreté de ce service. — Extension du service de rapatriement.
— Ce que sont les Sociétés d'organisation de la charité à l'é-
tranger. — Rôles respectifs de l'assistance publique et de l'assistance privée dans le domaine de la charité. — L'initiative
individuelle et la liberté. — Le devoir social et l'esprit religieux. — Premiers résultats de la maison de travail pour les
hommes. — La devise de l'Office central : *vinculum pacis*, le
lien de la paix. — Communauté d'efforts d'hommes appartenant
à des croyances, à des opinions politiques différentes.

* C'est à la fin de juillet 1890 que l'Office central
des œuvres charitables s'installait dans le modeste
appartement de la rue de Champagny, qu'il vient
de quitter pour occuper un local plus vaste, plus en
rapport avec son développement actuel. Il a com-

* Rapport présenté à l'Assemblée générale de l'Office central le
30 mai 1893.

10

mencé à fonctionner régulièrement au mois de novembre suivant, et son conseil s'est définitivement constitué à cette date.

Ne convient-il pas, avant d'exposer les résultats obtenus pendant l'exercice écoulé et avant d'entrer dans la période nouvelle qui semble s'ouvrir aujourd'hui devant l'œuvre, de jeter un regard sur ses débuts et de revenir sur la pensée première qui en a inspiré la fondation?

Vous n'avez pas oublié quelle a été son origine : le sentiment douloureux que fait naître le spectacle de l'inefficacité relative des efforts de la charité publique et privée. Vous connaissez le chiffre énorme du budget de l'Assistance publique, près de 50 millions; les œuvres privées se sont multipliées à l'envi; les dévouements sont infatigables, les libéralités nombreuses, et cependant les pauvres, les malheureux nous assiègent de toutes parts. Il faut choisir, je l'ai fait observer plus d'une fois, entre les deux conclusions que comporte ce fait : ou la misère a augmenté dans des proportions extraordinaires, ou il y a un vice considérable dans l'organisation de la charité.

Or il résulte des recherches, des témoignages les plus autorisés, que, si la misère a pu progresser un peu, elle est plutôt dans un état stationnaire. C'est donc à l'organisation de la charité qu'il faut s'en prendre.

Cette organisation, cependant, n'est pas seule en

jeu, disons-le tout de suite. Certaines causes sociales
concourent à en aggraver les défauts et amoindris-
sent singulièrement l'influence que des libéralités
croissantes devraient exercer sur l'état de la misère.
Dans nos cités modernes, la distance s'agrandit
chaque jour entre le riche et le pauvre. Les habi-
tations des différentes classes de la société sont plus
séparées. Le devoir d'assistance réciproque a moins
d'occasions de s'exercer directement et opportunément. Ce n'est que dans la rue ou sur la grande
route que la pauvreté se montre aux heureux.

Quant aux défauts que présente l'organisation de
la charité, ils frappent l'observateur le plus super-
ficiel : l'absence d'unité, de concert, la dispersion
des forces et des ressources, le particularisme poussé
à l'extrême.

Je crois qu'une étude attentive les ramènerait à
cinq chefs principaux qui renferment et résument
tous les autres et que l'on peut formuler ainsi :

1° L'imparfaite utilisation des ressources charitables. On ne connaît pas les œuvres. Il y en a d'innombrables en France et pour tous les maux. Trop
souvent on ne sait ni comment s'adresser à elles,
ni comment les mettre en mouvement, ni comment
leur faire produire ce qu'elles promettent.

2° L'absence de discernement vis-à-vis des pauvres. On ne sait pas et on ne cherche pas à savoir si
celui à qui l'on donne est digne ou non de sollicitude, s'il est déjà soutenu ou non par d'autres; on
ignore les causes de sa misère et les moyens les plus
efficaces, soit de la soulager momentanément, soit

d'y substituer un état normal d'activité et de travail.

3° La lenteur et l'insuffisance du secours et sa mauvaise appropriation aux cas auxquels il doit remédier. Il arrive trop fréquemment que le secours n'est pas apporté en temps opportun. Il vient quand la situation du malheureux est devenue inextricable et qu'il est trop tard. D'une part, on n'est pas informé avec assez de rapidité des cas où il y a urgence à intervenir, et d'autre part cette intervention est retardée par des formalités ou des complications de diverses natures.

En outre, le secours est insuffisant, parce qu'il consiste d'ordinaire en un don en nature ou en argent qui n'est qu'un palliatif, et parce qu'on ne se préoccupe pas de chercher, de trouver une solution.

4° La forme vicieuse du secours. On donne l'aumône à des pauvres valides, au lieu de s'en tenir à cette règle qu'un secours ne doit être donné à un homme bien portant qu'en échange d'un travail quelconque. On entretient ainsi une armée de fainéants et de malfaiteurs. On oublie que la charité n'est pas seulement l'aumône.

5° Le maintien dans la capitale d'un trop grand nombre de malheureux qui n'ont pas de raison d'y demeurer, qui pourraient trouver du travail ailleurs, s'ils sont valides, ou être admis dans des asiles de province. Ce dernier cas est en particulier celui des vieillards qu'il n'y a aucun motif de conserver dans des institutions parisiennes.

J'ai indiqué les défauts auxquels, dans la mesure de ses forces, l'Office central a cru utile de porter remède.

Comment ses promoteurs ont-ils mis leur programme en pratique? D'abord, comme nous l'avons dit, en organisant une enquête permanente sur toutes les œuvres charitables qui existent, non seulement à Paris, mais en France. Ce service fonctionne; il s'adresse à tous les directeurs d'œuvres, à toutes les personnes compétentes. Il s'efforce de multiplier le nombre de ses correspondants : plus de 800 demandes de renseignements ont été faites par lettres.

L'Office central expose en ce moment à Chicago, en même temps que les résultats qu'il a déjà obtenus, le formulaire d'après lequel se poursuit son enquête.

Cette statistique des œuvres de la charité libre en France était à faire, l'expérience nous le démontre de plus en plus.

Nous n'en rendons pas moins la justice qu'il mérite au Manuel des œuvres publié depuis quelques années, et dont l'auteur est bien au courant des choses de la charité et les comprend d'un cœur si délicat. Il a frayé la voie et a rendu de nombreux services. Le nom de Mme de Serry demeurera attaché à cette utile initiative. Mais c'est une entreprise circonscrite et nécessairement insuffisante auprès de la tâche immense qu'il s'agit d'accomplir.

Nous ne voudrions pas qu'il restât en France une œuvre charitable, si minime soit-elle, que l'Office central ignorât, dont il ne pût suivre le fonctionnement et tirer profit à l'occasion.

Déjà aujourd'hui, avec des éléments statistiques bien incomplets, nous avons obtenu d'importants résultats. L'Office reçoit par mois plus de 1,000 visites, et les demandes de renseignements par lettres sont de plus en plus nombreuses.

Plusieurs départements et de grandes cités s'occupent de faire le dénombrement de leurs œuvres charitables. Nos appels, notre exemple, n'ont pas été sans action sur ce mouvement dont nous profitons.

Le plus souvent, quand on s'adresse à nous pour connaître l'œuvre appropriée au cas de tel ou tel malheureux, on nous demande en même temps si le postulant est vraiment digne de l'intérêt dont il est l'objet, s'il mérite d'être recommandé à une œuvre.

Notre service d'investigation est organisé de façon à répondre à ces demandes. Il se fait avec une scrupuleuse conscience.

En ce qui touche la rapidité du secours, l'Office a un service de visiteurs qui examinent d'urgence et sur les lieux tout cas de détresse qui lui est signalé. Il a, je l'ai dit l'an dernier, l'ambition de faire pour la misère ce que l'on fait pour parer aux dangers du feu.

Voici, à ce propos, un fait qui est d'hier. Un malheureux se mourait, seul au monde, abandonné dans une chambre.

Le sieur Émile L..., de nationalité étrangère,

qui avait servi la France, en 1870, et reçu plusieurs blessures pendant la guerre, touchait un petit secours insuffisant pour le faire vivre.

Tombé malade, incapable de tout travail, il ne peut sortir de chez lui; ses protecteurs sont morts ou ont quitté Paris.

Il doit plusieurs termes, les menaces du propriétaire se succèdent. Un jour, le propriétaire lui-même pénètre chez le malade, le prend sur ses épaules et le porte hors de sa maison, dans la rue. Une pauvre vieille femme, une voisine qui vivait d'un misérable travail, est témoin de la scène. La pitié la saisit, elle n'hésite pas. Aidée d'une autre personne, elle emporte le malheureux Émile, l'installe dans une chambre de la maison la plus proche, qui était à louer, et va déposer au Mont-de-Piété les quelques objets de valeur qu'elle possédait encore pour faire face à ces dépenses. Elle se constitue la garde-malade du pauvre Émile. Mais la généreuse femme avait trop présumé de ses forces comme de ses ressources. Elle tombe malade elle-même, est portée à l'hôpital. Pendant deux jours les gémissements d'Émile l'appelaient en vain. Il ne comprenait pas la disparition de celle qu'il nommait son sauveur. Il parlait à peine quand le représentant de l'Office central se présenta chez lui. L'Office s'occupe en ce moment d'assurer le sort de la bienfaitrice et du protégé.

⁂

Mais j'insiste encore sur ce point, que l'Office

n'est pas un bureau de secours. Il ne soulage que les besoins urgents, et son rôle propre, en face de la misère, est de mettre en mouvement les œuvres appropriées ou les personnes charitables dont le dévouement lui est acquis. Toutes les œuvres, je dois le dire, répondent à notre appel, et notamment les Conférences de Saint-Vincent de Paul, dont vous connaissez le zèle admirable.

Quelques hommes du monde veulent bien nous aider dans ce service des visites, mais leur nombre est encore trop restreint.

Chaque cas est examiné avec soin par l'administrateur de l'œuvre, qui se préoccupe de rechercher la cause originelle de la pauvreté, dirige le malade sur l'hôpital et l'incurable vers des maisons spéciales, envoie le valide au travail, les enfants à l'orphelinat, les vieillards à l'asile ou à l'hospice, et fait partir pour la province ceux qui peuvent y trouver des ressources.

Nos visiteurs se heurtent, hélas! à l'une des causes les plus fréquentes de la misère noire : la maladie du chef de la famille ou de la mère et le grand nombre d'enfants. Quand le salaire sur lequel repose le sort de la famille vient à disparaître, le désarroi est grand. Il est absolu si la situation se prolonge, si le secours tarde, et si le terme n'est pas payé. Le remède alors devient de plus en plus difficile à trouver. De même, la position de la veuve chargée d'enfants est trop souvent inextricable.

Quelques exemples au hasard de nos dossiers :

Le sieur B., ancien entrepreneur, 40 ans, malade,

7 enfants, dont 2 morts, la femme enceinte du 8ᵉ, une petite fille atteinte de tuberculose.

Le sieur C., menuisier, 57 ans, malade, 6 enfants, santés déplorables : l'aînée anémiée, une autre atteinte d'une hernie double, un garçon de 17 ans atteint d'ophtalmie. Ce ménage a encore à sa charge un enfant de deux ans abandonné par une des filles non mariée qui a disparu : 9 personnes.

Le sieur H., homme de peine, alité à la suite d'un refroidissement, crache le sang, 6 enfants, la femme accouchée, il y a deux mois, du dernier enfant.

Le sieur P., journalier, 36 ans, malade, 7 enfants. Sa femme a fait sa dernière couche à la Maternité et pendant qu'elle s'y trouvait, une de ses enfants de 5 ans est devenue aveugle.

Le sieur F., 6 enfants. La femme accouchée, il y a dix-neuf mois, est morte ayant à côté d'elle sa petite fille agonisante, elle aussi.

Et les veuves ou femmes abandonnées :

La femme D., abandonnée de son mari ivrogne, 8 enfants.

La femme A. vient d'accoucher, depuis la mort de son mari, de son 7ᵉ enfant; il lui reste 6 filles, dont ⟨...⟩ scrofuleuse...

Ah! Messieurs, on vous signale et avec raison les exploiteurs de la charité. Mais si vous saviez combien est grand le nombre des misères réelles, sincères, et combien ces misères sont poignantes, votre pitié ne se refroidirait pas, votre bourse ne se fermerait pas aux décourageants récits qui vous sont faits. Vous vous préoccuperiez d'arriver aux vrais malheureux, vous feriez l'impossible pour relever, pour régénérer ces familles de misérables au sang vicié d'où sortent des générations de malfaiteurs, pour empêcher la dislocation de la famille dont les enfants vont peupler les maisons de l'Assistance publique ou les orphelinats privés. Parmi eux combien ne se rencontre-t-il pas de futurs ennemis de la société qui les élève, mais qui n'a pu leur rendre un père et une mère? Ah! certes, il est particulièrement douloureux, en présence de cette pléthore d'enfants misérables, de penser que la France gémit sur sa dépopulation.

Pour résumer tout ce que je viens de dire, l'objectif poursuivi par l'Office central, « c'est d'assister au moment voulu, sous la forme voulue et avec l'énergie voulue ».

Pour procurer du travail aux valides, l'Office s'est assuré le concours des grandes œuvres que vous connaissez : la maison de travail pour les hommes (fondation de Laubespin), l'œuvre de l'Hospitalité du travail pour les femmes, établie à Auteuil. J'en parlerai d'une manière spéciale dans un instant. Le séjour dans ces maisons donne le temps à l'Office de tenter les démarches nécessaires, soit pour faire admettre par certaines œuvres les malheureux qui ne peuvent se livrer à un travail soutenu, soit pour en envoyer en province d'autres qui trouveront à y occuper leurs bras. Dans le but d'assurer un gagne-pain immédiat à un certain nombre de ses protégés, l'Office fait aussi ce qu'il appelle des *avances au travail*. Il rend possible, par l'allocation d'une petite somme, l'achat d'instruments, d'outils, de denrées à vendre.

Bien qu'elle ne soit pas un bureau de placement, l'œuvre s'efforce très activement d'aider les malheureux à trouver des emplois, de faciliter surtout le placement des hommes qui sortent de la maison de travail. Un agent de l'Office s'occupe tout particulièrement de ce service. Il se rend chaque jour avenue de Versailles, y recueille les renseignements sur les hospitalisés et avise, dès son retour à l'Office, du meilleur mode de concours qui peut leur être donné. Des rapports sont établis déjà avec les œuvres spéciales et en outre avec des entrepreneurs, des patrons, et le temps permettra sans doute d'organiser d'une façon toujours plus efficace ce mode d'assistance si important. Il implique malheureusement des difficultés de toutes natures. Ceux qui s'en occupent le savent par expérience, surtout en ce moment où les patrons diminuent plus qu'ils n'augmentent le nombre de leurs employés.

Enfin, pour obvier au maintien dans la capitale d'un si grand nombre de pauvres, l'Office a établi un service de rapatriement qui fonctionne activement; les Compagnies de chemins de fer lui font une concession. Les ressources de l'Office ou des libéralités particulières complètent le chiffre nécessaire pour faire face à la dépense. Toutes les mesures sont prises pour assurer effectivement le départ.

Si l'*Office du travail* récemment institué au Ministère du commerce, qui concentre les informations et qui a tous les moyens d'action dans les mains, sur toute l'étendue du pays, si cet Office, dis-je, voulait, comme nous l'espérons, nous transmettre les renseignements qu'il lui est si aisé de recueillir sur les régions où le manque de bras est signalé, sur l'abondance et la nature de la demande, nous pourrions en tirer un grand profit, pour donner à notre service des placements une marche plus sûre et partant plus fructueuse.

Telle est, Messieurs, dans son ensemble, l'organisation que nous nous attachons chaque jour à perfectionner, afin de remédier aux lacunes et aux défauts signalés plus haut et qui stérilisent en partie les sacrifices de l'assistance tant privée que publique. Cette organisation constitue tout un outillage de la charité. Bien pratiquée, elle doit, ce semble, arriver à mieux coordonner, à rendre plus harmonieux les efforts, elle doit faire concourir toutes les œuvres charitables au but commun, qui est, comme le disait le secrétaire général de la Société de charité de Londres, M. Loch, d'amener le bienfaiteur au *summum* de l'effort généreux, et d'assurer à celui qui est dans le besoin le *summum* d'une assistance efficace. Ce n'est qu'à ce prix que l'on parviendra à une répression sérieuse de la mendicité, à l'économie des ressources de la bienfaisance, par-dessus tout au relèvement moral et social de l'indigent.

Mais la mise en pratique de cette organisation elle-même dépend de la formation d'un personnel spécial. Grâce à Dieu, et malgré son origine récente, l'Office central a pu s'assurer les concours nécessaires. Il est servi par des hommes dont je ne saurais assez louer le dévouement et l'activité infatigables.

**

Quels ont été, traduits en chiffres, les résultats obtenus, depuis notre dernière réunion, par ces différents services et par ce personnel, il est temps que je le dise.

L'Office a reçu, depuis notre dernière assemblée générale, c'est-à-dire depuis le mois de mai 1892, plus de douze mille visites de personnes qui venaient se renseigner. Elles ont fait de nos informations l'usage qu'elles ont jugé à propos.

Les personnes qui font admettre, sur nos indications ou recommandations, leurs protégés dans des œuvres, les malheureux qui y sont eux-mêmes ou qui trouvent des emplois, ne nous font pas tous savoir ces résultats. Souvent, nous ne les apprenons que par hasard. Il y a là tout un côté de l'activité de l'Office qui échappe à cet exposé annuel, mais dont vous ne sauriez ne pas tenir compte.

Si nous envisageons le nombre de cas où nous avons eu à intervenir directement, il s'élève à 7,431.

Le dernier compte rendu constatait que, depuis le

mois de novembre 1890 jusqu'au mois de mai 1892, ce chiffre était de 4,521. Vous pouvez juger de la marche progressive de l'œuvre, puisque ce chiffre a presque doublé pour cette seule année.

Le nombre des cas où l'Office a fait secourir des pauvres par l'Assistance publique ou par des œuvres privées s'est élevé à 3,050.

Nous ne saurions chiffrer les sommes que représente cette intervention. Nous savons que le secours est acquis, mais nous en ignorons la quotité. Ce chiffre doit être considérable, puisque bien des allocations individuelles sont elles-mêmes importantes.

510 personnes ont reçu des secours, sous forme d'avance au travail; 787 ont été assistées par nous, au nom de bienfaiteurs qui nous confient leurs libéralités; 312 emplois ont été procurés ou indiqués; des travaux d'écriture ont été fournis à 312 personnes; 200 enfants ont été placés dans des orphelinats et 178 vieillards dans des asiles; les rapatriements ou secours de voyage donnés à des orphelins ou vieillards placés en province s'élèvent à 536; enfin 1,005 personnes ont été recommandées à des œuvres diverses.

Les avantages procurés par la création de l'Office central peuvent encore être envisagés à un autre point de vue : l'économie, la simplification, qui en résultent pour les œuvres qui lui empruntent ses services administratifs. Ces œuvres trouvent une installation et un personnel; elles profitent de toutes les branches de son activité.

La grande œuvre de la Miséricorde, présidée par

Mme la maréchale de Mac-Mahon, a établi avec nous ce genre de relations; son dernier compte rendu s'en félicitait dans des termes infiniment flatteurs pour nous et dont nous avons à cœur de remercier à la fois l'œuvre et le rapporteur.

Le rapport constate « les résultats pratiques du concours de l'Office, la rapidité, la sûreté des enquêtes, son efficace intervention dans la recherche des positions ». Il se plaît à reconnaître : « que les œuvres se rencontrent à l'Office central sans se fusionner et en gardant intacts leur autonomie, leurs traditions, leur esprit ». Il rend à notre administrateur, M. Béchard, un hommage auquel vous tiendrez tous à vous associer, je n'en doute pas, Mesdames et Messieurs.

Vous n'avez pas oublié que nous représentons à Paris la maison paternelle de Mettray. Pour ne pas prolonger le rapport, je n'insisterai point sur les services que nous rendons à ce point de vue.

Notre exposé financier vous fera connaître quelle a été la dépense de l'œuvre pour tout l'ensemble de ces diverses branches, en y comprenant les charges exceptionnelles de son déménagement et de l'Exposition de Chicago.

* *

Il n'est pas sans intérêt de se rendre compte de ce que coûtent à l'étranger les *Sociétés d'organisation de la charité* qui y ont été établies et y fonctionnent depuis quelques années, et dont l'exemple nous avait frappé. Je trouve quelques indications intéressantes à ce sujet dans un remarquable rapport de M. Tessier du Cros.

Ainsi les frais nécessités par la mise en œuvre du système (traitements, publicité, voyages, etc.) sont annuellement de 375,000 francs à Londres, de 25,000 à Glascow, de 91,700 à New-York, de 14,000 à Buffalo. Mais, en revanche, on constate que les dépenses d'assistance, qui, à Philadelphie, s'étaient élevées, pour la période quinquennale de 1872 à 1878, à 19 millions de francs, se réduisent à 14 millions de francs pour l'ensemble des cinq années qui suivent la création de la Société.

A Buffalo, l'économie réalisée dès la première année par la coopération des forces jusque-là isolées et par des investigations minutieuses, ne s'élève pas à moins de 240,000 fr.

A Elberfeld, où un système d'enquête sévère fut établi en 1853, la taxe à lever sur les contribuables tomba par tête, de 4 fr. 25 qu'elle était en 1852, à 2 fr. 25. En 1876, elle ne fut plus que de 2 francs, soit une diminution de 53 pour 100.

Ce résultat, ajoute M. Tessier du Cros, constaté partout dans des proportions diverses, s'impose à l'attention.

A l'étranger, certains Offices ont étendu la sphère de leur action.

L'Office de Londres ne se borne pas à l'examen des misères individuelles : il porte son attention et sa surveillance sur les manifestations les plus diverses du paupérisme; il signale les exploitations dont la charité est victime; il mène à bonne fin une enquête

sur la mendicité; il réussit à établir une entente
entre les divers refuges de nuit de la capitale, or-
ganise un service de pension pour les vieillards, encourage le système des prêts et constate qu'une
avance faite avec discernement est très souvent
remboursée.

A Buffalo, l'Office préside à la création de sociétés spéciales pour l'ouverture de chantiers, l'é-
tablissement d'ouvroirs, etc.

Nous n'en sommes pas là, Messieurs. Nous devons plutôt nous restreindre. L'Office a pris des
développements inattendus et qui dépassent nos
prévisions. Nous ne voulons pas entreprendre au
delà de nos forces et nous passer du concours du
temps.

Mais il ne nous est pas interdit de nous inspirer
de ces belles œuvres qui fonctionnent dans divers
pays sous le nom de Sociétés d'organisation de la
charité. Ces organismes perfectionnés facilitent singulièrement les rapports charitables entre les différentes nations. Nous échangeons constamment des
services avec les œuvres de la Grande-Bretagne ou
avec celles des États-Unis par l'intermédiaire de
leurs grandes sociétés. C'est la réalisation du vœu
qu'exprimait en 1845, Messieurs, un homme dont il
faut prononcer le nom dans toute grande assemblée charitable, celui du vicomte de Melun. Il
souhaitait dès lors cette centralisation de la bienfaisance dans les conditions où elle s'accomplit maintenant, ces liens établis dans le monde entier entre
les œuvres et les hommes de charité.

Cette idée a eu le sort de beaucoup d'autres qui naissent dans notre pays et qui trouvent leur application au dehors.

Les sociétés d'organisation de la charité ne sont pas de date ancienne; parmi les plus importantes, celle de Londres est de 1868, et encore n'a-t-elle été réellement établie qu'en 1870, celle de Buffalo est de 1877, celle de New-York, de 1881.

Serons-nous assez heureux pour en assurer la réalisation durable et pour en acclimater les procédés dans notre pays? Nous le désirons. Il faudrait pour cela faire revivre les traditions charitables des hommes qui restent nos maîtres dans l'art de faire le bien, comme le vicomte de Melun, comme Benjamin Delessert.

.·.

Nous venons de dire ce que fait l'Office central. Avec quelles ressources le fait-il?

Avec ses souscriptions de 10 francs et de 25 francs, avec celles de 300 francs que versent les membres fondateurs, avec les dons exceptionnels qu'il lui arrive de recevoir. Parmi les nouveaux bienfaits du comte et de la comtesse de Laubespin, nous avons à signaler une souscription de 7,500 francs par an pendant quatre ans. C'est un nom que nous ne cessons de bénir. Notre ambition serait de réunir un nombre suffisant de petites souscriptions à 10 francs pour asseoir le budget normal de l'œuvre. Est-ce une ambition démesurée?

Le concours si dévoué des Dames patronnesses présidées par Mme la marquise de Costa, qui a été un apôtre pour notre œuvre, nous a été plus précieux que nous ne saurions dire, et son souvenir, celui des dames qui l'ont secondée, demeureront inséparables de la fondation de l'Office central.

Les résultats de la vente faite par les Dames patronnesses, les sympathies croissantes que le public manifeste envers notre œuvre nous sont autant de gages de succès.

La presse, tenant compte de nos efforts, nous a été constamment favorable. Récemment encore, un homme politique, un académicien éminent, M. Mézières, faisait l'éloge de l'Office central dans la réunion de l'Association des journalistes parisiens.

Des associations charitables, des revues, des journaux nous ont apporté de l'étranger des témoignages également précieux. Enfin, j'ai hâte de constater les dispositions bienveillantes que les pouvoirs publics n'ont cessé de nous témoigner. Tout récemment il nous a été alloué sur les fonds provenant du pari mutuel et répartis entre les œuvres de bienfaisance, une subvention de 30,000 fr. destinée à faire face aux dépenses nécessitées par la création de l'outillage industriel et des travaux d'appropriation de la maison de travail de la rue Félicien-David.

Je vous ai dit, l'an dernier, quels étaient nos rapports avec l'Assistance publique. Nous ne pouvons que nous féliciter de l'accueil que nous rencontrons auprès d'elle, et lui renouveler la manifestation de notre gratitude. Elle sait que, dans nos efforts pour combattre la misère, il n'entre aucune préoccupation étrangère à la charité, que nous sommes tout entiers et exclusivement à notre mission.

De son côté, M. le Directeur de l'assistance et de l'hygiène publiques au Ministère de l'intérieur a donné à la grande enquête que nous poursuivons, des encouragements et des facilités que nous apprécions et dont nous lui sommes reconnaissants.

La rencontre de l'assistance publique et de l'assistance privée dans le domaine de la charité est conforme aux traditions, à l'esprit, aux habitudes de notre nation ; et ces deux grands facteurs ont chacun leur rôle. Ce dont il faut se préoccuper, c'est de coordonner leur action, de faire qu'ils se complètent l'un l'autre et arrivent à lutter efficacement contre le paupérisme.

Il y a une sphère d'action où la charité libre seule est vraiment efficace. L'administration le reconnaît, je crois.

Pour être efficace, ainsi que le disait une voix autorisée, celle du secrétaire de la Société de charité de Buffalo, M. Rosenau, la charité doit donner quelque chose de plus que le secours. L'individu peut seul, par un contact permanent avec le pauvre, trouver le secret de ses peines et le meilleur moyen de les faire disparaître. Aux mesures qu'il juge nécessaires, il peut seul ajouter la vigilance, le tact indispensables pour relever un être déchu et lui rendre l'énergie morale sans laquelle aucune réhabilitation n'est possible. Et parlant d'une

femme dont le dévouement est célèbre en Angleterre, miss Octavia Hill, M. Rosenau ajoutait :
« Tous les gouvernements du monde, avec tous
leurs moyens d'action, avec leurs dépenses énor-
mes, n'ont pas fait ce que cette femme seule a accompli, parce que son cœur, sa sympathie, son
âme entière, étaient dans son œuvre. »

Qu'on ne marchande donc pas la liberté aux efforts de la charité privée.

Il semble en ce moment que l'initiative se ré-
veille. Les unions d'assistance se multiplient et des
œuvres nouvelles d'assistance par le travail se fondent à Paris et en province. Saluons, Messieurs, ce
généreux mouvement qui est d'un si bon augure
pour l'avenir, et rappelons le vœu que formait, à
Paris même, l'éminent secrétaire général de la Société de charité de Londres, M. Loch : « Que l'alliance se fasse entre toutes ces forces, qu'elle se
fasse entre ceux qu'anime l'esprit religieux et ceux
qui sont pénétrés du sentiment du devoir social;
qu'État, sociétés privées, individus, s'unissent;
qu'ils combinent un effort commun contre le paupérisme; et la lutte sera menée avec une ardeur,
une unité d'impulsion qui devront rendre cet effort
invincible. »

Rappelons enfin avec M. Loch « que c'est dans
l'esprit religieux que les individus puisent l'amour
du prochain, la patience et la persévérance nécessaires pour lui venir en aide ».

* *
*

Je viens de décrire l'organisation de l'Office central et les moyens qu'il met en œuvre pour que les ressources de la charité soient distribuées sans déperditions fâcheuses et soulagent efficacement les maux auxquels elles s'adressent.

Est-ce à dire que nous avons la prétention d'avoir réalisé une œuvre parfaite, complète dès à présent, à l'abri de la critique? Ah! certes non! Nous appelons au contraire les observations utiles, les conseils judicieux.

Nous constaterons seulement, avec un sage esprit, qu'il est impossible de juger d'un édifice tant qu'on est en train de le bâtir. Les critiques qui s'adressent à des choses inachevées ou incomplètes ne comportent qu'une réponse : achever et compléter l'œuvre.

* *
*

Je ne puis pas terminer cet exposé, qui résume avant tout les travaux de l'Office central, sans vous entretenir des œuvres du travail qui excitent si justement votre intérêt et qui nous donnent aujourd'hui l'hospitalité.

Ce sont des œuvres distinctes de l'Office, mais qui concourent à son fonctionnement, qui complètent son action; et vous n'avez pas oublié que c'est l'Office qui a pris l'initiative de la création de la maison de travail, aujourd'hui dirigée par la sœur

Saint-Antoine, et inaugurée par vous l'année dernière à pareille époque, grâce à la générosité de
M. le comte et de Mme la comtesse de Laubespin.

Les hommes sans ouvrage ni ressources y ont
trouvé du travail; ils y ont été employés au pliage
du linge de boucherie, au cardage des matelas,
avec un salaire de 2 francs par jour. Mais il est arrivé que les travaux de menuiserie l'ont emporté sur
tout le reste.

C'était une entreprise délicate et toute nouvelle
que d'employer à des travaux de menuiserie des
hommes de toutes professions, n'ayant jamais ma-
nié un rabot. Cette industrie a été choisie parce
qu'elle est plus rémunératrice et parce qu'elle a
quelque chose de plus digne qui relève mieux
l'homme déchu que les travaux de qualité inférieure
et de nature banale. Il faut une expérience plus
longue que celle qui vient d'être faite pour se prononcer définitivement sur cet essai; car il y a des
difficultés et des tâtonnements inséparables d'un
début. S'il réussit, il pourra servir d'exemple et
aura, à ce point de vue encore, beaucoup d'importance. La direction de la maison a plus que jamais
foi entière dans le succès. Il est certain que la main-
d'œuvre employée n'est pas celle que rechercherait
cette industrie, et que le travail des hommes ne
peut payer complètement ce qu'ils coûtent. Parmi
eux, il y a des non-valeurs absolues, il y a des convalescents, des incapables. L'objectif est de ramener
le déficit à des proportions telles que l'œuvre n'ait
plus à demander à la charité qu'un complément de

ressources aussi peu élevé que possible, afin d'être assurée de l'obtenir annuellement.

Il doit en être ainsi ; mais on ne peut se défendre de reconnaître qu'un effort extraordinaire a été fait cette année. En effet, si des sommes considérables ont été données pour établir l'œuvre, construire, aménager les locaux, acheter l'outillage industriel, il a fallu faire encore bien des dépenses de premier établissement, acheter la matière première, avancer les sommes représentant les salaires. On a fait face à toutes ces charges. Et si nous n'avons pas à présenter ici le budget d'une administration qui n'est pas celle de l'Office central, nous croyons pouvoir vous dire, d'après des avis compétents, que la comptabilité de la maison de travail est tenue avec beaucoup d'ordre et de conscience, avec un soin intelligent et minutieux.

Mille sept hommes ont trouvé du travail pendant l'année, ce qui représente 144,169 heures de travail, soit une moyenne de 14 journées par homme.

Vous ne serez pas peu surpris d'apprendre que cette agglomération de malheureux n'a pas donné lieu à un désordre; que, même au milieu des difficultés de l'organisation première, il ne s'est pas produit un seul incident fâcheux. La règle a été immédiatement établie et respectée; la discipline, parfaite. Tous ceux qui ont visité les ateliers ont été frappés de la bonne tenue des hommes et de leur respect pour la direction. Dans tout le cours de l'année, il n'y a eu en tout que cinq cas de renvoi.

Les renseignements statistiques n'ont pas encore

pu acquérir le caractère de précision qu'ils auront dans l'avenir. Ce service a été organisé récemment; il ressort des données qu'il nous a fournies que, sur nos 1,007 hommes, 554, ou 55 pour 100, auraient repris leur ancienne profession, soit moyennant leurs propres démarches, soit aidés par la direction et par l'Office central.

2 pour 100 ont quitté Paris, rapatriés par l'Office central;

20 pour 100 peuvent être considérés comme des clients habituels des œuvres de charité;

23 pour 100 tombent dans une catégorie inférieure de travailleurs ou disparaissent sans que l'on sache ce qu'ils sont devenus.

Les hospitalisés de vingt à trente ans sont au nombre de 215; de trente à cinquante ans, de 600 environ.

On a compté 498 célibataires, 283 mariés avec enfants; 79 mariés sans enfants; 84 veufs sans enfants, 59 avec enfants. Les ouvriers appartenant à des industries diverses, fer, cuir, vêtements, alimentation, sont au nombre de 456; les hommes de peine ou journaliers, au nombre de 246; les employés, de 117; les professions libérales, de 50. Il n'y a eu que 108 hospitalisés appartenant à l'industrie du bois.

Les hommes sont envoyés à la maison de travail par l'Office central, par les diverses maisons de l'Hospitalité de nuit et par l'Union d'assistance du XVI° arrondissement. Un certain nombre se présentent d'eux-mêmes à la direction.

Parmi les malheureux que l'Hospitalité du travail a sauvés, qu'elle a rendus à une existence normale, paisible, assurée, je pourrais donner beaucoup d'exemples : je n'en citerai qu'un.

A la suite de maladie et de suppression d'emploi, les époux M., très honnêtes et se suffisant pleinement jusqu'alors, étaient tombés dans une misère profonde. Tout ce dont il avait été possible de faire argent dans le ménage avait pris le chemin du Mont-de-Piété. Il ne restait plus un sou pour manger, et mendier faisait horreur. Deux termes étaient dus au propriétaire; on ne voulait pas être expulsé. On avait la fierté que d'honnêtes travailleurs ont le droit d'avoir. Il fallait faire croire au concierge gérant que M. avait encore sa place dans l'atelier où il était jadis. Il partait donc chaque matin et, après quelques démarches, vaines, hélas ! pour se replacer, il errait à travers Paris et rentrait le soir au logis le cœur désolé et l'estomac creux. Il y trouvait un foyer glacé et sa pauvre femme qui l'attendait avec angoisse. Tous deux étaient affolés, ne voyaient plus d'issue à leur situation, et les résolutions sinistres commençaient à poindre.

Le nom de l'Hospitalité du travail avait été prononcé devant la femme. Elle a l'inspiration de frapper à la porte de la maison. La sœur Saint-Antoine la reçoit. Elle accueille l'homme et la femme, met l'homme à la menuiserie, la femme à la couture. Un court séjour dans l'asile, quelques bonnes paroles, chaque jour, de la sœur Saint-Antoine ont suffi pour rendre des forces, du courage, de la confiance, à

M. Des protecteurs sont trouvés. M. est placé dans une importante imprimerie. Mais il faut attendre quinze jours pour toucher le premier salaire. La maison de travail avance 40 francs en deux fois. Il y a encore une période un peu difficile. Mais bientôt le ménage réconforté et transformé se représente à l'asile pour restituer l'avance faite, et M. peut dire à la sœur Saint-Antoine en toute simplicité : « Ma mère, vous ne nous avez pas seulement tirés d'une misère noire, c'est à vous, à vous seule, que nous devons, ma femme et moi, de n'être pas en ce moment au fond de la Seine. »

* *

Si je dis un mot de l'Hospitalité du travail pour les femmes, c'est parce qu'elle donne aussi son concours à l'Office central et que nous sommes souvent interrogés sur la nature de nos rapports avec elle et sur l'origine de cette œuvre. Elle n'est pas de date récente comme la maison de travail. La première tentative faite en vue de créer une œuvre de ce genre remonte à l'année 1878.

L'idée fut reprise et l'œuvre installée, en décembre 1880, rue d'Auteuil, à Auteuil, sous la direction de la sœur Saint-Antoine.

Transportée, en 1882, avenue de Versailles, elle fut installée dans des locaux transformés, agrandis. C'est là qu'une blanchisserie a pu être construite, qui est devenue l'instrument de salut de l'œuvre. La maison n'a cessé de se développer depuis lors.

Les immeubles des deux œuvres appartiennent à la Société anonyme immobilière de l'avenue de Versailles, qui les a loués pour un long bail à la Congrégation de Notre-Dame du Calvaire, à charge d'y maintenir une maison de travail pour les femmes et une institution analogue pour les hommes.

Le nombre des femmes hospitalisées a été de plus de 27,000 depuis sa fondation, et de 2,194 pour l'année écoulée, du 1er mai 1892 au 1er mai 1893.

Sur ce dernier nombre, les femmes âgées de 21 à 30 ans sont au nombre de 500 environ, et les femmes de 30 à 50 ans au nombre de 1,000.

Les professions qui se rattachent à la couture comprennent 300 personnes; les fleuristes sont au nombre de 257; les femmes de service, de 1,134; les institutrices, gouvernantes, comptables, de 107.

Parmi ces femmes, 71 pour 100 n'ont quitté la maison qui les avait secourues, qu'après avoir été placées par son entremise; 8 pour 100 sont des habituées de toutes les œuvres de charité; 3 pour 100 sont rentrées dans leur famille, soit pour cause de maladie, soit par suite de l'impossibilité de trouver à Paris des moyens d'existence; 4 pour 100 ont quitté la maison pour entrer à l'hôpital; 1 pour 100 a été renvoyée; 13 pour 100 ont quitté la maison sans que l'œuvre ait su ce qu'elles étaient devenues. La durée moyenne du séjour des femmes est de 27 jours.

Outre ces deux œuvres, il vient d'en être créé une dont l'Office central encourage vivement le développement : l'Œuvre du travail à domicile pour les mères de famille. Son importance nous a paru telle qu'un membre éminent de notre conseil a été chargé de vous en entretenir tout spécialement.

∴

J'ai terminé ce trop long exposé. Puissé-je, en le faisant, avoir trouvé le secret de toucher le cœur de ceux qui m'entendent et de ceux qui me liront!

Ah! Mesdames, Messieurs, donnez de plus en plus votre concours à la grande œuvre à laquelle nous vous convions. Elle est nécessaire, elle est urgente, elle est sainte. Amenez-nous des adhérents. Visitez souvent et faites visiter cette maison. Aucun appel ne saurait être plus éloquent qu'un tel spectacle.

Ces visites ne tourneront pas seulement au profit des pauvres; elles tourneront au profit de ceux qui les feront. Qui n'a ses tristesses, soit à son foyer, soit dans la vie publique? Les événements contemporains ne nous les épargnent guère. Les heures de découragement ne sont pas rares et surprennent jusqu'aux vaillants.

Quand vous vous trouverez au milieu des malheureux réunis ici, quand vous penserez que la plupart d'entre eux cachent dans leur vie quelque drame poignant, quand vous songerez aux heures de désespoir qui ont précédé le moment où ils ont frappé à cette porte, et quand vous constaterez l'ordre, le calme, qui règnent partout, l'air de satisfaction qui s'épanouit sur ces visages, la douceur avec laquelle tant d'infortunés s'abandonnent à la

paix de cette halte dans une vie angoissée, quand
vous sentirez les sollicitudes infinies qui les enve-
loppent, le rayonnement de bonté, de dévouement qui les pénètre, si vous avez vous-même quelque trouble et quelque amertume dans l'esprit,
vous serez réconforté. Et ne croyez-vous pas que
quelques-uns parmi ces pauvres pourront, comme
le disait une femme admirable, nous donner des
leçons de patience, de force de caractère, de con-
tentement d'esprit, qui nous seront précieuses quelque jour?

Pour ma part, j'en ai fait plus d'une fois l'expérience. Je suis venu ici avec des visiteurs, de situations, d'humeurs très opposées, appartenant à des
nationalités, à des religions, à des partis politiques
différents. Quelques-uns étaient illustres. Il y en
avait d'opinions très radicales, presque révolution-
naires. Il ne s'en est pas rencontré un seul qui n'ait
éprouvé la même impression que moi. Nous par-
lions la même langue; nos cœurs battaient de
même. Jamais je n'ai mieux senti la parenté des
âmes, l'unité de la grande famille humaine. J'ai
compris que la charité est vraiment, comme le
porte la devise de l'Office central, le lien de la
paix, *vinculum pacis*.

J'ai compris qu'il n'y a pas sur terre de plus
grande force pour le bien.

Vous avez aperçu, Messieurs, à quelques pas d'ici,
dominant le fleuve, une statue qui porte un flam-
beau. Reproduite dans des proportions colossales,
elle frappe le regard à l'entrée du port de New-

York. C'est la liberté éclairant le monde. N'est-ce pas plutôt et mieux encore la charité? La charité échauffant, animant l'univers, rapprochant tous les êtres, faisant tomber les barrières, saluant, au nom de la fraternité humaine, les opprimés, les faibles, les déshérités de toutes les races, relevant les déchus et inclinant les puissants jusqu'à eux : ah! oui, voilà la grande libératrice!

N'ayez pas de crainte pour une nation qui s'inspire d'un tel génie, qui est prodigue de dévouements héroïques et d'abnégations sublimes, qui se montre jalouse d'accourir partout où l'on souffre pour consoler les douleurs, pour panser et guérir les plaies de l'humanité. C'est la rançon de toutes les fautes et le gage des résurrections glorieuses. De cette nation, fût-elle atteinte elle-même des maux les plus redoutables, on peut dire, avec l'Évangile, qu'elle se relèvera et qu'elle vivra.

CHAPITRE V

Nouveaux progrès de l'Office. — Près de quinze mille personnes se sont adressées à lui dans le cours du dernier exercice. — Impartialité absolue qui préside à son fonctionnement. — Il ne demande aux malheureux que de justifier de leur infortune. — Les renseignements donnés sur les œuvres aux bienfaiteurs provoquent des libéralités considérables. — Environ un million donné aux œuvres par l'intermédiaire ou sur les indications de l'Office central. — De grandes administrations ont recours à ses renseignements sur les pauvres. — Bons rapports avec les administrations publiques. — Création des carnets de renseignements, des comptes courants de charité. — Service des avances au travail, des recherches d'emploi. — Résultats de l'œuvre de l'Hospitalité du travail. — L'Académie des Sciences morales et politiques lui décerne la grande médaille d'or du prix Audéoud. — Création d'une branche nouvelle : l'Œuvre du travail à domicile pour les mères de famille. — Succès des efforts de l'Office pour stimuler l'action individuelle, pour amener les bienfaiteurs et les œuvres au *summun* de l'effort en faveur des pauvres : véritable but de l'organisation de la charité. — Rôle si utile à remplir de médiateurs, de pacificateurs.

* Quelle tâche douce à remplir ce serait pour un rapporteur annuel de votre œuvre, que d'avoir à faire le récit de misères soulagées, d'infortunes consolées, s'il ne lui fallait pas aussitôt présenter le formidable tableau des souffrances qui sont encore sans remèdes, et si ce tableau ne devait pas avoir

* Rapport présenté le 4 juin 1891 à l'Assemblée générale de l'Office central.

pour conclusion un appel plus pressant à la pitié, à la générosité publiques. Mais je ne dois aborder aujourd'hui cette assemblée qu'avec des paroles de joyeuse gratitude. L'appel de l'Office central de la charité a été, en effet, entendu plus que jamais dans le cours de l'année qui vient de s'écouler. Notre œuvre s'est affermie; elle a pris des développements inespérés. Nous devons en remercier la Providence. Je ne saurais, je crois, vous faire mieux juger de l'importance de ces progrès qu'en présentant un exposé très simple, très sobre, méthodique, des résultats qui ont été obtenus depuis votre dernière assemblée générale. Je m'arrêterai successivement à chacun des services qui constituent l'Office central. Je commence par le service des renseignements.

Service des renseignements sur les œuvres. — Assurément, si une démonstration de la vitalité, de l'utilité de l'œuvre et de la confiance qu'elle inspire, était nécessaire, on la trouverait dans l'affluence toujours croissante des visites que reçoit l'administrateur de l'Office central. Quinze mille personnes ont eu recours à lui dans le cours de l'année. Les bienfaiteurs et les pauvres viennent également lui demander à quelle porte ils peuvent frapper. C'est que, selon l'observation si juste de M. Jules Simon, s'il y a presque partout des ressources, ce qui manque aux sauveteurs, c'est de savoir où sont les moyens de sauvetage, comme ce qui manque aux naufragés, c'est de savoir où sont les sauveteurs; ce dont périssent les vrais malheureux, c'est de ne pas savoir où s'adresser.

12

Vous remarquerez la progression des demandes et des résultats. Depuis la fondation jusqu'au mois de mai 1892, 9,000 personnes s'adressent à l'Office; il intervient directement et efficacement en faveur de 4,521 personnes. De mai 1892 à mai 1893, 12,000 personnes ont recours à l'Office; il intervient en faveur de 7,431. De mai 1893 à mai 189' 14,000 personnes s'adressent à l'Office; il intervi t en faveur de 9,053 personnes. En tout, depuis fondation, 35,000 personnes s'adressent à l'Office, il intervient en faveur de 21,005 personnes.

On vient demander à l'Office les renseignements les plus variés; on le consulte souvent en désespoir de cause. Je me souviendrai toujours d'une visite de M. Taine à l'Office central. Cet acte de charité est une des dernière démarches qu'ait faites l'illustre historien avant sa mort, et elles font entrevoir chez lui des qualités de cœur qui ne méritent pas moins d'admiration que son talent. Il avait passé huit jours, me disait-il, à chercher en vain, à travers tout Paris, une œuvre destinée à recueillir une infortune à laquelle il prenait intérêt.

A côté des renseignements demandés verbalement, il y a une correspondance considérable. Des points les plus lointains de la France, des informations sont sollicitées sur l'œuvre qui conviendrait à tel ou tel malheureux. La correspondance de l'Office s'est élevée à plus de 500 lettres par mois. Enfin, certains bienfaiteurs veulent être minutieusement édifiés sur des institutions charitables auxquelles ils

scraient disposés à faire des libéralités. Quelques-
unes de ces demandes nécessitent la rédaction et
l'envoi de véritables mémoires, et ce n'est pas une
des moindres tâches parmi celles qui s'imposent à
l'Office central.

Nous ne savons pas quelle est la suite que reçoivent les indications données par lui à des personnes
disposées à faire des libéralités testamentaires. Nous
devons nous borner à constater que des indications
de ce genre sont fréquemment données. Tout récemment, après une consultation cherchée à l'Office
central, un don de 450,000 francs était fait à une
œuvre destinée à l'enfance. La généreuse bienfaitrice a bien voulu le constater elle-même dans
une lettre adressée à l'administrateur de l'Office
central. Un don de 5,000 francs destiné à l'œuvre de
Villepinte pour les jeunes filles poitrinaires a été
confié directement à l'Office pour être remis à cette
œuvre par M. le comte de Sartiges. M. le comte de
Francqueville a fait à cette même institution une
fondation de lit dont l'Office doit profiter. Vous tiendrez à remercier ces bienfaiteurs de leur confiance
et de leur charité.

Service des enquêtes sur les pauvres: — Le plus
souvent, en même temps qu'un bienfaiteur sollicite
des informations sur l'œuvre à laquelle il pourrait
recourir en présence de telle ou telle infortune déterminée, il demande aussi à être renseigné exactement sur le mérite et les besoins du malheureux qui
l'implore. Notre service de visiteurs des pauvres s'est
étendu et fortifié très heureusement. Des visiteurs

auxiliaires, des gens du monde, qui unissent à un cœur généreux le tact, l'esprit clairvoyant, l'expérience nécessaires pour ces délicates fonctions, nous ont offert un précieux concours. De grandes administrations publiques ont aujourd'hui officiellement recours à nos renseignements.

Pour permettre plus aisément à nos adhérents, à des particuliers, de s'adresser à nous, pour simplifier leurs démarches, et aussi pour accroître les ressources normales de l'Office, dont les services ne pouvaient tous rester indéfiniment gratuits, nous avons créé des carnets de renseignements qui représentent, soit le montant d'une des souscriptions statutaires, soit une somme déterminée. Il suffit, pour mettre en mouvement l'action de l'Office central, de détacher un feuillet de la souche et de l'envoyer par la poste, boulevard Saint-Germain, 175, avec l'indication sommaire de la demande, ainsi que le nom et l'adresse du solliciteur.

Service des enquêtes sur les œuvres. — Mais le service des renseignements sur les œuvres, qui est notre premier but, exige, pour être rempli aussi utilement que possible, une connaissance de plus en plus étendue de toutes les institutions charitables qui existent en France. Et c'est pourquoi nous poursuivons, avec un zèle que rien ne saurait lasser, la grande enquête sur les œuvres charitables dont nous vous avons souvent entretenus. C'est une entreprise laborieuse qui demande beaucoup d'esprit de suite et une singulière patience. Pour une seule réponse obtenue à nos demandes de renseignements, que de

démarches infructueuses, que de lettres réitérées!
Plus de 1,400 lettres ont été écrites déjà. Cependant les dossiers se multiplient, les fiches du répertoire se rédigent.

Les œuvres de Paris, vous vous en souvenez, ont été visitées une première fois et étudiées par notre collègue M. Albert Rivière. L'enquête sur les œuvres de province a été poursuivie par M. Trogan, que d'autres occupations nous ont récemment enlevé. Ce service si important va être prochainement confié à une direction nouvelle qui réunira toutes les conditions souhaitées. Autour d'elle, nous comptons grouper un certain nombre de collaborateurs, dont chacun s'occupera plus spécialement d'une région de la France. Le nombre de ces collaborateurs s'augmentera, nous l'espérons, et je me permets de profiter de cette réunion pour faire appel à de nouveaux concours. J'aurai fait ressortir toute l'importance que le conseil d'administration de l'Office central attache à ce service, en disant que la commission spéciale, instituée dans son sein pour s'en occuper, a pour président M. Cheysson.

Permettez-moi de vous rappeler que notre enquête a deux buts : un but immédiat, qui est de permettre à l'administrateur de l'Office central de mettre à profit journellement les indications nouvelles qui lui sont fournies sur les œuvres, d'utiliser de mieux en mieux toutes les ressources que possède la France au point de vue de la bienfaisance; un second but, plus éloigné, qui est de présenter au public cet inventaire des richesses charitables de la France, de

montrer aux déshérités ce que la charité privée fait
pour eux, de signaler les lacunes.

Comme le disait éloquemment M. Lamy, en s'a-
dressant à notre première assemblée générale : « A
l'heure présente, la bienfaisance est un livre immense et admirable, où chaque œuvre a écrit une
page, mais il manque à ce livre une chose : une
table des matières. Faute de cette table des matières,
beaucoup de gens ne peuvent y trouver le passage
dont ils auraient besoin, et faute de temps, ils lais-
sent le livre fermé. Ce serait déjà un grand dom-
mage, ce livre ne contînt-il que de bonnes pensées.
Mais il contient quelque chose de plus précieux : les
bonnes actions faites par les meilleurs, au profit des
plus malheureux; il contient des remèdes contre
toutes les douleurs. Or, ce qu'il y a de plus nécessaire, n'est-ce pas que tous apprennent à lire dans
ce livre de vie? »

J'ai cru opportun de rappeler aujourd'hui ces
belles paroles. On comprendra aisément que nous
ne puissions publier le résultat de notre enquête
que lorsque nous aurons un travail d'ensemble très
complet et très précis. Je dois dire que les difficultés
que rencontrait l'enquête semblent diminuer peu à
peu, que certaines préventions tombent à mesure
que notre but, que notre programme sont mieux
connus. Quelques esprits avaient craint que l'on ne
mît trop à contribution les œuvres charitables de
province, déjà assiégées ou insuffisantes, au profit
des pauvres de Paris. Mais ils ont pu reconnaître
qu'il s'agit avant tout de diriger rationnellement

'effort de la charité et que nous rendons autant et
₊ ᵢ s de services à la province que nous ne lui en
ᵈ ᵐandons. Ils ont reconnu que, même en province,
pour une œuvre dont le nom est dans toutes les
bouches, beaucoup sont inconnues, même de ceux
qui font le bien non loin d'elles; que là il y a cent
demandes d'admission pour dix places vacantes, et
qu'ailleurs un établissement peu connu végète,
meurt, faute de trouver les ressources nécessaires
pour subsister. Les œuvres privées sentent de plus
en plus que nous pouvons leur être utiles, sous bien
des formes diverses. Celles qui redoutaient que des
renseignements fournis à l'Office pussent être tour-
nés contre elles reconnaissent que leurs adversaires
n'ont pas besoin de nos indications pour se forger
des armes, et que notre effort pour mettre en pleine
lumière les merveilles que réalise sur notre sol la
charité privée, constitue la plus décisive des apolo-
gies et la meilleure des défenses auprès de l'opinion
publique contre les actes qui pourraient attenter à
la liberté de la charité.

C'est la première fois qu'on entreprend une statistique de ce genre, aussi étendue, aussi précise;
c'est la première fois que l'on s'efforce de la tenir à
jour, et vous ne serez pas surpris qu'elle reçoive,
des juges les plus autorisés, de puissants encouragements. L'enquête d'ailleurs ne s'arrête pas à la
France, elle se poursuit à l'étranger avec le concours d'un esprit distingué qui s'est fait une réputation déjà par des travaux spéciaux sur les œuvres
charitables dans différents pays de l'Europe. Nous

appelons, à cette occasion encore, des concours.
Bien des jeunes gens qui peuvent disposer de leur
temps, qui connaissent les langues étrangères, pourraient servir utilement une si belle entreprise.

Rapports avec les œuvres charitables à l'étranger.
— Puisque je parle des œuvres charitables à l'é-
tranger, je suis aise de constater que les rapports de
l'Office central avec de nombreuses Sociétés de charité de diverses contrées, spécialement avec les Sociétés d'organisation de la charité de Londres et de
New-York, sont de plus en plus fréquents et qu'il
existe entre nos œuvres un échange constant de services : renseignements sur des pauvres, sur des œuvres, rapatriements, secours à distribuer sous des
formes diverses, etc. C'est l'internationalisme de la
charité, la ligue des gens de bien de tous les pays
qui se constitue peu à peu, et ce ne sera pas un des
moindres titres de l'Office central que d'avoir tra-
vaillé à la réaliser.

De l'étranger aussi nous parviennent de nombreuses demandes de renseignements sur l'organisation de l'Office central. Notre exemple a trouvé
des imitateurs sur des points très éloignés du conti-
nent. M. le Directeur de l'assistance et de l'hygiène
publiques au Ministère de l'intérieur nous a lui-même
renvoyé, et nous l'en remercions, une demande de
ce genre, qui lui avait été adressée d'Helsingfors,
en Finlande.

Service des secours. — Les visites, les appels si
nombreux dont l'Office central est l'objet, ont le
plus souvent pour but, vous le comprenez, de faire

donner des secours immédiats à des malheureux dont le dénûment est absolu. Beaucoup de ces indigents ont eux-mêmes recours à l'Office. Notre grande préoccupation est d'arriver à trouver, pour chaque cas, un remède efficace et une solution, de mettre les malheureux en état de se passer des secours en argent ou en nature que nous sollicitons pour eux. Mais cela n'est pas toujours aisé; les portes des œuvres ne s'ouvrent pas toutes, dès le premier instant; il faut du temps pour faire certaines démarches, pour arriver, par exemple, à des rapatriements. Ne donnant pas de secours nous-mêmes ou en donnant seulement dans le cas de nécessité urgente, nous faisons intervenir les œuvres qui en donnent, les sociétés de bienfaisance de toute nature. L'Assistance publique, avec laquelle nous continuons à entretenir les meilleurs rapports, n'hésite pas, à la suite de nos enquêtes, à secourir les malheureux que nous lui désignons : — des secours ont été ainsi distribués à 3,458 personnes.

En présence de quelles infortunes nous placent nos enquêtes, je voudrais vous en donner une idée par quelques traits. Je prends au hasard dans mes dossiers les plus récents. Le simple énoncé des faits sera plus éloquent que tous les commentaires.

Famille A..., composée de 8 personnes : les parents et 6 enfants : l'aîné 14 ans, le plus jeune 2 ans. Le père, mécanicien, arrivé à la dernière période de la phtisie pulmonaire. La mère, grâce à l'Office central, pourvue à la préfecture de police d'une autorisation de marchande des quatre saisons, doit

subvenir aux besoins de son mari et de ses 6 enfants.
De ces enfants, un garçon de 10 ans est atteint de
coxalgie et ne marche qu'avec des béquilles. Un
autre, qui a la teigne, est admis, sur l'intervention
de l'Office, à l'hôpital Saint-Louis. Un garçon de
6 ans, sourd-muet.

Famille D... La femme, veuve depuis 1 an, 5 enfants; l'aîné, estropié de la jambe droite, marche à
peine. Le second, âgé de 12 ans, tuberculeux. L'Office est en instance pour le faire admettre à l'hôpital d'Ormesson. Le troisième, 10 ans, épileptique;
et les deux plus jeunes, de 8 et de 5 ans, rachiti-
ques.

Famille R... La femme vient d'être abandonnée
par son mari qui a disparu. Six filles : l'aînée a
13 ans; la plus jeune, 2 mois. Une fille de 2 ans
gravement malade d'ophtalmie purulente, menacée
de perdre la vue, a communiqué cette maladie à sa
petite sœur, en l'embrassant. Celle-ci a perdu un
œil, et le second est menacé.

A quel chiffre total s'élèvent les secours dont nous
provoquons la distribution aux malheureux en faveur desquels nous sollicitons les œuvres diverses
de bienfaisance? Nous l'ignorons le plus souvent.
Nous avons tout sujet de croire que ce chiffre doit
être considérable. Un certain nombre de bienfaiteurs nous confient leurs libéralités, ou nous demand-
dent de leur signaler des pauvres qui soient particulièrement dignes d'intérêt.

Nous voudrions que cette habitude se répandît
encore plus, que de nombreux amis de notre œuvre

nous permissent de leur adresser, périodiquement,
une sorte d'ordre du jour de la misère noire, un
état indiquant au moins les infortunes les plus poignantes comme je viens d'en citer quelques-unes ;
car rien n'est plus éloigné de notre pensée que de
supprimer l'action personnelle, le contact du riche
avec le pauvre. Nous désirons, au contraire, le provoquer ; nous nous offrons seulement à rendre cette
action plus éclairée et, par cela même, plus efficace. Nous désirons prévenir, autant que possible,
des déceptions qui décourageraient les meilleures
intentions, des erreurs qui tourneraient contre le
but que l'on se propose d'atteindre.

Une occasion récente s'est offerte de prêter le concours de notre service de secours et d'enquêtes à
une œuvre importante qui vient de se fonder sous
les auspices de l'Association des journalistes parisiens : l'œuvre du *Denier de la veuve et du vieillard*,
œuvre dont le comité a pour président M. Alfred
Mézières, et dans laquelle nous retrouvons un nom
qui devient synonyme de la charité, celui de M. le
comte de Laubespin. Cette œuvre se propose de distribuer des secours en argent et en nature aux veuves sans ressources ayant 4 enfants, aux vieillards
de 70 ans, habitant Paris depuis deux ans. Elle a
bien voulu nous témoigner sa confiance en mettant
à notre disposition une première somme et en nous
demandant de prendre l'initiative d'un certain nombre de propositions d'une importance égale à cette
somme. En peu de jours, M. l'administrateur de
l'Office central avait préparé 200 dossiers, avec

toutes les justifications les plus minutieuses, et la répartition a eu lieu dans des conditions remarquables de régularité, de bonne entente, d'esprit pratique, qui nous ont valu les éloges et les remerciements du comité de l'œuvre du Denier. Tous les vêtements distribués avaient été confectionnés par l'OEuvre du travail à domicile pour les mères de famille, établie 52, avenue de Versailles, dont notre vice-président, M. G. Picot, vous avait entretenus, lors de la dernière assemblée générale.

J'ai assisté, Messieurs, au long défilé de ces malheureux, veuves et vieillards, et, je dois le dire, j'ai été profondément touché de leur attitude, des marques de leur reconnaissance, de la résignation et de la dignité qui se rencontraient chez les plus éprouvés. Mais j'ai été ému surtout par certains faits que nous ont révélés les enquêtes, ému de tant de nouveaux exemples de la charité, souvent sublime, que pratiquent les pauvres entre eux. Pour nous, quelle leçon! Nous avons entendu des réponses comme celle-ci, faite à MM. de Foucault et de la Tour du Pin, qui ont suivi cette répartition avec un zèle infatigable et qui demandaient à une veuve, qu'ils avaient inscrite dans le cours de l'enquête comme ayant 15 enfants et qui ne parlait plus que de 14, ce que signifiait ce 15e enfant : « Ah! oui, le 15e, ah! le pauvre petit, c'est l'enfant d'une veuve qui était aussi malheureuse que nous; elle habitait notre maison, à côté de nous; elle est morte, elle a laissé l'enfant seul sur terre; pouvions-nous, monsieur, ne pas le prendre, ce petit-là, avec les nôtres? »

Et comme on demandait à une autre veuve, chez qui l'on n'avait trouvé que le plus lamentable mobilier, et qui manquait notamment de matelas, si elle n'en avait jamais eu, elle répondait : « Si fait, monsieur, j'en avais bien un, mais, voyez-vous, dans notre voisinage habitait une amie d'enfance à moi, veuve comme moi, bien pauvre : elle travaillait, mais elle a pris une maladie et n'a plus pu rien gagner. Son propriétaire l'a expulsée. Cela m'a fendu le cœur de la voir dans la rue. Il y avait un cabinet à louer à côté de nous, j'ai vendu mon matelas pour y loger mon amie et pouvoir la soigner. »

Service des avances au travail. — Que de fois, Messieurs, pour mettre un brave ouvrier, une famille entière, en état de se suffire, c'est assez de lui avancer une petite somme d'argent pour acheter un outil, une machine à coudre, un panier des quatre saisons. Après mûr examen, vous pratiquons ce genre d'assistance, mais à titre exceptionnel, comme le prouve le chiffre de la somme qui a été consacrée à cette destination : 877 personnes en ont profité.

Je cite un exemple entre cent. Le sieur V..., veuf, avec un enfant placé dans un orphelinat, tailleur de sa profession, en sortant de l'hôpital Laënnec, sans argent et sans travail, apprend que le propriétaire l'a, en son absence, expulsé de la mansarde qu'il occupait depuis neuf ans, et qu'il a retenu, en gage, sa machine à coudre, son gagne-pain et celui de son enfant, dont il lui faut payer la pension. L'Office, prévenu à temps, est intervenu et, en donnant un acompte au propriétaire, a pu remettre

M.V... en possession de sa machine à coudre. Il a du travail aujourd'hui.

Service des recherches d'emploi. — Il n'entrait pas dans notre programme primitif de nous occuper du placement, si ce n'est en faveur des malheureux qui sont admis dans la maison de travail. Nous avons dû céder aux sollicitations réitérées d'un grand nombre de membres de notre œuvre. Nous avons obéi aussi, disons-le, au désir très vif de tout tenter pour empêcher un indigent de devenir un mendiant. L'expérience ne démontre que trop combien cette habitude, une fois prise, est difficile à déraciner, et elle montre avec quelle rapidité se forment ainsi ces familles de mendiants que l'on ne parvient plus à ramener à la vie de travail, et qui se perpétuent, indéfiniment, véritable plaie sociale, quand elles ne sont pas un péril.

Tout ce qui se rattache au placement est difficile. Les patrons, aujourd'hui, songent bien plus à restreindre leur personnel qu'à l'augmenter. Cependant, des emplois ont été procurés et indiqués à 158 malheureux, et 119 ont été recommandés à des patrons ou à des administrations diverses. Nous donnons des indications à un nombre considérable de solliciteurs. Quel profit en tirent-ils? Ce n'est que par hasard, le plus souvent, que nous apprenons si elles leur ont été utiles. Il y a donc là tout un côté de notre action qui échappe à ce rapport. Les malheureux en quête d'emploi ne se comptent pas. L'enquête en élimine un grand nombre qui sont indignes de tout patronage. Nous tenons à ne recommander qu'à bon escient. La réputation de l'Offic y est intéressée. Il n'inspirera confiance qu'à la condition que son intervention soit à l'abri de tout reproche.

Service des admissions dans les œuvres. — J'arrive au service des admissions dans les œuvres. Nous sommes bien là sur notre terrain. Nous mettons à profit les informations que recueille notre enquête permanente. En dehors des renseignements fournis sur les œuvres et dont chacun fait l'usage qu'il juge à propos, notre intervention directe, sollicitée, a fait admettre 339 enfants dans des orphelinats, écoles professionnelles, maisons de préservation et de correction, et 156 vieillards ou infirmes dans des asiles. Notre intervention s'exerce sous les formes les plus variées, non seulement auprès des œuvres privées, mais auprès de tous les établissements hospitaliers qui dépendent soit du Ministère de l'intérieur, soit de la Préfecture de la Seine, soit de la Ville de Paris, soit des départements : institutions de sourds-muets, d'aveugles, maisons d'aliénés, établissements de Villers-Cotterets, de Nanterre, etc., etc.

Service du rapatriement. — C'est une des principales préoccupations de l'Office central, vous le savez, de délivrer la capitale de la présence des indigents qui sont à même de gagner leur vie sur d'autres points du territoire. Le chiffre des rapatriements effectués par nos soins s'est élevé cette année à 780. Dans ce nombre sont compris les voyages de 156 vieillards ou infirmes dirigés sur certaines œuvres.

Nos efforts pour tourner vers les colonies des gens sans travail, qui auraient les aptitudes nécessaires pour y réussir, n'ont pas été infructueux. Nous en avons dirigé sur le Canada. Aujourd'hui, nous envoyons au Tonkin une famille qui réunit des conditions de nature à justifier notre appui et les facilités concédées par les administrations publiques ou privées.

Assistance par le travail. — Avant de parler des maisons de travail destinées à recevoir les indigents valides momentanément sans ouvrage et sans ressources, je signalerai le chiffre de 183 malheureux auxquels ont été procurés des travaux d'écriture et de couture. L'organisation définitive d'un service de travaux d'écriture, si nécessaire pour toute une catégorie de malheureux, est l'objet de nos études, et peut-être aurons-nous bientôt un appel spécial à vous adresser à ce sujet.

Je n'ai plus à insister, Mesdames et Messieurs, sur la nature des rapports qui unissent à l'Office central l'œuvre de l'Hospitalité du travail établie avenue de Versailles, 52, et rue Félicien-David, 33, ni à vous faire connaître l'organisation intérieure de cette œuvre qui a son autonomie.

Je vais mettre sous vos yeux les résultats de l'année, et vous verrez qu'ils sont très satisfaisants. Mais il me tarde de vous entretenir d'un fait récent, qui est un événement dans la vie de l'œuvre, je veux parler de la récompense si flatteuse qui a été décernée à l'Hospitalité du travail par l'Académie des Sciences morales et politiques : une grande mé-

daille d'or du prix Audéoud, prix donné tous les
quatre ans. Aucun encouragement ne pouvait lui
venir de plus haut, ni avoir plus de prix aux yeux de
ceux qui lui donnent leur cœur et leur vie, comme
la sœur Saint-Antoine que vous connaissez tous. Je
tiens pour un grand honneur d'avoir été appelé à
recevoir cette médaille comme président de l'œuvre. J'ajouterai qu'il n'était pas possible de parler
de nos efforts en termes plus heureux, avec plus
d'autorité que ne l'a fait M. Paul Leroy-Beaulieu,
président de l'Académie, dans son discours sur les
prix. Assurer aux désespérés qui se présentent, un
abri de deux ou trois semaines, leur procurer un
travail rémunérateur, leur rendre confiance en eux-
mêmes, leur insuffler le seul cordial qui puisse tirer
l'homme de la misère, l'énergie morale : c'est ainsi
que M. Leroy-Beaulieu dépeint le but qu'elle se propose d'atteindre. Il est de toute justice que l'Office
central prenne sa part d'encouragement dans cette
distinction, lui dont l'initiative, les efforts persévérants ont déterminé la création de la maison de
travail pour les hommes.

Quelque temps avant que cette récompense fût
décernée, le rapporteur de la commission d'assistance au Conseil municipal de Paris, M. Bompard,
constatait l'importance de l'œuvre de l'Hospitalité
du travail dans la séance du 26 décembre dernier.

Dans le courant de l'année, 1,156 hommes ont
été occupés par la maison de travail, payés à raison de 2 francs par jour, ce qui représente 13,832
journées de travail, soit une moyenne de 16 jours.

Il y a eu 156 hospitalisés de plus que l'année dernière; et si l'on n'en a pas admis davantage encore, cela tient à ce que la place manque pour en recevoir d'autres dans les locaux actuels. Sur ce nombre, 40 p. 100 ont été placés sur les indications de l'œuvre, ou se sont placés eux-mêmes; 1 p. 100 a quitté Paris et a été rapatrié; 33 p. 100 sont des clients habituels des œuvres de charité, soit par suite de leur âge, soit par suite de leur santé plus ou moins délabrée; 26 p. 100 ont disparu sans que l'on sache ce qu'ils sont devenus.

J'ai hâte de constater que l'ordre, que la discipline n'ont pas été troublés un seul jour.

Les hospitalisés de 20 à 30 ans sont au nombre de 175; de 30 à 50, au nombre de 577; de 50 à 70 ans, au nombre de 256. On a compté : célibataires, 209; mariés avec enfants, 437; mariés sans enfants, 78; veufs sans enfants, 84; avec enfants, 105.

Les ouvriers appartenant à des industries diverses, fer, cuir, vêtements, alimentation, etc., sont au nombre de 584; les journaliers, de 251; les employés, de 256; les professions libérales, de 18; sans profession, 19; 182 hospitalisés seulement appartenaient à l'industrie du bois.

En dehors de la confection des meubles de cuisine et de jardin, les hommes sont employés au pliage du linge blanchi pour les bouchers, au cardage de matelas.

Le succès de l'entreprise, Messieurs, s'est encore affirmé. Tous ceux qui ont visité les ateliers ont pu constater comment, sous la direction de quelques chefs d'équipe expérimentés, on a pu, grâce à une application raisonnée du principe de la division du travail, utiliser la bonne volonté de gens étrangers pour la plupart à l'industrie du bois; ils ont pu constater la bonne exécution des meubles dont aucun, à peu près, n'est renvoyé pour malfaçon par les grands magasins ou les particuliers qui les achètent et assurent un débouché normal, constant à la production.

Il y a sans doute un écart entre ce que coûtent les hospitalisés et ce qu'ils rapportent. Les non-valeurs existeront toujours parmi les malheureux que la maison accueille, des hommes débiles, sortant des hôpitaux, déprimés par la misère, paresseux. C'est d'une œuvre de charité qu'il s'agit, et non d'une entreprise industrielle ordinaire. On perd quelquefois de vue cette considération. Aussi rencontre-t-on deux appréciations très opposées. Si l'on démontre que l'écart entre la dépense et la recette s'atténue, quelques-uns disent que l'on n'a plus besoin de recevoir des libéralités; si l'on montre que cet écart existe, d'autres se récrient en disant que ces œuvres d'assistance coûtent trop cher et ne sont pas pratiques. La vérité est qu'il ne faut pas que les bienfaiteurs cessent d'être secourables à l'œuvre. Si l'objectif poursuivi par la direction est de réduire autant qu'il est possible le déficit, c'est pour ne pas laisser l'œuvre exclusivement à la merci de générosités qui peuvent se restreindre ou ne pas se renouveler. Si l'on obtient que chaque hospitalisé ne coûte guère plus de 70 à 80 centimes par jour, on aura fondé certainement une œuvre durable, et l'on marche vers ce résultat.

La maison destinée aux femmes sans ouvrage a recueilli cette année 3,124 femmes, occupées à des travaux de blanchissage et de couture : 2,456 ont été placées ou ont retrouvé du travail par elles-mêmes. La durée moyenne du séjour des femmes dans la maison a été de onze jours.

Il me tarde, Messieurs, de vous entretenir de l'OEuvre nouvelle du travail à domicile pour les mères de famille. Cette œuvre a pleinement réussi. Elle a eu le privilège de rencontrer récemment un appui dont elle ne saurait assez apprécier l'importance.

Dans une étude magistrale sur la charité, publiée par la *Revue des Deux Mondes,* un de nos collègues, membre de l'Académie française, a donné à la fois de l'Office central et de l'OEuvre du travail à domicile pour les mères de famille la définition la plus saisissante; il a décrit dans tout son fonctionnement, en appelant des concours nouveaux, cette sorte d'assistance contre le chômage, destinée à fournir un travail rémunérateur aux femmes qui s'en trouveraient momentanément privées, soit pendant la période où leur profession chôme habituellement, soit par suite de quelque circonstance accidentelle. Si cette voix éloquente est entendue, les ressources ne feront pas défaut à l'OEuvre du travail à domicile et elle en peut dès aujourd'hui témoigner sa reconnaissance à M. le comte d'Haussonville.

Déjà 533 mères de famille ont reçu du travail et près de 22,000 francs de salaire leur ont été distribués, et ce n'est qu'un commencement. Il ne dépend que de vous, Mesdames et Messieurs, d'assurer un développement de plus en plus rapide à cette œuvre dont les bienfaits sont incalculables, d'amener des acheteurs au magasin de la rue des Saints-Pères, 53, ou avenue de Versailles, 52. Ce qu'il lui faut avant tout, en effet, ce sont des débouchés, c'est un prompt écoulement de ses produits.

Bien souvent j'ai eu occasion de constater de quel secours elle est déjà. Hier, c'était une pauvre femme qui sortait de cette petite salle de l'avenue de Versailles, 52, qu'assiègent chaque jour tant d'infortunes. Elle a quatre enfants; son mari, menuisier de son état, est gravement atteint de la poitrine. Il y a quelques mois, le mari, bon ouvrier, avait dû quitter, par suite de sa santé déplorable. l'atelier où il était employé. La sœur Saint-Antoine avait donné du travail à la femme. Le mari, un peu rétabli, était venu travailler et avait reçu un salaire dans la maison de la rue Félicien-David; il avait été placé ensuite. Bientôt, il retombait malade. Alors ce fut une lutte désespérée avec la misère pour la pauvre femme. Elle n'osait importuner de ses sollicitations ceux dont elle avait tant reçu déjà. Elle ne voulait pas mendier cependant. La vue de ses enfants sans pain, de son mari cloué dans son lit, la décida. Elle aussi, irait mendier un dimanche à la porte de l'église. Quand elle tendit la main pour la première fois, portant un de ses enfants dans ses bras, la honte saisit tout à coup à la gorge la pauvre femme, et si fortement qu'elle éclata en sanglots, s'enfuit avec son enfant et alla vendre à un brocanteur les dernières hardes qui lui restaient. Mais la sœur Saint-Antoine et l'Office central ne la perdaient pas de vue. La sœur Saint-Antoine donne du travail à la femme, l'Office central s'occupe du pauvre malade et de ses enfants.

Je ne vous dirai qu'un mot de l'atelier professionnel typographique pour les jeunes filles. C'est qu'il continue à fonctionner dans les meilleures conditions, à titre d'essai.

Tout compte fait, Messieurs, l'œuvre de l'Hospitalité du travail a donné du travail et un salaire, cette année, à 400 personnes par mois.

Concours administratif donné aux œuvres. — Enfin, Messieurs, il y a une tâche de l'Office central dont je n'ai pas parlé encore : il prête le concours de ses services administratifs à des œuvres charitables, à l'œuvre de la Miséricorde; il représente, à Paris, l'admirable création de M. le conseiller Demetz, la colonie de Mettray, dont le rôle demeure si important. Cette année encore, le rapport présenté à l'assemblée générale de l'œuvre de la Miséricorde se loue du concours de l'Office central et lui exprime sa reconnaissance. En vous citant quelques lignes seulement de ce rapport, je vous aurai montré quels sentiments l'animent envers notre administrateur, M. Béchard. « Tous ceux qui souffrent à Paris, dit le rapporteur, s'adressent à lui, et leur histoire se retrouve dans sa mémoire aussi bien que dans ses dossiers. Il suffit donc de nous fier à son jugement sûr et à sa charité éclairée pour vérifier le résultat de nos enquêtes. » Malgré la grande tristesse où elle vit, la Présidente de cette œuvre, Mme la maréchale de Mac-Mahon, s'en occupe avec une infinie sollicitude. Nous ne saurions oublier que son deuil a été un deuil national, et vous tiendrez sans doute, Messieurs, à lui envoyer le témoignage de vos respectueuses condoléances. Le glorieux mort qu'elle pleure a provoqué, par ses funérailles, une des manifestations les plus belles, les plus grandioses, que notre histoire contemporaine ait à enregistrer; son nom faisant taire nos divisions, nos querelles intestines, a su réunir, un moment, toutes les âmes dans un même sentiment d'amour pour la patrie.

Vous pouvez embrasser à présent, Mesdames et Messieurs, tout l'ensemble des résultats obtenus par l'Office central dans le cours de l'exercice écoulé, du mois de mai 1893 au mois de mai 1894, et vous rendre compte du fonctionnement de notre œuvre. Ce ne sont pas là des théories, des considérations générales; ce sont des faits. Nous pensons que, par l'ensemble de ses services, elle répond à peu près à la plupart des cas de la misère. Disposant de moyens d'action nombreux et variés qui concourent tous au même but, appuyée sur plusieurs maisons de travail, pouvant fournir une occupation temporaire au pauvre valide sans ouvrage, et en mesure de faire appel pour les autres malheureux de toute catégorie aux œuvres charitables qui existent sur les divers points du territoire, elle offre un caractère particulier. Elle se rapproche, nous aimons à l'espérer, de cette organisation rationnelle de la charité qui serait à réaliser.

Ce mot d'organisation de la charité a soulevé des préventions. Nous ne l'ignorons pas. Mais ces préventions ne trouvent-elles pas dans le simple exposé que nous venons de présenter la plus décisive des réfutations? Certains esprits, excellents d'ailleurs, se sont récriés à la pensée que l'on pouvait être tenté de substituer à l'exercice de la charité, dont le propre est d'être essentiellement spontanée, personnelle, discrète, une sorte d'agence, aux rouages automatiques, sur laquelle on se déchargerait du soin de soulager les pauvres et qui permettrait de s'exonérer de la pratique d'un devoir. Si on n'allait plus donner, disaient-ils, qu'à des pauvres patentés, brevetés, que resterait-il bientôt de la pitié, des élans du cœur soumis à tous ces calculs, et n'arriverait-on pas à tarir dans sa source la seule générosité digne de ce nom? Assurément, ce n'est pas l'organisation de la charité, telle que nous la comprenons, telle que vous venez de la voir pratiquer dans ce rapport, qui prête à de semblables appréhensions.

Diminuons-nous l'initiative individuelle en rendant son action plus éclairée? Refroidissons-nous la pitié, en la conduisant aux vrais malheureux et en l'empêchant de se dépenser à l'aveugle? Décourageons-nous la pratique du devoir social, en indiquant les meilleurs moyens de le remplir? Portons-nous atteinte aux œuvres, en leur permettant de s'entr'aider, de se compléter, en coordonnant les efforts, en prévenant le gaspillage des ressources et des forces? Soit qu'il s'agisse des individus, soit qu'il s'agisse des œuvres, y a-t-il une organisation qui leur laisse un plus libre jeu que celle que nous avons adoptée? Bien loin de dispenser de l'action personnelle, notre œuvre n'a qu'un but : stimuler, mettre en mouvement les personnes aussi bien que les œuvres, amener le bienfaiteur, comme nous l'avons déjà dit, au *summum* de l'effort en faveur du pauvre.

Nous prétendons, dès à présent, décupler ainsi l'efficacité de l'action individuelle. Et nous allons plus loin, nous croyons que là est l'avenir. Nous croyons que la charité privée a besoin d'être organisée en France, qu'elle devrait constituer, pour chaque grande région, un Office central et relier entre eux et avec la capitale ces Offices. Nous croyons que c'est là le véritable moyen pratique de créer une assistance efficace et d'assurer la répression sérieuse de la mendicité et du vagabondage, ces deux termes étant connexes et le problème ne pouvant être résolu partiellement.

Quelles sont les ressources dont nous avons disposé pour réaliser les résultats que nous venons de vous faire connaître? L'exposé de la situation financière vous le dira. Vous constaterez que notre préoccupation constante est de réduire autant que possible les dépenses d'administration proprement dite et de reporter sur les œuvres, notamment sur les œuvres du travail, les libéralités qui nous sont faites. Mais il faut bien que nous arrivions à subvenir aux frais de ce que je nommerai notre outillage charitable, car c'est notre œuvre elle-même, et nous n'y porterions atteinte qu'au détriment des pauvres.

Notre personnel est déjà très restreint, trop restreint. Il vient à bout de sa tâche, qui grandit sans cesse, en se multipliant, en faisant des merveilles d'activité et de dévouement. Je ne fais qu'être juste en tenant ce langage. Nous devons nous préoccuper de le fortifier plutôt que de le restreindre.

Pour atteindre ce but, nous appelons de tous nos vœux de nombreux souscripteurs annuels à 25 francs ou à 10 francs. Nos dépenses normales devraient être entièrement couvertes par ces souscriptions, sans qu'il fût besoin de recourir à des libéralités exceptionnelles. Il est vrai que la vente faite au Bazar de la Charité nous apporte un complément de ressources qui permet d'asseoir notre budget; mais ce sont là jusqu'à présent des ressources aléatoires. Deviendront-elles des ressources normales? On peut tout attendre d'un dévouement aussi infatigable et aussi habile que celui de Mme la marquise de Costa et des dames patronnesses qu'elle préside, dévouement auquel nous tenons à rendre un nouvel hommage.

Une ressource inattendue est venue, cette année, grossir notre budget : je veux parler de la souscription ouverte au profit de l'Office central et des OEuvres du travail qui concourent à son fonctionnement, par un journal qui est une puissance, et qui a le glorieux privilège de se servir de cette puissance pour prendre en faveur de ceux qui souffrent les plus généreuses et les plus fécondes initiatives. Le chaleureux et vibrant plaidoyer que notre œuvre a inspiré à M. Gaston Calmette, nous a valu 41,000 francs. Nous croyons répondre à votre pensée, Mesdames et Messieurs, en profitant de cette réunion, pour donner à M. Calmette, au journal *le Figaro*, un témoignage public et solennel de notre gratitude.

Cette manifestation, qui a rencontré, nous sommes heureux de le constater, dans la presse, d'unanimes sympathies, a eu l'avantage de faire mieux connaître l'Office. Si elle lui a apporté, dans le moment même, un surcroît de demandes, elle lui vaudra sans doute des adhésions nouvelles de plus en plus nombreuses.

Il y a une question, dans tous les cas, qui a été vidée par cette démonstration, par les encouragements de la presse, en même temps que par l'affluence des visiteurs qui s'adressent journellement à l'Office central, c'est la question de savoir si cette institution répond, oui ou non, à un besoin réel, si elle est nécessaire, opportune, si elle sert efficacement, sérieusement, les intérêts de la charité.

Aussi bien, Messieurs, notre œuvre pourrait-elle invoquer des précédents bien anciens, si elle avait besoin de se justifier. Je n'ai pas été peu surpris, en effet, en lisant Montaigne, il y a quelques jours, de constater que l'auteur des *Essais* raconte — je cite textuellement — « que son père aurait désiré de mettre en train qu'il y eût certain lieu désigné, auquel ceux qui auraient besoin de quelque chose se pussent rendre et faire enregistrer leur affaire à un officier établi pour cet effet... chacun cherchant, qui ceci, qui cela, suivant son besoin. Et semble que ce moyen de nous entr'avertir apporterait non légère commodité au commerce public ». Notre administrateur si dévoué, M. Béchard, ne soupçonnait pas, assurément, qu'il aurait pu se découvrir des ancêtres au seizième siècle. On a mis quelque temps, il est vrai, à réaliser le projet de Montaigne.

Que si maintenant, Mesdames et Messieurs, des résultats de l'année, nous reportons nos regards vers la date si rapprochée de nos origines, quel puissant encouragement nous trouvons dans ce rapprochement! En ce court laps de temps, tous les services de l'Office central constitués, un personnel formé, une enquête sans précédents ouverte sur toutes les œuvres charitables qui existent en France, des centaines d'œuvres reliées entre elles, plusieurs institutions annexes fondées, une maison d'assistance par le travail créée et en plein fonctionnement, 35,000 personnes s'adressant à l'Office, plus de 21,000 interventions directes et efficaces, près d'un million donné aux œuvres par l'intermédiaire ou sur les indications de l'Office central; dans le pays un mouvement considérable provoqué, qui tend à grouper, à harmoniser les efforts, à assurer un emploi plus judicieux des ressources charitables, de grandes villes fondant des Offices analogues à celui de Paris, des relations nouées avec les œuvres charitables importantes de l'étranger, une réciprocité de services assurée, en un mot, un foyer nouveau, un grand centre d'activité charitable créé et se développant tous les jours : voilà, Mesdames et Messieurs, le but que vous avez atteint depuis 1891.

Comment ces services rendus, qui sont incontestables, ne nous concilieraient-ils pas la faveur des pouvoirs publics? Comment ne nous obtiendraient-ils pas la reconnaissance légale que nous demandons en ce moment, et que réclame avec nous l'intérêt des pauvres?

Jusqu'à présent, nos rapports ont été excellents avec les diverses administrations publiques dont nous avons à demander le concours, ou auxquelles nos efforts peuvent être utiles. Il est évident que la mission de l'Office central ne peut pas s'accomplir malgré elles, il faut qu'elle s'accomplisse de concert avec elles. L'expérience de ces quelques années a prouvé, croyons-nous, d'une façon éclatante, que la politique est absolument bannie de notre œuvre et que l'impartialité la plus absolue préside à son fonctionnement. Celui qui frappe à notre porte n'a qu'une seule parole à prononcer : « Je suis un malheureux. » Cela suffit. Nous ne lui demandons pas ce qu'il pense, de quelles opinions, de quel culte il se réclame. Dès que son infortune est reconnue véritable, nous lui appartenons. Ces habitudes de scrupuleuse impartialité, cette large conception de l'exercice de la charité qui ont caractérisé l'Office central dès son origine, sont reconnues aujourd'hui par tous ceux qui sont en rapports avec lui, dans le monde officiel aussi bien que dans le monde des œuvres, parmi les bienfaiteurs comme parmi les pauvres. Il nous serait facile de vous en donner d'irrécusables témoignages.

. C'est donc pleins de confiance que nous nous
adressons au Conseil d'État pour solliciter la personnalité civile qui nous permettrait de recevoir des
libéralités testamentaires. Ce serait la consécration
définitive de l'œuvre à laquelle nous avons voué
nos efforts, la possibilité d'assurer son avenir. Il
semble que les événements qui se déroulent en ce
moment soient faits pour donner des titres nouveaux aux associations qui se préoccupent de ceux
qui souffrent, et que la puissance publique, envi-
ronnée de tant de menaces, ait un intérêt pressant
à s'assurer des points d'appui.

Quoi qu'il en soit, Mesdames et Messieurs, ces
événements doivent nous confirmer dans le sentiment que la tâche que nous accomplissons ici est
plus utile et plus nécessaire que jamais, au point de
vue social. Lorsque, en 1889, dans une conférence
où le programme de l'Office central a été exposé,
nous demandions votre concours, en appelant des
médiateurs, des pacificateurs entre deux armées en
présence et prêtes à en venir aux mains, — armées
dont l'une est le nombre et dont les colères unies
balayeraient les riches comme un fétu de paille, —
nous ne nous attendions certes pas à ce que la lutte
prît si vite un tel caractère d'acuité, nous ne nous
attendions pas à un tel déchaînement de haines.
N'est-il pas vrai de dire aujourd'hui qu'il n'y a plus
à s'attarder un instant, que le devoir nous presse?

Ce beau rôle de médiateurs, notre œuvre vous
donne l'occasion de le remplir tous les jours; elle
vous rapproche des malheureux, elle vous initie à

leurs douleurs, elle vous mêle à leur vie. Mais, aujourd'hui, il ne suffit plus d'ouvrir sa bourse. Il
faut qu'il ne reste rien de ces murailles que l'é-
goïsme et l'orgueil de la richesse ont élevées et qui
nous séparent des petits, des humbles, des misérables. Il faut aller vers eux résolument et avec un
sentiment d'amour. Il faut, selon la forte et juste
expression de Pascal, qui n'est qu'une parole de
l'Évangile, entrer dans l'âme du pauvre, s'occuper
de lui avec une sollicitude persévérante. C'est le but
que s'efforce d'atteindre l'Office central; car, s'il
s'est préoccupé de trouver le secret de faire donner
intelligemment et par cela même efficacement, il a
l'ambition plus haute de trouver le secret de faire
aimer ceux à qui l'on donne, sachant bien que c'est
en matière de charité surtout que le cœur a des
raisons que la raison ne connaît pas, et qu'il n'y a
de charité vraiment efficace que celle qui s'inspire
de lui.

CHAPITRE VI

L'introduction d'une meilleure méthode dans l'exercice de la charité privée jugée par les faits. — Nombre des visites de bienfaiteurs ou de pauvres reçus par l'Office central en 1894-1895 : 21,000. — Chiffre des interventions efficaces : 11,543. — Utile concours des enquêteurs volontaires. — Leur nombre augmente. — Causes et remèdes de la misère mieux étudiés. — Accroissement du nombre des bienfaiteurs confiant à l'Office central les libéralités dont ils le chargent d'être le dispensateur. — Bons résultats des avances au travail. — Remboursements répétés des avances faites. — Touchants et intéressants exemples. — Extension progressive des Œuvres d'assistance par le travail. — Organisation du Comité des Dames patronnesses de l'Office central. — Mᵐᵉ la Mⁱˢ Costa de Beauregard. — Leur dévouée et utile coopération à l'œuvre. — Grand diplôme d'honneur décerné à l'Office central par le jury de l'Exposition de Lyon. — Hommage rendu à M. Béchard, administrateur. — Créations nouvelles d'Offices de charité. — Projet d'organiser des assemblées générales annuelles où seraient représentés tous les Offices régionaux qui se constituent. — Sorte d'assises périodiques de la charité privée. — Modification du plan de l'enquête sur les œuvres. — Publication par fascicules et par départements. — Difficultés pratiques écartées. — Publication assurée. — Importance de ses résultats à divers points de vue : encouragement à la pratique du devoir social; — initiatives et libéralités stimulées; sujet de réconfortante fierté, s'il ressort de ce bilan de la charité française que nous sommes encore les maîtres dans l'art de faire le bien.

* L'année qui vient de s'écouler a été plus féconde encore que la précédente en résultats pour l'Office

* Rapport présenté le 7 juin 1895 à l'Assemblée générale de l'Office central.

central. Notre œuvre n'a pas cessé de progresser.
Et, pour affirmer aujourd'hui que notre action contribue de plus en plus à introduire une meilleure
méthode dans l'exercice de la charité, à coordonner
et à harmoniser ses efforts, c'est sur une expérience
positive que nous avons le droit de nous appuyer.

Je crois pouvoir rattacher à cinq groupes principaux de faits les résultats que j'ai mission de vous
exposer :

1° Renseignements sur les œuvres et sur les pauvres et intervention de l'Office auprès des œuvres
charitables; placement, rapatriement;

2° Assistance directe au moyen des ressources
dont la répartition est confiée à l'Office, et comptes
courants de la charité;

3° Développement de l'assistance par le travail;

4° Rayonnement de l'Office en France et à l'étranger;

5° Publication de l'enquête sur les œuvres charitables de la France.

⁎⁎

Il me suffira, Messieurs, pour vous permettre de
constater la progression constante des résultats obtenus, de rappeler que, lors de notre première assemblée générale, le nombre de cas dans lesquels
l'Office central était intervenu, figurait pour 4,521
dans le rapport. Neuf mille personnes, bienfaiteurs
ou malheureux, s'étaient adressées à l'œuvre. Cette
année, le nombre des interventions efficaces de l'Of-

14

fice s'élève à 11,543, le nombre des visites reçues à 21,000. Le chiffre total sera bientôt de 40,000 depuis la fondation.

Verbales ou écrites, les demandes de renseignements sur les œuvres se présentent sous les formes les plus variées. Il y en a auxquelles on répond par un mot; d'autres exigent des notes développées. Elles sont souvent provoquées par le désir de faire des libéralités, soit à titre de don manuel, soit par dispositions testamentaires.

L'Office a reçu, dans le cours de l'année, en moyenne 60 visites par jour, et près de 40 lettres par jour également, qui sont l'objet d'une réponse immédiate. Si l'on tient compte des recherches, des démarches, des enquêtes que nécessitent la plupart des demandes, on peut se faire une idée du surcroît de travail qu'impose au personnel de l'Office ce rapide développement.

Les demandes de renseignements sur les pauvres ont augmenté singulièrement. Elles sont de deux sortes. Les unes sont liées à des demandes d'admission dans les œuvres, demandes de rapatriement, etc.; les autres émanent de personnes qui expriment seulement le désir d'être éclairées sur tel ou tel indigent, et n'indiquent pas dans quel but le renseignement est sollicité. Dans le premier cas, on peut dire qu'il y a autant d'enquêtes que d'affaires traitées par l'Office central, puisque toute intervention de sa part est précédée d'une information. Et quant au chiffre des renseignements simples, c'est-à-dire de ceux qui appartiennent à la seconde catégorie, ils figurent, dans le total de 11,543, pour le nombre de 2,073, très supérieur à celui de l'an dernier.

Le résultat de ces enquêtes a donné lieu, de la part des personnes qui les ont provoquées, à des témoignages de satisfaction et de confiance, qui sont pour l'Office un encouragement précieux. Je pourrais en citer un grand nombre, dont les auteurs font autorité.

Il est évident que l'Office ne pourrait suffire à un travail aussi considérable s'il ne comptait que sur l'action de son personnel restreint. Le nombre des enquêteurs volontaires s'augmente fort heureusement, et le recrutement se fait parmi des hommes dont la compétence égale le dévouement.

De grandes administrations, des associations ont recours journellement à l'Office.

L'œuvre du Denier de la veuve et du vieillard, fondée sous les auspices de l'Association des journalistes parisiens, a donné lieu, à elle seule, à plus de mille enquêtes sur les pauvres.

Sollicité par les bienfaiteurs ou par les pauvres, l'Office met en mouvement, selon les cas, les œuvres charitables de Paris ou de la province. Il remplit véritablement son rôle de lien entre les œuvres en les amenant toutes à concourir au but qu'il poursuit.

L'Office a fait distribuer des secours par des œuvres de bienfaisance de toute nature à 4,624 indigents. L'année dernière ce chiffre était de 3,458. Nous sommes heureux de constater, à ce propos, que nos rapports avec l'administration de l'Assistance publique demeurent très bons, et nous apprécions de plus en plus les effets de cette entente. L'Office a fait ouvrir les portes des orphelinats, écoles professionnelles, maisons de préservation, etc., à 443 enfants; des asiles, maisons de retraite, hospices, etc., à 203 vieillards; — ces chiffres étaient précédemment de 339 et de 156. Il a reçu 900 demandes d'emplois. Un grand nombre ne pouvaient aboutir, par suite de l'âge du postulant, de son état de santé ou par suite des renseignements recueillis sur son compte. Le bon renom de l'œuvre exige une grande circonspection. 385 emplois ont été procurés directement; mais un bien plus grand nombre de postulants ont été recommandés ou ont reçu des indications utiles et n'ont pas donné de leurs nouvelles. L'Office a appris indirectement que, parmi ces derniers, 50 avaient été placés qui ne l'avaient point informé.

En présence de la difficulté très grande que rencontrent les placements, difficulté constatée par tous ceux qui s'occupent de ce service, l'Office se préoccupe de plus en plus de diriger hors de Paris les malheureux qui ont quelque chance de trouver du travail en province ou à l'étranger. Le nombre des rapatriements s'est élevé à 804. Il faut comprendre, il est vrai, dans ce chiffre les voyages d'un certain nombre de vieillards ou d'enfants placés en province.

Dans ces drames de la misère, dont le tableau se déroule tous les jours sous nos yeux, ce sont encore les veuves qui nous paraissent devoir exciter le plus d'intérêt. On ne peut envisager sans émotion des situations telles que celle de la veuve M..., par exemple, atteinte de bronchite tuberculeuse, chargée de cinq enfants, dont un très malade. Son mari s'est suicidé d'un coup de revolver, dans l'unique chambre occupée par la famille, et où ses enfants ont dû passer la nuit après ce tragique événement. La veuve S..., également atteinte de tuberculose, et qui a quatre enfants, a recueilli, en plus, un petit neveu de huit ans, orphelin; le fils aîné, tombé d'un troisième étage, est gravement blessé. La veuve K... accouche de son cinquième enfant au lendemain de la mort de son mari...

De quel prix est, dans ces cas-là, l'intervention rapide, dévouée, de l'Office, avec le concours de ses relations nombreuses, ses moyens d'action variés, ses combinaisons souvent ingénieuses, vous pouvez en juger.

Il y a peu de temps, un ancien instituteur adjoint, éprouvé dans sa santé, réduit à la misère, impuissant à faire vivre une famille nombreuse, menace, dans son affolement, de se tuer, et se jette en effet dans la Seine. Cette lâche désertion laisse Mme B... dans une situation désespérée avec sept enfants en bas âge. Un représentant de l'Office est auprès d'elle aussitôt. Il lui procure les secours urgents; secondé par des personnes généreuses, il fait admettre quatre de ses enfants par des œuvres diverses, amène des parents à se charger de deux autres enfants, rapatrie la mère chez des parents en

province où elle trouvera du travail et pourra vivre
avec l'enfant qui lui reste.

Il n'est pas moins douloureux de constater l'isolement, l'abandon, où se trouve parfois un vieux
ménage, tel que celui des époux M... (le mari a
quatre-vingt-quatre ans et la femme soixante-
treize), qui, ayant perdu leurs enfants, restent
seuls au monde, sans aucune ressource, pour élever
un petit-fils de six ans très malade.

Mais le grand pourvoyeur de la misère qu'il faut
dénoncer sans cesse, c'est l'alcoolisme. Sur les indications de la directrice communale d'un arrondissement de Paris, un représentant de l'Office
visitait récemment le ménage F..., composé des
parents et de cinq enfants. Le père gagnait 4 francs
par jour. Il buvait son salaire, et son retour à la
maison était signalé chaque jour par les scènes les
plus violentes. A force de souffrir et de pleurer, sa
femme devient folle. Au moment où le représentant
de l'Office central la visite, elle a une crise terrible.
Sa fille aînée, âgée de dix ans, prise de peur, se
précipite par la fenêtre : elle n'est que blessée,
heureusement. C'est le représentant de l'Office qui
fait les démarches immédiates pour faire enfermer
la pauvre folle et s'occupe des cinq orphelins,
mourant de faim. Les plaies et les haillons des deux
aînées exhalaient une odeur si insupportable,
qu'elles n'avaient pu être gardées en classe. Les démarches de l'Office les ont fait admettre dans un
hospice ; mais, comme elles appartiennent à la
Seine-Inférieure, non au département de la Seine,

il faut toute une négociation avec l'administration préfectorale de ce département pour arriver à faire adopter ces enfants. Qui se chargerait, Messieurs, de telles démarches, si ce n'est une institution comme l'Office central?

Je voudrais citer un dernier trait pour vous faire toucher du doigt l'utilité pratique de l'action de l'Office.

L... était infirmier dans une grande ville de l'Ouest. Poussé à bout par des tracasseries dont il est l'objet de la part de ses collègues, il abandonne sa place et vient à Paris pour y chercher du travail. Il n'en trouve pas, il ne connaît personne; sa détresse est absolue. Entré à l'église Sainte-Clotilde, par une journée glaciale, pour y prier, et peut-être aussi pour y réchauffer ses membres engourdis par le froid, son aspect désolé excite la pitié d'une dame, qui lui remet une petite pièce de monnaie, croyant lui donner dix sous. L... s'aperçoit qu'il a un louis d'or dans la main. Il court après la dame et lui signale son erreur. Touchée de cette action, Mme X... adresse L... à l'Office central qui le fait admettre aussitôt dans la maison de travail de l'avenue de Versailles, où sa conduite est parfaite et où l'on constate qu'il est digne d'un réel intérêt. Au courant de son histoire, l'Office correspond avec l'établissement que L... avait quitté. Sur ses instances, la réintégration de ce dernier dans son ancien poste est décidée. L..., rapatrié par les soins de l'Office, replacé dans des conditions où son avenir est assuré, est aujourd'hui l'homme le plus heureux du monde, et ses lettres témoignent de toute sa reconnaissance.

*
* *

Cette année a vu s'accroître encore le nombre des personnes qui confient à l'Office des libéralités dont elles le chargent d'être le dispensateur, soit avec des indications précises, soit en laissant une certaine latitude à l'administrateur de l'œuvre. C'est ainsi que 1,889 malheureux ont pu être secourus. Le chiffre était de 1,479 l'an dernier.

L'usage d'avoir une sorte de compte courant à l'œuvre tend, semble-t-il, à se généraliser avec le désir de plus en plus manifeste de placer intelligemment ses charités. L'Office peut ainsi remédier à d'affreux dénuements, tout en maintenant son principe qu'il n'est pas un bureau de secours et en n'inscrivant à son budget propre qu'une petite somme pour l'assistance urgente.

L'œuvre n'hésite pas non plus à persévérer dans la pratique de ce qu'elle nomme les avances au travail. Dans des cas déterminés, elle fait une avance pour l'achat d'un instrument de travail, d'une machine à coudre, ou pour d'autres dépenses qui seraient de nature à faciliter le retour à une situation stable, assurant la subsistance à un malheureux. Ce mot d'avance fait sourire. On nous a dit souvent que ce devait être seulement une manière délicate d'ôter au secours ce qu'il peut avoir d'humiliant et que les restitutions devaient être inconnues à l'Office central. Eh bien, Messieurs, voici une lettre que l'on m'adresse de Buenos-Ayres qui vous détrompera et qui vous prouvera que la confiance de l'Office est justifiée et sa pratique utile.

« Buenos-Ayres, le 10 janvier 1895.

« Monsieur le secrétaire général
de l'Office central ,

« J'ai eu l'honneur de vous rendre visite dans le courant de novembre 1893 : ma situation était alors critique et difficile.

« J'ai pu, grâce à des efforts surhumains, vaincre les mille difficultés que je rencontrais sur mon chemin. Je suis aujourd'hui à l'abri du besoin et dans une situation qui me permet d'envisager l'avenir avec plus de tranquillité.

« Je n'ai pas oublié l'aide qui m'a été donnée à cette époque et suis heureux de vous remettre sous ce pli une petite somme de 30 francs qui vous permettra, je l'espère, de reporter le service qui m'a été rendu, sur quelque pauvre honteux comme je l'étais alors.

« Veuillez..., etc. »

Hier nous recevions de Paris une lettre analogue accompagnée d'un bon sur la poste.

Quant au chiffre des libéralités qui ont passé par les mains de l'Office pour aller aux pauvres ou aux œuvres, il s'est élevé à près de 70,000 francs pendant cet exercice.

Je n'ai plus à revenir sur le rôle que l'Office a
joué dans la création de la maison de travail pour
les hommes et dans la fondation de l'OEuvre du
travail à domicile pour les mères de famille.

Depuis le jour où l'Office central a été fondé, ses
efforts ont eu pour objet de procurer du travail aux
indigents valides, temporairement sans ouvrage, et
dénués de ressources. Il a voulu éviter de subventionner l'oisiveté, et, selon une expression pittoresque, d'arroser la misère et de la faire fleurir.

Je dois me borner à signaler ce qui a été fait pour
développer ces œuvres et assurer leur avenir, et
vous informer sommairement des résultats obtenus
depuis la dernière assemblée générale. Désormais
tous les renseignements qui se rattachent à l'Hospitalité du travail seront l'objet d'un rapport distinct,
puisque aussi bien il s'agit d'une œuvre distincte,
et ce rapport entrera dans des détails que ne comporte pas le présent exposé.

L'œuvre de l'Hospitalité comprend, vous le savez, trois branches : la maison de travail pour les
femmes, la maison de travail pour les hommes
et l'œuvre du travail à domicile pour les mères
de famille. Elle comprenait en outre un atelier
typographique pour les jeunes filles; mais cet
atelier, qui fonctionnait parfaitement, a dû être supprimé par suite de la mise en liquidation de l'imprimerie dont il dépendait. Il va être remplacé par

un atelier de couture pour les jeunes filles, où elles
seront en même temps préparées aux travaux du
ménage.

Comme l'œuvre de l'Hospitalité a un exercice qui
finit au 31 décembre, je parlerai de l'année 1894 et
des quatre premiers mois de 1895. La maison destinée aux femmes sans ouvrage a recueilli dans
l'année 3,202 femmes occupées à des travaux de
blanchissage et de couture représentant 39,807 journées de travail, soit une moyenne de séjour de
douze jours et demi. Sur ce nombre 79 pour 100
ont été placées sur les indications de l'œuvre, ou se
sont placées elles-mêmes; 2 pour 100 ont quitté
Paris et ont été rapatriées; 14 pour 100 sont des
clientes habituelles des œuvres de charité; 5 p. 100
ont disparu sans que l'on sache ce qu'elles sont devenues.

Grâce à une libéralité nouvelle de M. le comte de
Laubespin, les charges de l'œuvre de l'Hospitalité
vont se trouver allégées, par suite du rembourse-
ment d'une dette qui avait été contractée, lors de la
création de la maison de travail pour les femmes.
Je reviendrai sur l'intervention de M. de Laubespin.

Dans le courant de l'année, 1,106 hommes ont été
occupés par la maison de travail, avec un salaire de
2 francs par jour, à des travaux de menuiserie, cardage de matelas, pliage de linge, etc., ce qui représente 13,008 journées de travail, soit une
moyenne de seize jours. Sur ce nombre, 37 pour
100 ont été placés sur les indications de l'œuvre,

ou se sont placés eux-mêmes; 35 pour 100 sont des clients habituels des œuvres de charité, soit par suite de leur âge, soit par suite de leur santé plus ou moins délabrée; 27 pour 100 ont disparu sans que l'on sache ce qu'ils sont devenus.

Je suis heureux de pouvoir constater, comme dans le rapport précédent, qu'un ordre parfait a constamment régné dans les ateliers.

Les hospitalisés de 20 à 30 ans sont au nombre de 186; de 30 à 50 ans, au nombre de 584; de 50 à 70 ans, au nombre de 273. On a compté : célibataires, 485; mariés avec enfants, 292; mariés sans enfants, 79; veufs sans enfants, 83; avec enfants, 105.

Les ouvriers appartenant à des industries diverses, fer, cuir, vêtements, alimentation, etc., sont au nombre de 592; les journaliers, de 230; les employés, de 250; les professions libérales, de 15; sans profession, 19; 171 hospitalisés seulement appartenaient à l'industrie du bois.

Dans les quatre premiers mois de 1895, 977 femmes ont été hospitalisées, représentant 13,322 journées de travail et une moyenne de séjour de treize jours. La moyenne des placements a été de 80 pour 100.

La maison de travail pour les hommes a reçu, dans la même période des 4 premiers mois, 443 hommes représentant 5,369 journées de travail et une moyenne de séjour de dix-sept jours. La moyenne des placements a été seulement de 25 pour 100 pendant les grands froids où les travaux étaient arrêtés; elle s'est relevée et a atteint 34 pour 100.

La situation financière de ces œuvres est satisfaisante.

L'OEuvre du travail à domicile pour les mères de famille a pris une rapide extension.

Pendant l'année 1894, 527 mères de famille ont reçu du travail et ont touché en salaires plus de 40,000 francs. Dans les premiers mois de 1895, 218 femmes ont reçu du travail et 20,000 francs en salaires. Si les autres mois de l'année devaient leur ressembler, le chiffre des salaires payés atteindrait 60,000 francs.

Ce qu'il faudrait à cette œuvre, c'est un instrument d'écoulement rapide pour ses produits, afin d'éviter les immobilisations de fonds qui ne permettent pas d'en multiplier les bénéficiaires autant qu'on le voudrait. M. le comte d'Haussonville a plaidé sa cause devant l'opinion publique avec son talent accoutumé et avec ce sentiment si délicat des choses de la charité qui l'anime et qui fait que son lecteur est vite conquis. De nombreuses souscriptions, dont le chiffre s'élève à près de 30,000 francs, ont répondu à son appel. Nous devons lui en témoigner notre reconnaissance et remercier en même temps le journal *le Figaro* qui a bien voulu nous prêter le concours de sa grande publicité.

Je n'ai plus rien à ajouter à ce que j'ai dit précédemment de la sœur Saint-Antoine. Les faits parlent plus haut que les éloges. Je dois dire cependant qu'elle a reçu de l'Exposition universelle de Lyon une médaille d'or, juste hommage rendu à ses services.

En résumé, Mesdames et Messieurs, l'œuvre de l'Hospitalité a fourni un appui, du travail et un salaire, dans l'année, à près de 5,000 personnes des deux sexes, exactement 4,835.

Un point de notre programme restait à remplir en ce qui touche la maison de travail pour les hommes : la création d'une hôtellerie appartenant à l'œuvre et destinée à recevoir les hospitalisés pendant la nuit. En ce moment ces hommes sont envoyés dans les hôtelleries voisines, choisies avec autant de soin que possible, et ils reçoivent un bon de logement. L'Office a reçu un don qui lui permet d'assurer pour trois ans, à l'œuvre de l'Hospitalité, la location d'une maison qui serait appropriée en vue de cette destination.

C'est encore à M. et à Mme de Laubespin qu'est dû ce nouveau bienfait. Et puisque je prononce ce nom vénéré, qu'il me soit permis de demander à cette assemblée de s'associer à l'hommage que vient de rendre la Société d'encouragement au bien à M. le comte de Laubespin, en lui décernant la plus haute de ses récompenses, une couronne civique, et en rappelant à cette occasion que M. le président du Sénat, du haut de la tribune, résumait il y a peu de jours la carrière de M. de Laubespin dans ces mots : « courage, fidélité politique, simplicité dans la vie, munificence et charité! »

Nous ne saurions, Messieurs, témoigner assez de gratitude aux bienfaiteurs généreux qui nous permettent, chaque année, d'étendre, de compléter, de perfectionner ce que j'ai appelé notre outillage

charitable. Je dois citer parmi ces bienfaiteurs :
M. Fernand Bartholoni, qui a fait un don de 10,000
francs à l'Office central; Mme Halgan, qui a donné
5,000 francs pour une des œuvres de l'Hospitalité;
M. Brueyre, au nom d'un ami anonyme, 4,000 francs.

Mais ces libéralités si belles peuvent ne pas se renouveler, et l'Office a besoin de pouvoir compter sur
des ressources normales. La vente annuelle de charité semble prendre ce caractère. Elle devient une
institution. Nous nous en félicitons pour notre budget. Nous devons ce résultat aux merveilles de zèle,
d'ingéniosité charitable qu'accomplissent nos dames
patronnesses présidées par Mme la marquise Costa de
Beauregard qui est l'âme du comité.

La presse a continué à nous seconder avec une
bienveillance qui mérite d'être signalée et remer-
ciée. Plusieurs journaux, *le Figaro, les Débats, le
Gaulois, le Matin, le Soleil du Dimanche*, ont en-
carté une notice sur l'œuvre qui est parvenue ainsi
à chacun de leurs lecteurs parisiens.

* *

Vous savez, Messieurs, par nos rapports antérieurs, que l'exemple donné par l'Office central a
suscité la création d'œuvres analogues dans diverses
régions de notre pays. Si le mouvement ne se ralentit pas, c'est qu'il répond à un besoin réel.

Nous avons lieu d'espérer que très prochainement aux Offices de Marseille et de Bordeaux qui
existent déjà viendront s'ajouter ceux de plusieurs

autres villes. M. Sabran, dont vous connaissez tous le nom et la juste autorité dans les questions charitables, nous a fait l'honneur de nous demander de considérer l'Office de Lyon comme une filiale de celui de Paris. Lille fait de même.

Je ne saurais parler de Lyon sans faire mention de la récompense si flatteuse dont l'Office central a été l'objet de la part du jury de l'Exposition universelle qui a eu lieu dans cette ville. L'Office central a reçu un grand diplôme d'honneur, c'est-à-dire la plus haute récompense, et il en est justement fier. Le jury de l'Exposition de Lyon a accordé une autre récompense encore à laquelle, je n'en doute pas, vous applaudirez tous. Il a donné une médaille d'or à notre administrateur M. Béchard. Vous savez avec quelle ardeur M. Béchard se dévoue à sa tâche si difficile et vous avez pu apprécier quelle part lui revient dans les résultats obtenus.

Nous continuerons, Messieurs, à aider de tous nos efforts les promoteurs de nouveaux Offices dans les grandes régions du pays, et bientôt nous demanderons au président ou au représentant autorisé de chacun d'eux qu'il veuille bien siéger dans le conseil d'honneur institué par une décision récente.

Cette assemblée n'aurait pas à nos yeux une existence purement nominale. Elle se réunirait, à certaines époques, au siège de l'Office central pour délibérer avec les membres de son conseil. Peut-être pourrions-nous emprunter de la sorte aux États-Unis ces assises périodiques de la charité, qui ont été si utiles déjà et qui permettent à des hom-

mes animés des mêmes préoccupations de se connaître, de se rapprocher, de se grouper (1). Aux
États-Unis, les opinions les plus diverses sont représentées au sein de ces réunions; l'évêque catholique
y siège à côté des hauts dignitaires des églises protestantes, et néanmoins aucune âpreté dans ces débats, tout le monde poursuit un seul but : s'éclairer
réciproquement afin d'arriver à la connaissance des
meilleurs moyens de soulager le pauvre. Qui sait,
Messieurs, si les lumières apportées par ses délibérations communes sur les questions relatives à la
misère, aux souffrances de toute nature et aux remèdes qu'elles comportent, ne s'étendraient pas à
d'autres sujets et ne contribueraient pas à inspirer
des vues plus justes sur toutes choses et un sentiment plus sincère d'union?

Je n'insiste plus sur les relations que nous entretenons avec les Offices qui existent en Angleterre et
aux États-Unis. Elles sont toujours ininterrompues
et excellentes.

Des informations continuent à nous être demandées de l'étranger, pour la fondation de nouveaux
Offices, et cela des points les plus opposés : de Russie,
de Belgique, de Hollande, d'Italie, d'Espagne, on
s'est adressé à nous. Nous vous annoncions l'an
dernier que nous prêtions notre concours à la création d'un Office à Helsingfors en Finlande. Cet Office
fonctionne parfaitement et nous tient au courant
de ses progrès. Il a déjà plus de 800 membres.

(1) Cf. *Les Congrès nationaux d'assistance et de répression
aux États-Unis*, par Léon Lallemand, correspondant de l'Institut.

15

*
* *

Nous vous avons entretenus plus d'une fois, Messieurs, de notre projet de publier les résultats de l'enquête que nous poursuivons sur les œuvres charitables de France, enquête dont les informations successivement recueillies sont utilisées, chaque jour, par l'Office central pour l'accomplissement de sa mission.

Cette grande entreprise rencontrait jusqu'à présent deux difficultés sérieuses : la première provenait de la méthode que nous avions adoptée et, par suite de cette méthode, de la lenteur avec laquelle les renseignements étaient recueillis; la seconde résultait du chiffre élevé de la dépense que comportent la rédaction, l'impression et la publication d'un ouvrage aussi étendu, par rapport aux ressources dont nous disposons.

Notre premier projet était de publier la nomenclature des œuvres charitables de France en les classant, selon leur nature, par catégories, en séparant les œuvres qui concernent l'enfance, l'âge adulte, la vieillesse. Or il était très malaisé d'obtenir de tous les départements dans le même moment les renseignements relatifs à telle ou telle catégorie d'œuvres. Il suffisait de quelques départements en retard ou récalcitrants, pour tenir en échec le travail tout entier et empêcher l'envoi à l'impression de telle partie spéciale de l'enquête. Des mesures récentes et des circonstances favorables, et par-dessus tout l'inappréciable concours d'un directeur de ce service, M. Fernand Giraudeau, qui s'y est donné corps et âme, ont résolu les difficultés que je viens de signaler.

Notre méthode a été modifiée. Nous nous sommes décidés à publier les résultats de l'enquête dans une suite de fascicules distincts, embrassant chacun les œuvres de toute nature d'un département et constituant une unité. L'impression peut se faire ainsi au fur et à mesure de l'avancement des travaux de l'enquête, sans tenir compte d'un ordre spécial.

Chaque département se trouve doté d'un annuaire de ses institutions de bienfaisance et de prévoyance. Les épreuves des fascicules, envoyées à un certain nombre de correspondants dans le département qui va paraître, pourront être contrôlées facilement, les erreurs et les omissions réparées.

Enfin, cette publication par fascicules terminée, un second ouvrage serait édité, renfermant l'indication de toutes les œuvres classées selon leur nature et leur objet avec des renvois à l'Annuaire du département auquel elles appartiennent.

En mesure de procéder rapidement, grâce à cette méthode nouvelle, il restait à résoudre le problème de la dépense. Une maison qui tient un des premiers rangs parmi les éditeurs parisiens et je pourrais dire européens, la maison Plon, dont le chef si distingué vient de disparaître, au milieu des regrets unanimes, en laissant des successeurs dignes de lui, la maison Plon, dis-je, veut bien nous donner son concours et nous avons sujet de croire qu'elle se chargera de tous les frais de l'édition. C'est donc, Messieurs, avec le ferme espoir de mener à bonne fin et rapidement la grande entreprise qui nous tenait tant à cœur, que nous vous en parlons aujourd'hui, en terminant ce rapport.

Plus que jamais nous sommes persuadés que ce serait un grand service rendu au pays et un grand honneur pour l'Office central.

Ce tableau d'ensemble qui mettrait en lumière toutes les richesses charitables de la France, tout ce que la pitié a su inspirer, tout ce que l'amour du pauvre a réalisé, ne contiendrait pas seulement d'utiles indications pratiques, il ne se bornerait pas à signaler les lacunes ou les doubles emplois et à montrer de quels côtés et sur quels points doit porter l'effort. Ce serait la plus décisive des réponses aux détracteurs aveugles de notre société. Ce serait aussi le spectacle le plus réconfortant, le mieux fait pour exciter à la pratique du devoir social et pour faire honte aux découragements. Nous n'hésitons pas à croire, pour notre part, que ce vaste inventaire, que ce bilan de la charité française établirait que, malgré les symptômes alarmants révélés par notre état social, nous conservons encore, au milieu de tous les peuples du monde, la plus enviable des supériorités, que notre nation est encore celle vis-à-vis de laquelle l'humanité contracte chaque jour la plus grosse dette, et que nous pouvons, en un mot, avoir la légitime ambition de rester les maîtres dans l'art de faire le bien.

CHAPITRE VII

L'Office central est reconnu, par décret du 5 juin 1896, d'utilité publique. — Avec l'expérience, il approprie de plus en plus son fonctionnement aux besoins auxquels il doit répondre. — Sa double fonction se dégage et se précise sous la pression des faits : rapprocher ceux qui souffrent de leur propre misère et ceux qui souffrent de la misère des autres. — Depuis sa création, 80.000 personnes se sont adressées à lui. — Nouveaux efforts faits pour utiliser les ressources charitables dans le pays entier et faciliter à Paris l'accès de l'Assistance publique et des ressources dont elle dispose. — Consultations de plus en plus nombreuses données par l'Office, à l'occasion de la fondation d'œuvres nouvelles, pour les diriger dans un sens pratique, pour éviter les écueils. — Achèvement du recensement général et méthodique des œuvres charitables et des principales institutions de prévoyance établies en France. — Publication de cette grande enquête. — Un volume spécial consacré aux œuvres de la capitale, sous le titre de : Paris charitable et prévoyant. — Les Offices se multiplient en province. — Le même mouvement tendant à grouper, à harmoniser les efforts, se généralise à l'étranger. — Extension croissante de l'œuvre de l'Hospitalité du travail. — Elle a donné un salaire à plus de cinq mille malheureux des deux sexes dans l'année écoulée. — Visite à l'Œuvre du Président de la République. — Coup d'œil rétrospectif sur les résultats obtenus par l'Office central depuis sa fondation en 1890.

L'événement le plus considérable qui se soit produit pour l'Office central dans le cours de cette année est la signature par M. le président de la

Rapport présenté le 8 juin 1896 à l'Assemblée générale de l'Office central.

République du décret qui reconnaît à notre œuvre la personnalité civile.

Sans la reconnaissance légale, impuissants à recevoir des libéralités testamentaires et à poursuivre de longs desseins, nous restions à la merci de vicissitudes de toutes sortes et nous étions exposés à mener une vie précaire.

Nous avons donc sujet de remercier le gouvernement d'avoir, par cette mesure, consacré définitivement l'existence de l'Office central et assuré son avenir.

C'est à l'user seulement qu'une œuvre prend son caractère définitif et approprie son fonctionnement aux besoins auxquels elle se propose de répondre; car le public lui-même dont elle doit être le serviteur, la façonne, la simplifie, l'unifie, et rend son action véritablement pratique et féconde. Ainsi en a-t-il été de l'Office central, dont nous inaugurons la septième année.

Sous la pression des faits, sa double fonction se dégage et se précise de plus en plus nettement : faire connaître les œuvres et les relier entre elles, faire connaître les pauvres et les rapprocher des bienfaiteurs, rapprocher, en un mot, ceux qui souffrent de leur propre misère et ceux qui souffrent de la misère des autres.

L'Office central a reçu dans le cours de l'exercice dont je vais exposer les résultats 30,540 visites; depuis son origine, il en a reçu plus de 80,000. Que venaient lui demander ces visiteurs? Il n'est pas inutile de le rappeler. Les bienfaiteurs réclamaient l'indication de l'œuvre qu'ils ignoraient le plus souvent et qui était faite spécialement pour secourir l'infortune à laquelle ils s'intéressaient; l'intervention de l'Office pour provoquer une admission parfois difficile et lente; la certitude que le pauvre qui excitait leur pitié était sincère et digne d'appui; l'indication de la forme la meilleure, la plus prompte à donner au secours; ou bien encore des informations concluantes sur la valeur d'une institution à laquelle on se proposait de faire, soit un don manuel, soit une libéralité testamentaire; ou sur les conditions pratiques dans lesquelles pourrait être réalisé un projet de fondation charitable : orphelinat, colonie agricole, maison de travail, asile pour les vieillards, etc. Les uns demandaient à l'Office de leur signaler les misères les plus dignes de compassion, pour les visiter eux-mêmes et les secourir; les autres, que leurs occupations, leurs devoirs, leur santé, leurs séjours prolongés loin de Paris, empêchent de visiter les pauvres, demandaient que l'Office se substituât à eux, pour réaliser en leur nom le bien qu'ils ne pouvaient faire, et lui confiaient dans ce but des sommes destinées à être réparties en secours de toute nature.

Parmi les pauvres, les valides, sans ouvrage et sans ressources, demandaient du travail, une assistance temporaire, un emploi; les invalides, malades, infirmes, enfants, vieillards, s'informaient de l'œuvre qui pourrait les secourir, sollicitaient le concours de l'Office pour s'en faire ouvrir la porte, pour obtenir l'appui d'un bienfaiteur que leur infortune devait attendrir, d'autres demandaient à être envoyés en province, à l'étranger, dans les colonies, bénéficier d'une aide ou d'une situation qui les attendait.

A la suite de démarches de ce genre, dans le cours du présent exercice (du mois de mai 1895 au mois de mai 1896), l'Office a eu occasion d'intervenir en faveur de 16,504 malheureux; il en a fait secourir par des œuvres diverses de bienfaisance 5,776; il est venu lui-même en aide, moyennant les fonds qui lui avaient été confiés ou par ses ressources propres, ou bien en fournissant de l'ouvrage ou des instruments de travail, à 5,703 personnes; il a procuré ou indiqué 381 emplois; il a placé 403 orphelins, 234 vieillards dans les asiles et envoyé en province 1,034 personnes. La règle fondamentale, posée dès nos débuts, et à laquelle nous nous efforçons de demeurer fidèles, autant que possible est celle-ci : L'Office n'est point fait pour assurer aux pauvres des secours journaliers et indéfiniment renouvelés; son rôle en ce cas est de provoquer l'action des œuvres spéciales fondées dans ce but. Sa préoccupation constante doit être de procurer des *solutions*, fût-ce au prix de grands efforts, et, pour employer une formule que nous avons citée plus d'une fois, de mettre le malheureux qui reçoit des secours journaliers, lesquels ne résolvent rien, à même de s'en passer.

Le service des renseignements de l'Office sur les œuvres et sur les pauvres fonctionne dans les conditions les plus pratiques et les plus régulières. Il est fait à la fois par des enquêteurs appointés et par des enquêteurs bénévoles.

L'Office possède des milliers de fiches qui résument, à peu de choses près, l'état civil actuel des misérables à Paris. Les enquêteurs bénévoles, recrutés parmi les hommes les plus expérimentés en matière de charité et les plus dévoués, forment, dans l'œuvre, une commission qui se réunit tous les mois, et dont les membres échangent leurs observations et leurs vues sur les pauvres dont s'occupe l'Office, signalent les cas de misère exceptionnels, et notamment les misères cachées qui sont l'objet de nos recherches et de notre sollicitude particulière; enfin donnent leur avis sur le degré d'intérêt que méritent les malheureux, sur le choix des remèdes appropriés à leur cas, sur les doubles emplois et sur les exploitations à déjouer. Près de 3,000 enquêtes spéciales ont été faites, en dehors des consultations journalières que l'Office a pu donner verbalement, en se référant à ses dossiers et à ses fiches.

Nous avons dû entreprendre et poursuivre plus de 1,000 enquêtes sur les pauvres pour une seule œuvre : celle du Denier de la veuve et du vieillard, fondée sous les auspices de l'association des journalistes parisiens, et dont le président est, comme vous le savez, M. Alfred Mézières.

L'association des journalistes parisiens elle-même s'adresse souvent à l'Office. Son dernier rapport, présenté à l'assemblée générale du 20 mars par

M. Joseph Denais, en appelant l'Office central une des plus belles et des plus importantes institutions de ce temps, le remerciait de son concours et constatait que, grâce à cette coopération, elle avait pu écarter le faux nécessiteux, ces parasites de la bienfaisance.

Vous savez par nos rapports antérieurs que plusieurs administrations publiques font également leur profit de nos informations.

En un mot, l'organisation que l'Office met au service du public est telle qu'il ne reste plus, pour une personne qui se déclare disposée à faire la charité et qui ne la fait point, aucun prétexte à invoquer. Soit que l'on veuille se mettre directement en rapport avec les pauvres et être dirigé vers les plus dignes de secours, soit que l'on ait besoin d'un intermédiaire, d'un mandataire auprès d'eux, soit que l'on désire placer définitivement des malheureux, procurer une assistance temporaire ou du travail, qu'il s'agisse d'un pauvre rencontré dans la rue ou d'une infortune connue et éprouvée, on rencontre à l'Office central des concours qui correspondent à chaque situation.

Tout adhérent à l'Office central est en droit de réclamer un carnet de renseignements, à souche, et il lui suffit d'en détacher un feuillet, d'y inscrire le nom et l'adresse du pauvre vrai ou faux et de le faire parvenir à l'administrateur de l'œuvre, 175, boulevard Saint-Germain, pour mettre aussitôt l'Office en mouvement. En lui confiant une somme destinée à être distribuée, on est certain de faire parvenir le secours rapidement et sûrement.

Chaque déposant, sur son désir, est renseigné périodiquement et d'une manière détaillée sur l'emploi des fonds portés à son compte courant de charité. Parlant de cette organisation, un écrivain des plus distingués de la presse parisienne a bien voulu dire que « c'était une des meilleures manières de résoudre le problème d'une si grande importance qui se pose devant quiconque s'intéresse aux œuvres : c'est-à-dire rendre la charité efficace, en ne soulageant que les vrais pauvres, faire arriver le secours où il doit arriver, en temps opportun, et sous la forme la plus pratique ».

*
* *

Mais ce ne sont pas seulement les ressources de la charité privée que l'Office permet d'utiliser, à Paris et en province, dans des conditions absolument nouvelles. Il n'est pas téméraire de soutenir que son intervention à Paris simplifie, facilite l'accès de l'Assistance publique et des ressources dont elle dispose.

Un de nos agents est en rapports journaliers avec les différents services de cette grande administration, et il n'a, d'ailleurs, qu'à se louer de ces rapports. L'Assistance publique est tenue d'exiger bien des justifications et d'imposer à ses innombrables solliciteurs des formalités sans lesquelles l'exploitation n'aurait pas de bornes. On les lui reproche souvent ; mais peut-être lui reprocherait-on encore plus l'absence de contrôle. Seulement ces formalités, il faut bien le dire, constituent pour les malheureux, dans certains cas, une source de complications qui suppriment l'opportunité du secours et arrivent à le rendre stérile. C'est ici que l'alliance de l'initiative individuelle, de l'association libre et de l'action publique, c'est-à-dire de l'État, joue un rôle important, et constitue, à vrai dire, la solution du problème.

Je ne citerai qu'un exemple.

Séduite, puis abandonnée, une pauvre jeune femme de vingt-deux ans, Marie P..., était admise il y a quelques mois à l'hospice de la Maternité, où elle accouchait. Ensuite elle était envoyée en convalescence à l'asile de Fontenay, mais elle n'y était gardée que peu de jours. Rentrée à Paris, faible, sans ressources, avec son enfant malade, elle trouvait un peu d'aide auprès de gens aussi pauvres qu'elle, qui lui donnaient le lait pour nourrir son bébé; on lui conseilla de demander un secours à la mairie de son arrondissement; mais les mairies n'avaient pas encore reçu, au mois de janvier, les bons de logement ou de vivres pour l'hiver 1895-1896.

Alors, elle s'adressa au commissaire de police. Hélas! le magistrat n'y pouvait rien.

Elle se rendit aux bureaux de l'Assistance publique, tenant dans ses bras son enfant que protégeaient mal contre le froid quelques minces fichus de laine; elle sollicita les secours qu'on accorde aux filles-mères.

« Il faut un certificat; allez le chercher à la

mairie de l'arrondissement où vous avez reconnu votre enfant. »

Marie P... prit le chemin du XX⁰ arrondissement. A la mairie, elle attendit une heure, deux heures :

« Ce n'est pas ici qu'il faut retirer le certificat, lui répondit-on enfin; c'est à la mairie de l'arrondissement où vous habitez maintenant. »

De la place des Pyrénées, toujours à pied, car elle n'avait même pas l'argent de l'omnibus, et ne pouvant réchauffer son enfant qui grelottait, elle courut à la mairie de son arrondissement; mais là, il était trop tard; le bureau était fermé. « Revenez demain. » Elle rentra, exténuée, dans la petite chambre qu'elle devait à la charité d'un hôtelier de la rue de Malte; le lendemain, en s'éveillant, elle trouvait son enfant mort de froid à ses côtés (1).

Si la pauvre femme avait pu être adressée à l'Office central, ne sommes-nous pas fondés à dire que ce malheur eût été évité? Tous les renseignements lui eussent été donnés; plusieurs démarches eussent été faites pour elle. Elle obtenait un secours d'attente et était admise momentanément dans l'une des œuvres auxquelles nous avons coutume de nous adresser.

* *

Il convient d'insister sur un genre de service qui, depuis quelque temps, est de plus en plus demandé

---

(1) Ce fait a ému la presse parisienne et a été rapporté en particulier par *le Temps*.

à l'Office : je veux parler des conseils, des lumières, que désirent avoir certaines personnes généreuses, disposées à prendre l'initiative d'une fondation qui répond à leurs aspirations, ou qui sont saisies par des tiers d'un projet pour la réalisation duquel leur coopération, leurs capitaux, sont sollicités.

Ces cas deviennent fréquents, et nous ne pouvons qu'être flattés de la confiance qui nous est témoignée.

Généralement, quand il s'agit de projets importants, le conseil de l'Office nomme, pour les étudier, une commission composée de quelques-uns de ses membres, et il fait appel en même temps à des personnes qui veulent bien prêter le concours de leur compétence spéciale, de l'autorité dont elles jouissent dans les questions à traiter.

Des études approfondies ont eu lieu ainsi, de véritables mémoires ont été rédigés, des conclusions précises formulées, et l'Office a pu, soit diriger dans un sens pratique certaines fondations, soit signaler les obstacles, les difficultés financières, les entraînements que d'autres comportaient et en détourner les promoteurs ou les bienfaiteurs, dont la gratitude ne lui a pas fait défaut. Plusieurs projets sont, en ce moment même, à l'étude dans ces conditions : la création d'un orphelinat industriel dans un beau domaine, généreusement offert, dans le département de l'Aube; l'installation d'un asile, d'une maison de retraite, dans une propriété située aux environs de Paris; la création d'un asile de vieillards dans une autre propriété située dans le département de l'Oise; l'organisation d'un bureau d'expatriation et de colonisation. Si l'Office aide de toutes ses forces à ces fondations, il ne se charge pas, vous le savez, de les administrer, et il entend leur laisser une vie propre, autonome.

J'ai hâte de constater que si l'on s'adresse à l'Office pour mettre à profit ses consultations, on veut bien songer à lui également pour accroître ses moyens d'action qui se multiplient de la sorte constamment.

De généreux bienfaiteurs lui ont assuré la disposition de lits à Villepinte.

Le journal *le Figaro* a mis à son service douze lits au sanatorium de Dax. J'ajoute que ces lits sont déjà occupés. L'Office a proposé vingt et un candidats; les médecins du sanatorium les ont examinés au siège de notre œuvre et en ont choisi onze.

Nous devons de nouveaux remerciements au *Figaro*.

Signaler au public notre bonne organisation, dire, avec une bienveillance dont nous sommes touchés, « qu'il n'y a point de difficulté que l'on ne surmonte, en s'appuyant sur une administration comme celle de l'Office central », c'est donner à notre personnel si dévoué un puissant encouragement.

Il est certain, je l'ai dit déjà et j'y insiste, que, surtout depuis le développement pris par notre œuvre, il faut que ce personnel, encore très restreint, fasse preuve d'une activité extraordinaire pour répondre à ce que le public attend de lui. Sa tâche et ses responsabilités deviennent chaque jour plus lourdes. Il doit à l'exemple donné par notre administrateur, M. Béchard, de remplir sa mission comme il le fait. On ne saurait pousser plus loin le zèle et la bonté. On dirait que M. Béchard a toujours présente à l'esprit cette parole d'un grandpoète :

Quand on n'est pas trop bon, on ne l'est pas assez.

*
* *

Au début de ce rapport, j'ai parlé de la double fonction de l'Office central. Il y en a une, vous le savez, qui était entièrement subordonnée, dans son accomplissement, à ce recensement général et méthodique de toutes les œuvres charitables établies en France, dont nous vous avons entretenus l'an dernier tout spécialement. Nous ne pouvions évidemment faire connaître les œuvres, entrer en rapport avec elles, utiliser au profit de notre croissante clientèle les ressources de toute nature dont elles disposent, si nous ignorions l'existence, le nom même des institutions innombrables que la charité chrétienne ou le sentiment de l'humanité ont si merveilleusement suscitées au milieu de nous. Pour donner une cohésion à la dispersion de tant d'efforts généreux, pour centraliser le capital flottant de tant de bonnes volontés, il fallait, avant tout, en dresser l'inventaire.

Or, nous avons la grande satisfaction de vous annoncer que ce but est atteint. Au prix de quels efforts, de quelles difficultés, vous ne l'ignorez pas et je n'y reviens plus. La tâche était immense; il semblait qu'elle dépassât les forces et les moyens d'action d'une entreprise privée et qu'il appartint plutôt à la puissance publique de la réaliser.

Nous aurions pu conserver les résultats de l'enquête dans les cartons de l'Office central. Nous avons tenu à les livrer au public. Nous étions pressés de mettre en lumière ce qui fait l'honneur d'une nation, je veux dire la solidarité intelligente et affectueuse qui en relie les différents membres; de stimuler, par la contagion de l'exemple, l'initiative individuelle et la générosité publique; et par-dessus tout, de rendre plus efficace, en la faisant connaître à tous, l'assistance qui, sous des formes multiples et infiniment ingénieuses, s'adresse à tous les besoins et à toutes les misères sur tous les points de notre France.

L'enquête a été faite dans tous les départements. Les premiers fascicules ont paru; le tirage existe pour trente-deux; d'autres sont à l'état d'épreuves et soumis à une dernière revision de la part de nos correspondants locaux. Je serai certainement votre interprète en rendant hommage au dévouement de M. Giraudeau dont le nom est désormais inséparable du succès de l'enquête, et en témoignant à la maison Plon qui nous a donné un si utile concours, l'expression de notre gratitude.

Nous sommes persuadés que vous voudrez tous souscrire à cette publication; le prix en est peu élevé, relativement au nombre des fascicules départementaux et à l'importance du volume. Il suffit de vous adresser à l'Office central ou directement à

16

la maison Plon, rue Garancière. Cet ouvrage devra se trouver dans toutes les préfectures, dans les mairies, dans les bureaux de bienfaisance, dans les presbytères, entre les mains des magistrats, de tous ceux qui, à un titre quelconque, s'occupent des malheureux, ont à les renseigner et doivent faire en sorte qu'il n'y ait, dans notre pays, aucune force perdue pour la charité.

Que nos zélés correspondants des départements, que nos coopérateurs divers veuillent bien aussi trouver ici le témoignage de notre reconnaissance. Nous ne prononçons pas de noms, dans la crainte de commettre quelque oubli.

En les remerciant, nous ne cessons pas de faire appel à leur concours; en effet, notre enquête se poursuit. Elle doit être tenue à jour. Nous aurons à compléter, à préciser, à perfectionner, à rectifier peut-être la nomenclature des institutions que nous signalons au public. Un de nos distingués collaborateurs, M. Paul Festugière, le dit excellemment dans une brochure que son dévouement à l'Office lui a inspiré d'écrire et que nous ne saurions trop répandre. M. Festugière examine et réfute d'une manière décisive toutes les objections qui peuvent être faites à l'enquête, toutes les raisons qui seraient de nature à faire hésiter une personne ou une œuvre à fournir les renseignements demandés.

Ainsi qu'il le fait observer, « ce n'est pas à un travail de statistique aride et stérile que se livrent les correspondants dont nous sollicitons le concours. Ce n'est pas seulement pour l'Office central, c'est

pour le bien des œuvres et au delà des œuvres, c'est
pour le bien des pauvres qu'ils se donnent quelque
peine et s'imposent quelque dérangement. Tout ce
labeur abstrait a son contre-coup réel, efficace, vivant, humain dans les mansardes et les taudis; à
toute heure ils auront le droit de se dire qu'ils ar-
rachent peut-être quelque malade à l'abandon, à la
mort ou à l'infirmité, quelque vieillard au dénuement, quelque mère de famille au désespoir, quelque enfant au vice et à la dégradation. Par chaque
renseignement qu'ils transmettront à l'Office central, ils ne serviront pas moins efficacement la charité que par des aumônes ou par des visites isolées
aux pauvres ».

* *

Messieurs, la rapidité avec laquelle une idée se
propage n'est pas toujours la démonstration de sa
justesse. Cependant il en est généralement ainsi
pour une œuvre. Quoi qu'il en soit, nous pouvons
constater, dans chacune de nos assemblées générales, que notre institution trouve de nouveaux imitateurs. Sans parler des Offices qui existent dans plusieurs grands centres, je mentionnerai : l'Office
central de Lille, qui fonctionne aujourd'hui; celui
de Rouen, qui est en voie de s'établir ' pour lequel
notre concours a été demandé. Des efforts sont tentés à Nice, à Caen et dans d'autres villes encore pour
réaliser une création analogue.

A l'étranger, un Office a été fondé cette année au
Canada, à Montréal. Nous avons été en correspon-

dance suivie avec M. Persilier-Lachapelle qui s'est
adressé à nous.

Des renseignements nous ont été demandés par
le syndic de Rome, le prince Ruspoli. Des fonctionnaires, des particuliers, des associations nous ont
écrit dans le même but de Gand, d'Anvers, de Bar-
celone. A Bruxelles, toutes les associations charitables de l'agglomération de la capitale ont été
convoquées, le 29 février dernier, par M. Anspach-
Puissant, pour s'entendre sur l'institution d'un Office
central de la charité. M. Buls, bourgmestre de
Bruxelles, avait expliqué précédemment dans un
rapport le mécanisme de cet Office, en insistant
« sur les abus qu'engendre le particularisme des
œuvres, sans relations entre elles, et sur la nécessité de leur donner un lien, un centre commun ».
C'est notre but et notre langage.

L'extrait qui nous a été communiqué du rapport,
si bienveillant pour nous, présenté par M. le baron
de Reitzenstein, vice-président de la Société alle-
mande d'assistance et de bienfaisance au congrès
de cette Société tenu à Leipzig, l'automne dernier,
nous a prouvé également combien l'Office commen-
çait à être connu et apprécié au dehors.

Nous en avons trouvé une autre preuve dans les
visites nombreuses que des personnages appartenant
à diverses nations de l'Europe et d'Amérique ont
faites à l'Office central aussi bien que dans les services qui continuent à nous être demandés par les
Sociétés d'organisation de la charité de Londres, de
New-York, de Chicago, etc. M. le comte de Suzor,

conseiller d'État de Russie, chargé, par Sa Majesté
l'Impératrice, d'étudier les œuvres d'assistance par
le travail ; M. Stahovitch, chambellan de l'empereur
de Russie ; M. Kazaorino, chef de cabinet au ministère de l'intérieur à Pétersbourg, qui prépare un
projet de fondation d'un Office central dans cette
capitale ; M. John Lloyd Thomas, des États-Unis, qui
a mission de visiter les grandes œuvres d'assistance
par le travail en Europe ; M. Todt, chef de bureau
au département de l'instruction publique à Londres,
membre de la Société d'organisation de la charité
de cette ville, venu expressément à Paris pour se
mettre en rapport avec nous ; M. de Dompierre de
Chaufepié, de la Haye, se sont rendu compte tour
à tour et en détail du fonctionnement de l'Office
central.

* *

Pour en revenir à notre pays, Messieurs, nous ne
savons dans quelle mesure se propagera notre institution, mais nous demeurons plus convaincus que
jamais, en présence des faits, que l'un des meilleurs moyens d'arriver à soulager efficacement la
misère et de réprimer sérieusement le vagabondage et la mendicité, consisterait dans la création
d'un Office central du travail et de la bienfaisance,
instrument permanent d'investigation et de concentration au centre de quinze ou vingt circonscriptions charitables qui grouperaient les départements et entre lesquels la France serait divisée.

L'initiative d'une entente, d'une union entre plusieurs départements a été prise au sein du Conseil général du Puy-de-Dôme par M. le comte Guillaume de Chabrol. Il suffirait de l'imiter et de la généraliser.

Nous pensons que c'est seulement par le moyen de ces Offices que l'on parviendra à connaître la composition de l'armée des sans-travail, à distinguer les différents éléments qui la constituent, à établir la statistique de tous ceux qui font appel à la charité, statistique sans laquelle on continuerait à agir aveuglément vis-à-vis d'eux, ne sachant pas discerner ceux auxquels doivent s'appliquer les mesures de rigueur ou les bienfaits du secours, c'est-à-dire ne sachant ni réprimer ni secourir efficacement, et demeurant par conséquent condamné à l'impuissance.

Nous sommes convaincus également que la création de ces Offices régionaux est la condition d'une bonne organisation de l'assistance par le travail. Hors de là on s'expose à multiplier ces œuvres sans plan d'ensemble, sans méthode, au risque de voir bien des efforts isolés, incomplets, plus généreux que pratiques, n'amener que découragement, au risque de donner, sous l'apparence du travail, une aumône déguisée, de fournir à l'oisiveté des facilités nouvelles et d'aller, en définitive, à l'encontre du but que l'on poursuit.

* *

Ces considérations m'amènent tout naturellement à vous entretenir des œuvres d'assistance par le tra-

vail qui concourent au fonctionnement de l'Office
central, tout en ayant une existence autonome; je
veux parler de l'Hospitalité du travail de l'avenue
de Versailles, à Auteuil : hospitalité pour les femmes, maison de travail pour les hommes, œuvre
du travail à domicile pour les mères de famille. A
défaut de rapport spécial, je résumerai, cette année encore, les informations qui sont de nature à
vous intéresser et à vous mettre au courant de la
vie de ces œuvres, à vous initier aux résultats obtenus.

La maison de travail pour les hommes, fondée
sur l'initiative de l'Office central, a hospitalisé
1,245 hommes, représentant 16,988 journées de travail, soit une moyenne de 17 jours pour chacun.
Sur ce nombre, ont été placés par les soins de la
direction, ont trouvé du travail sur ses indications,
se sont placés eux-mêmes ou ont retrouvé du travail
dans les ateliers où ils étaient connus, 38 pour 100.
Sont des clients invétérés des œuvres de charité,
par suite de leur âge, de leur état de santé, etc.,
37 pour 100; ont disparu, 24 pour 100.

Sur ces 1,245 hospitalisés, les hommes de 41 à
50 ans entrent pour 314; de 51 à 60, pour 292; de
61 à 70, pour 244.

L'œuvre de l'Hospitalité du travail pour les femmes a donné du travail à 3,316 femmes, qui ont
fourni 49,887 journées de travail. Le salaire payé
a été de 71,854 francs.

Sur ce nombre de 3,316, le chiffre des femmes qui
ont trouvé du travail avec l'aide de l'œuvre ou par

elles-mêmes s'élève à 2,576. Sont des clientes invétérées des œuvres, 443; ont disparu, 278.

L'Œuvre du travail à domicile pour les mères de famille a donné de l'ouvrage à 747 mères de famille, qui ont reçu en salaire 42,574 francs.

L'œuvre a trois centres de vente pour ses produits : le magasin de l'avenue de Versailles, 54; le magasin de la rue Théophile-Gautier, 66, à Auteuil; le magasin de la rue des Saints-Pères, 53.

Nous vous avons signalé plus d'une fois l'importance de cette dernière œuvre, Mesdames et Messieurs. On sait quelle est, en général, à Paris, la condition de l'ouvrière qui vit du travail à l'aiguille; jusqu'où va la double souffrance du salaire médiocre, illusoire, et du chômage fréquent. On a pu constater combien il est regrettable que tant de femmes, qui veulent aider leurs maris à gagner le pain de leurs enfants, soient fatalement amenées à déserter leur foyer. Tout le monde est d'accord sur ce point que si la mère de famille obtenait un salaire convenable, en restant chez elle, la moralité de la famille serait absolument différente, que ce serait la famille reconstituée, le niveau moral du peuple relevé.

Nous vous adressons donc un nouvel et pressant appel en faveur de cette œuvre. Pour pouvoir se développer, il faut qu'elle écoule rapidement ses produits. Réservez-lui vos commandes. Elle vient de publier un catalogue de ses articles qui vous sera distribué.

Le projet d'organiser à époque fixe une vente

annuelle pour ces produits est étudié en ce moment. Nous l'avons signalé à l'intérêt des dames
patronnesses de l'Office central qui, cette année encore, entraînées par le zèle de Mme la marquise Costa
de Beauregard, rivalisant de dévouement envers
les pauvres, ont obtenu des résultats dont nous leur
sommes profondément reconnaissants.

En résumé, l'œuvre de l'Hospitalité a donné,
dans le cours de cette année, du travail et un salaire
à plus de 5,000 malheureux des deux sexes.

L'an dernier, Mesdames et Messieurs, nous vous
avons signalé une lacune dans l'organisation des
œuvres du travail. Cette lacune est comblée.

L'hôtellerie pour loger les hommes, établie,
7, rue Virginie, est en plein fonctionnement. Elle
est située, grâce au pont Mirabeau, récemment cons-
truit, à quelques minutes de la maison de travail.
Bien aménagée, bien aérée, elle renferme actuellement 53 lits. Vous serez frappés, si vous allez la visiter, de la propreté des chambres, de la bonne
tenue de la maison. L'ordre n'y est pas troublé un
instant. Un nom que vous connaissez bien est associé à cette création nouvelle, dont l'Office central a
pu, grâce à une libéralité spéciale, doter l'Hospitalité du travail pour un temps, hélas! car la maison
est seulement louée.

* *

Deux faits ont marqué dans la vie de l'œuvre de
l'Hospitalité cette année : une démonstration qui

l'honore et qui est la consécration de ses services; une mort qui lui a enlevé un bienfaiteur insigne. Je dois dire que ce deuil est partagé au même degré par l'Office central des œuvres charitables.

M. le Président de la République est venu visiter la maison de l'avenue de Versailles, accompagné du président du Conseil des ministres et du secrétaire général de la présidence. Reçu par les représentants de l'Office central et de l'œuvre de l'Hospitalité du travail, par Mme la supérieure de l'œuvre, la sœur Saint-Antoine, M. le Président a pris un vif intérêt à parcourir les ateliers, réfectoires, dortoirs, adressant, avec une paternelle sollicitude, la parole aux ouvriers et aux ouvrières hospitalisés, admirant hautement l'organisation de la maison, constatant qu'elle est une œuvre de relèvement moral autant qu'une œuvre d'assistance, et félicitant en termes chaleureux ses fondateurs.

Par une surprise touchante, le Président de la République, en remerciant M. de Laubespin, qui était présent, de ses générosités inépuisables, lui a annoncé que le gouvernement, désireux de s'associer à la reconnaissance publique, lui conférait la croix d'officier de la Légion d'honneur.

M. de Laubespin était chevalier depuis cinquante-sept ans. Il avait pris une part glorieuse, comme capitaine d'état-major et officier d'ordonnance du maréchal Valée, à toutes les campagnes d'Afrique.

C'est sur le champ de bataille qu'il avait reçu son premier ruban. N'est-ce pas avec raison qu'un éminent écrivain a dit que « c'est sur un champ de

bataille encore qu'il a gagné le second, dans cette
redoutable lutte engagée entre le capital et le travail, d'où dépend, non plus seulement la conquête
d'un lambeau de territoire, mais la paix des âmes,
mais la sécurité sociale, mais l'avenir même de la
France et de l'ancien monde (1) »?

M. de Laubespin n'est-il pas de ceux qui ont tra-
vaillé le plus efficacement à la conciliation des intérêts, au rapprochement des cœurs, à l'établissement de la seule fraternité possible parmi les
hommes?

La mort l'avait respecté au milieu des hasards
de la guerre; elle l'a enlevé en pleine œuvre de
paix, escorté des bénédictions des humbles, des
travailleurs, des malheureux. Son exemple nous
laisse plus d'un enseignement. La charité était devenue l'unique préoccupation de ses dernières années. Il semble qu'il n'y ait plus ou rien autre chose
qui justifiât à ses yeux la peine de vivre. C'est que
telle est bien, au déclin de la vie, la conclusion à
laquelle nous conduit l'expérience. Comme le dit
Maxime du Camp en termes si délicats et si élevés,
« tout s'est dispersé, amours, gloriole, vanité, ambition, au souffle des années; parfois il n'en reste
qu'un regret; on se répète le mot de Michelet : « Le
« sacrifice est le point culminant de la vie hu-
« maine, » et l'on regarde avec attendrissement vers
les heures où l'on s'est dévoué sans réserve et sacri-
fié sans mesure; on estime que cela seul mérite

(1) *Le Correspondant.* Novembre 1895.

d'être embaumé dans le souvenir et l'on reconnaît que l'on n'aime de soi que ce que l'on en a donné ».

Unis dans un même sentiment de compatissante sympathie, tous les membres de cette assemblée tiendront, j'en suis persuadé, à envoyer à la noble compagne de M. de Laubespin, associée à toutes ses générosités, le témoignage de leurs respectueuses et douloureuses condoléances.

*
* *

Vous ne serez pas surpris, Mesdames, Messieurs, que cette visite du Président de la République, qui a trouvé aujourd'hui une œuvre prospère, abritant des milliers de malheureux, ait reporté ma pensée aux origines de l'Hospitalité du travail, et vous ne m'en voudrez pas d'évoquer ce souvenir à l'heure où nous sommes. J'ai revu l'humble essai de la rue d'Abbeville en 1877, si tôt interrompu ; puis l'installation dans l'étroite et incommode maison de la grande rue d'Auteuil où intervient la congrégation de Notre-Dame du Calvaire, cette congrégation à la fois enseignante, infirmière, hospitalière, qui agit et gravite sans repos dans le chemin de la bienfaisance, qui est partout où l'on souffre et à laquelle on doit la sœur Saint-Antoine.

J'ai revu enfin l'œuvre établie avenue de Versailles, 52, — ce qui est presque le point de départ de sa véritable fondation, — avec la blanchisserie qui assure sa vie et la maison de travail pour les hommes, qui la complète. Et la visite du Président de la République m'a remis en mémoire une autre visite qui eut lieu en 1883, à laquelle j'ai assisté et qui mérite, à plus d'un titre, de vous être rappelée, en ce moment. Je veux parler de la visite des délégués du Conseil municipal de Paris, qui se rendirent à Auteuil pour étudier la maison, prendre les faits sur le vif et voir la charité dans son labeur quotidien.

Parmi ces conseillers, il y en avait un qui était réputé pour avoir les opinions les plus farouches; je puis le nommer : M. Cattiaux. Or, dans un grand débat qui se produisit au Conseil municipal, à la suite de cette visite, pour savoir si l'œuvre obtiendrait ou non une subvention de la ville, M. Cattiaux dit ces paroles consignées dans le *Bulletin municipal officiel* du 20 décembre 1883 :

« Il vous paraîtra peut-être étrange que moi qui, en principe, refuse toute allocation à une œuvre où l'idée religieuse trouve sa place, je vienne parler de l'œuvre de l'Hospitalité du travail. J'ai visité hier l'établissement, j'y ai vu venir des femmes qui reçoivent gîte et nourriture, et peuvent y rester jusqu'à ce qu'on ait pu les placer. J'y ai vu aussi une grande tolérance religieuse. Je me plais à reconnaître l'utilité de cette œuvre. » Et, plus loin, répondant à une interpellation d'un de ses collègues : « J'ai constaté que l'œuvre était excellente, je le dis. Qu'elle vienne de droite ou de gauche, une œuvre bonne est toujours bonne et je ne puis pas ne pas la trouver bonne. »

Le directeur de l'Assistance publique ajoute : « Le

grand avantage de cette œuvre, c'est qu'elle place les jeunes filles et les empêche ainsi de tomber dans la mauvaise voie. Elle est très méritante et je déclare que, pour ma part, j'en suis jaloux. » Il m'a semblé, Messieurs, que la visite du Président de la République était la consécration éclatante de cet acte de bonne foi.

* *

J'ai à m'excuser, Mesdames, Messieurs, d'avoir retenu trop longtemps votre attention. Je n'en aurai point de regret si ce rapport justifiait à vos yeux le concours que vous donnez si généreusement à notre œuvre! Grâce à vous, nous avons fait bien du chemin en sept ans. Quand l'œuvre débutait, dans les derniers jours de juillet 1890, humblement installée rue de Champagny, elle n'avait aucune ressource assurée. Des amis pessimistes disaient qu'elle ne serait pas comprise, qu'on lui prêterait un caractère abstrait, théorique; qu'elle ne rencontrerait ni clients, ni souscripteurs. Et voilà que plus de quatre-vingt mille personnes ont eu recours à elle; voilà qu'elle a distribué aux œuvres, et, par les œuvres, aux pauvres plus d'un million; qu'elle a, en outre, distribué des secours directs qui s'élèvent à plusieurs centaines de mille francs; qu'elle a donné à l'organisation de l'assistance par le travail un puissant essor; voilà qu'elle a achevé le recensement général et méthodique de toutes les œuvres charitables et des principales institutions de prévoyance qui existent en France, — tâche immense, — et qu'elle est aujourd'hui reconnue d'utilité publique !

Et tout cela a été obtenu avec une poignée d'hommes dévoués ! Comment ne serions-nous pas encouragés par de tels résultats et comment ne remercierions-nous pas Dieu? Assurément, nous sommes autorisés à vous demander, non seulement de nous continuer votre concours, mais de nous amener des adhérents nouveaux. Puissiez-vous faire des conquêtes dans ces milieux où l'on jouit si facilement des faveurs de la vie, sans songer même qu'il existe des malheureux ! Puissiez-vous y apporter un écho du grand cri d'angoisse que pousse l'armée des misérables, forcer l'entrée de tant de cœurs qu'endurcit la prospérité, troubler au moins leur égoïste indifférence. N'oubliez pas toutefois que si nous demandons à la richesse la part qu'elle doit faire aux pauvres, nous avons surtout besoin du concours de ceux qui ont soif de se dévouer, de se donner eux-mêmes. Qu'ils s'associent à nos efforts. Nous renouvelons tout particulièrement notre appel aux jeunes gens. Hésiteraient-ils à s'enrôler sous le drapeau de la charité? Il y a tant de plaies qui saignent, que trop de mains généreuses ne sauraient s'employer à les panser.

Nous assistons, en ce moment, à une recrudescence de divisions et de haines. Que la génération nouvelle, du moins, s'efforce de préparer l'œuvre de la réconciliation sociale ! Elle ne saurait, pour cela, trouver un meilleur terrain que celui de l'assistance intelligente, fraternelle, en contact perma-

nent avec les travailleurs, avec les déshérités, avec
les pauvres. Ceux qui se consacreront à cette tâche
ne le regretteront pas, même si le but est lent à
atteindre ou s'il semble s'éloigner, même si les déceptions et les amertumes ne leur sont pas épar-
gnées. Ils apprendront tout ce qu'il y a d'indicible
joie dans la certitude d'avoir rendu l'espoir à un
désespéré; ils vérifieront surtout combien est juste
et profonde la parole que je citais à l'instant : « Que
le temps vient bien vite où l'on reconnaît que l'on
n'aime de soi que ce que l'on en a donné. »

RÉSULTATS GÉNÉRAUX

Pour permettre au lecteur de se faire une vue
d'ensemble des résultats obtenus par l'Office central
depuis son origine et de juger de ses incessants progrès, il importe de les résumer ici et d'en conduire
l'exposé jusqu'à l'heure même où nous sommes.

Nous n'avons, pour atteindre ce but, qu'à citer
un passage du remarquable discours que pro-
nonçait M. le comte d'Haussonville, de l'Académie française, vice-président de l'œuvre, dans l'assemblée générale du 4 juin 1899. M. le comte
d'Haussonville a caractérisé et résumé en quelques
mots saisissants tous les résultats obtenus jusqu'à
présent. « Après avoir parlé de l'entreprise si im-
« portante menée à fin par l'Office central, c'est-à-dire
« de la publication des deux grands ouvrages qui
« ont pour titres « Paris charitable et prévoyant » et
« la France charitable et prévoyante », si je voulais,
« a-t-il dit, me borner à parler de l'Office central
« comme œuvre charitable, il me serait facile de faire
« passer sous vos yeux un court résumé, en chif-
« fres, de ce que l'Office a fait depuis moins de dix
« ans. C'est beaucoup, en effet, pour une seule œu-
« vre, d'avoir encaissé 2,340,253 francs de recettes

17

« d'origines diverses, mais qui ont toutes une
« source unique : la charité, et d'avoir fait face à
« 2,207,421 francs de dépenses qui ont eu égale-
« ment, directement ou indirectement, la charité
« pour but. C'est beaucoup d'avoir, durant ce même
« laps de temps, su rendre service, sous des formes
« variées, à 135,522 personnes; en particulier,
« d'avoir obtenu pour 43,276 malheureux l'assis-
« tance de diverses sociétés charitables, procuré des
« secours ou du travail à 43,148 autres, placé 4,005
« orphelins, 2,535 vieillards, et rapatrié dans leur
« pays d'origine, où ils étaient assurés de trouver
« du travail, 10,348 provinciaux qui, attirés par les
« mirages de la grande ville, étaient venus échouer
« à Paris. C'est beaucoup d'avoir encouragé, fa-
« vorisé, dirigé la création et le développement
« d'œuvres comme l'Hospitalité du travail de l'ave-
« nue de Versailles, qui, depuis son origine, a reçu
« 8,710 hommes, 46,025 femmes, et celle des mères
« de famille, qui a fourni dans des temps de crise
« et de chômage à 4,557 femmes le travail néces-
« saire, qui les a empêchées peut-être de mourir
« de faim, et leur a distribué 280,087 francs de
« salaires. Eh bien, encore que tout cela soit beau-
« coup, c'est peu cependant en comparaison de ce
« que l'Office central réalise chaque jour, par le
« seul fait de son existence comme rouage social,
« car il est la traduction vivante et la mise en action
« quotidienne d'une idée juste. »

ASSISTANCE PAR LE TRAVAIL

L'histoire de la fondation et du développement de l'Office central serait incomplète, si elle n'embrassait pas les œuvres d'assistance créées par son initiative ou concourant à son fonctionnement. Ces œuvres lui sont unies d'ailleurs par le rôle que le fondateur de l'Office central y a joué personnellement et qui constitue encore aujourd'hui entre elles un lien étroit.

L'œuvre générale de l'Hospitalité du travail établie à Auteuil, 52, avenue de Versailles, comprend plusieurs branches. Outre la *Maison de travail pour les hommes*, établie par l'initiative de l'Office central, en 1892, elle comprend : *l'œuvre de l'Hospitalité du travail pour les femmes*, qui date de 1880, *l'OEuvre du travail à domicile pour les mères de famille*, fondée en 1894 ; une quatrième branche est en voie de s'organiser : *une École ménagère pour les jeunes filles*.

On a pensé que la publication des trois rapports qui suivent donnerait, sans qu'il soit nécessaire d'en reproduire d'autres, une idée assez exacte de la genèse de cette œuvre, de son développement, des services qu'elle rend quotidiennement et cela d'autant plus qu'il a été constamment question d'elle, en parlant de l'Office central. Si les faits que ces rapports mettent en lumière inspirent le désir d'étudier plus à fond le fonctionnement de l'Hospitalité du travail ou s'ils éveillent l'esprit d'initiative et suscitent des imitateurs, rien ne sera plus aisé que de chercher au siège de l'Office central ou à l'œuvre même, avenue de Versailles, 52, des renseignements complémentaires, qui seront fournis avec empressement.

———

CHAPITRE VIII

Origine de l'œuvre de l'Hospitalité du travail pour les femmes.
— Elle remonte à l'année 1878, contemporaine de la création
de l'Hospitalité de nuit. — Tâtonnements du début. — Premier
essai rue d'Abbeville. — L'œuvre est établie rue d'Auteuil en
1880. — La sœur Saint-Antoine. — Conséquences de sa direction. — L'œuvre, pour avoir une existence assurée, ne peut se
passer d'une industrie. — Elle se soutient au moyen de quêtes
et de souscriptions. — Phase précaire. — Elle est transportée
avenue de Versailles, 52. — Achat d'un vaste immeuble. —
Constitution d'une Société Immobilière. — Bail passé avec la
Congrégation de Notre-Dame du Calvaire, appelée à diriger
la maison de travail. — Installation nouvelle. — Construction
d'une blanchisserie. — Difficulté de faire face à de lourdes
charges. — Emprunt contracté. — Hospitalité donnée en
moyenne, par jour, à 130 femmes. Premiers résultats encourageants. — Confiance dans l'avenir.

* Dans les pages d'une si poignante éloquence qu'il
a consacrées au récit des prodiges accomplis à Paris
par la charité non officielle, M. Maxime du Camp
dit que « si l'on veut savoir comment les œuvres de la
bienfaisance privée s'épanouissent et se dilatent, il
faut regarder du côté de l'Hospitalité par le travail ».

« Je serais bien surpris, — a-t-il ajouté, — si, de
ce tronc qui sort à peine de terre, ne jaillissaient

* Rapport présenté à l'Assemblée générale des membres de l'œuvre de l'Hospitalité du travail pour les femmes le 4 décembre 1885.

des rameaux féconds. L'arbre sera transplanté, car il pousse sur un terrain tellement étroit qu'il est menacé d'y être étouffé. »

M. Maxime du Camp a été bon prophète.

Le seul fait de cette première réunion dans le vaste immeuble qui a été nouvellement acheté pour l'œuvre en est la démonstration éclatante.

L'arbre a été transplanté !

« La maison est si petite, » avait dit M. Maxime du Camp de la maison d'Auteuil, « *qu'elle en devient inhospitalière et qu'elle ment à son titre.* » On ne pourra plus appliquer cette réflexion au local où nous nous trouvons en ce moment : on y est à l'aise pour faire le bien.

Nous vous y avons conviés, Mesdames et Messieurs, pour donner une consécration définitive à l'organisation de l'œuvre, au seuil de la période nouvelle dans laquelle elle va entrer.

Il lui fallait des statuts qui répondissent à son développement. Vous aurez aussi à confirmer dans ses fonctions le Conseil d'administration.

Mais avant de présenter à votre approbation les divers objets sur lesquels vous avez à vous prononcer, nous avons pensé qu'il était de notre devoir de vous faire connaître, en quelques mots, la situation actuelle de l'œuvre, et de vous expliquer moyennant quelle combinaison elle va recevoir une installation nouvelle.

Nous n'avons pas à vous rappeler comment a débuté l'Hospitalité du travail à Auteuil, le 20 décembre 1880, bien modestement, soutenue seulement alors par quelques personnes charitables qui en portaient tout le poids.

L'idée de cette fondation remonte à l'année 1878, à l'époque où s'organisait à Paris l'œuvre de l'Hospitalité de nuit qui existait déjà à Marseille. Celui qui a l'honneur de vous parler, alors Président de la Société générale pour le patronage des libérés, reçut la proposition de consacrer à cette œuvre nouvelle une partie des locaux où il venait de fonder rue Rouelle, à Grenelle, un asile destiné à hospitaliser les libérés dignes d'intérêt et où le travail était organisé et fonctionnait régulièrement. Cette proposition eût été volontiers accueillie. Mais une divergence de vues se manifesta entre les personnes qui s'occupaient de la réalisation de ce projet. Les uns — et j'étais du nombre — jugeaient nécessaire de n'accorder l'hospitalité, si brève qu'elle fût, aux indigents valides, qu'en échange d'un travail quelconque; d'autres, reculant surtout devant les difficultés pratiques de cette double organisation, s'y montraient opposés. L'avis de ces derniers prévalut. Les partisans de l'hospitalité par le travail allèrent fonder alors, rue d'Abbeville, pour y appliquer ce système, un établissement qui fonctionna pendant dix-huit mois sans produire tous les résultats qu'ils en espéraient.

On renouvela bientôt cette tentative en associant les deux modes d'assistance. L'œuvre nouvelle s'installa rue d'Auteuil, avec le concours des Sœurs de Notre-Dame du Calvaire, et sous la direction de la sœur Saint-Antoine qui devait, par son active intelligence, son dévouement et, pour dire le mot, par son génie d'organisation, décider du succès de l'entreprise.

On se bornait, au début, à donner une courte hospitalité aux malheureuses femmes qui venaient réclamer un asile. Mais on reconnut bientôt qu'il était indispensable, pour les aider efficacement, et en même temps humain et chrétien de prolonger cette hospitalité.

Le travail, associé à l'hospitalité, permettait d'offrir, pour deux ou trois mois, aux femmes recueillies dans la maison, un asile où elles avaient le temps de reprendre haleine, de raffermir leur courage épuisé, de compléter leur éducation professionnelle, de chercher et de trouver un emploi convenable.

« C'est ainsi — selon la juste remarque de Maxime du Camp — que la maison d'Auteuil est devenue à la fois une infirmerie, une école, un hospice et un ouvroir; un lieu de repos, d'éducation morale et de préparation au travail rémunéré et, pour tout résumer, une institution vraiment maternelle parce que, non contente de s'ouvrir devant les malheureuses, de les hospitaliser, de les nourrir et bien souvent de les vêtir, de leur offrir un repos de trois mois, elle ne s'en sépare qu'en leur donnant une condition où la vie est assurée. »

Dès la première année de son existence, l'œuvre donnait l'hospitalité à 1,241 femmes, et 460 étaient pourvues de places par la direction; l'année suivante, c'est 2,807 femmes qui sont recueillies, —

plus du double de la première année, — et le chiffre des placements s'élève à 1,479 ; démonstration éclatante du pressant besoin auquel on répondait; d'année en année les résultats sont plus importants. Il y a lieu de remarquer que les premiers comprennent à la fois les femmes admises à l'hospitalité de nuit et à l'hospitalité prolongée. Nous constatons en outre ce fait, bien digne d'être signalé, que, depuis deux ou trois ans, les deux tiers des femmes recueillies ne quittent la maison que pourvues d'une place ou d'un travail.

Mais vraiment on étouffait dans la petite maison d'Auteuil; on étouffait au dortoir, au réfectoire, à à la cuisine, dans les ateliers.

Il fallait trouver une installation nouvelle et l'on ne voulait pas quitter Auteuil, s'éloigner du lieu de naissance.

L'occasion s'est rencontrée.

A la suite d'un désastre industriel, était mis en vente, avenue de Versailles et rue Félicien David, un vaste terrain de 3,500 mètres carrés, contenant une maison d'habitation et de grands ateliers.

C'était précisément ce que l'on cherchait.

Mais le moyen de faire une acquisition de cette importance alors que la somme nécessaire pour faire face aux seules dépenses annuelles de l'œuvre s'élève déjà à plus de 60,000 francs, qu'il faut se procurer par des quêtes, des démarches de chaque jour, et alors que le produit du travail des pensionnaires ne dépasse pas 18 ou 19,000 francs?

C'est ici qu'enterviennent les miracles de « cette

foi qui ne doute de rien parce qu'elle ne peut douter d'elle-même ».

Quand la supérieure d'Auteuil désespérait déjà de pouvoir profiter d'une occasion qui paraissait unique, quelques amis de l'œuvre, dont plusieurs n'étaient à Paris que par hasard, au mois de juillet 1894, sont avisés de la vente qui va avoir lieu et des anxiétés des religieuses; sollicités vivement par la Présidente du comité des Dames patronnesses, Mme la comtesse de Bricy, et sous le coup de je ne sais quelle inspiration providentielle, ils se réunissent (1), se constituent en société et achètent l'immeuble de l'avenue de Versailles. Cent mille francs sont souscrits par l'un d'eux le jour même (2).

Je voudrais pouvoir parler comme il convient de ce rare exemple de générosité. Je serais plus à mon aise pour le faire si son auteur n'était pas auprès de moi.

Je n'ai pas besoin de dire que si une société anonyme s'est formée pour acheter l'immeuble où nous sommes, que si des actions ont été créées, c'est parce que l'œuvre était dans l'impossibilité d'assumer une pareille charge et parce qu'elle n'est pas, d'ailleurs, apte à posséder.

Cependant, acheter l'immeuble de l'avenue de Versailles n'était que la première partie de l'entreprise. Il fallait le mettre en état de recevoir les pen-

(1) Cette réunion eut lieu chez notre dévoué collègue M. Eugène Lecomte.

(2) M. le Roux de Villers.

sionnaires de la maison d'Auteuil, maison dont le bail finit dans six mois.

La société, qui doit encore cent mille francs sur le prix d'achat de la propriété, avec des termes de paiement, il est vrai, n'a pas hésité. Elle a consacré d'abord 14,000 francs à des réparations urgentes, engagé ensuite une dépense de 70,000 francs pour la construction des dortoirs nécessaires au logement de deux cents femmes; il reste encore à établir, pour que l'œuvre soit installée d'une façon complète et à même de se créer des ressources par elle-même, une blanchisserie dont le devis s'élève à 48,000 francs environ.

Afin de faire face aux dépenses engagées, la société a contracté un emprunt de 50,000 francs, remboursable en cinq ans. C'est tout à fait insuffisant, mais nous avons sujet de croire que, indépendamment des dons faits directement à l'œuvre, des actions seront souscrites, jusqu'à concurrence de la somme nécessaire, soit pour achever de payer l'immeuble, soit pour solder les travaux d'installation, en tout 218,000 francs.

La création d'une blanchisserie est indispensable, autant pour donner du travail aux femmes reçues dans l'asile que pour procurer des ressources à la maison.

Selon la remarque qui en a été faite, parmi les femmes qui entrent à la maison d'Auteuil, il y a des ouvrières, des servantes, des institutrices; mais la plupart sont des journalières, c'est-à-dire de pauvres créatures ne sachant aucun métier, qui se di-

sent aptes à tout et ne sont bonnes à rien. Celles-là,
à qui on n'a pas le loisir d'enseigner la couture,
sont employées à la buanderie. Avec le système
actuel des lessiveuses et des laveuses mécaniques,
une femme peut, sans apprentissage préalable,
blanchir le linge convenablement et produire un
gain appréciable.

Aujourd'hui, à la maison d'Auteuil, la buanderie
est absolument insuffisante. Ce qu'il faudrait, c'est
une véritable blanchisserie, avec machine à vapeur,
en sorte qu'il y ait aussi peu de non-valeurs que
possible parmi les pensionnaires.

Il faudrait une industrie qui fût à la fois pour
l'œuvre une cause d'accroissement et une source de
bienfaits. Tel est le vœu quotidien de la supérieure
de l'Hospitalité.

Ainsi vous le voyez, Mesdames et Messieurs, il est
nécessaire de trouver un peu plus de 200,000 francs
pour l'immeuble et les travaux, si l'on y comprend
la blanchisserie, et il faut faire vivre l'œuvre.

Dans les onze mois de cette année, les recettes
s'élèvent à 57,315 francs, la dépense, à 56,782
francs.

Enfin c'est un devoir impérieux pour nous de songer à accroître progressivement les bienfaits de
l'Hospitalité, à tendre la main à un nombre de plus
en plus grand de ces malheureuses femmes qui se
perdent, qui vont disparaître dans le gouffre de la
misère et de la corruption, et dont la situation est
cent fois plus dure et plus atroce que celle de
l'homme sans ressources.

Nous pouvons paraître bien téméraires : le passé nous rend confiants dans l'avenir. Nous sommes assurés que le génie de la Charité saura inspirer, comme il l'a déjà fait, à nos Dames patronnesses et à leur zélée présidente, des combinaisons ingénieuses, des démarches heureuses qui attireront vers nous les souscriptions et les dons. Certains dévouements ont un art de persuader auquel rien ne résiste. Vous l'avez déjà prouvé, et je pourrais traduire ma pensée par des noms propres. Je sais que je suis deviné.

Mais qui donc, du reste, pourrait demeurer indifférent à une œuvre telle que l'Hospitalité du travail? Qui refuserait de donner son concours lorsqu'il s'agit d'abriter pendant la tourmente ces pauvres délaissées qu'on a si justement comparées à des voyageurs égarés qu'assaille la tempête, qui marchent à tâtons dans ce grand Paris, se heurtent à tous les obstacles, cherchent leur route et ne la trouvent pas?

Lorsqu'ils tombent de fatigue et de faim, ces voyageurs, lorsque les gîtes les plus infimes se ferment devant eux, lorsque le morceau de pain leur fait défaut, lorsque le vagabondage les saisit, lorsque la tentation du vol ou du libertinage, ou l'horreur de la vie les assiège, qui donc refusera l'obole à laquelle ils devront leur salut, l'obole qui les arrachera peut-être à la cour d'assises ou au suicide? Non, personne ne saurait être sourd à ce cri de détresse, à cet appel qui est fait tout à la fois au nom de l'intérêt bien entendu, et au nom de la religion et de l'humanité.

CHAPITRE IX

Huit ans après. — Résultats obtenus par l'Hospitalité du travail pour les femmes depuis 1885. — Elle est définitivement organisée. — Bâtiments nouveaux, dortoirs, réfectoire construits. — Blanchisserie en pleine activité. — Clientèle nombreuse. — L'œuvre n'est plus uniquement à la merci des quêtes. — Près de 30,000 femmes hospitalisées depuis la fondation. — Placements : 78 p. 100. — Salaire : 1 fr. 50 par jour; coucher, blanchissage gratuits. — Relèvement moral. — Création d'une seconde œuvre rendue possible par un don considérable et par la juxtaposition des deux œuvres. — Fondation d'une maison de travail pour les hommes. — Grave lacune comblée. — Achat de l'immeuble contigu, 54, avenue de Versailles. — Vicissitudes qui ont précédé cet achat. — Intervention du comte et de la comtesse de Laubespin. — Don magnifique fait par eux à l'Office central. — L'œuvre nouvelle est due à son initiative. — La Société Immobilière est propriétaire. — Bail nouveau fait avec la Congrégation du Calvaire. — Même direction et même état-major que pour l'œuvre voisine. — Frais généraux communs. — Conditions d'admission dans l'asile. — Sélection. — Discernement de la direction. — Pas de bons de travail. — Durée du séjour : 20 jours. — Menuiserie, cardage de matelas. — Cadres permanents combinés avec le roulement des hospitalisés. — Fourneaux économiques. — Phase difficile du début. — Efforts persévérants.

*Il y a huit ans, dans l'immeuble voisin de celui où nous nous trouvons aujourd'hui, au n° 52 de l'avenue de Versailles, une réunion semblable à la

---

*Rapport présenté au Comité de l'œuvre de l'Hospitalité du travail pour les *hommes*, le 14 janvier 1892.

nôtre avait lieu, permettez-moi de rappeler ce souvenir.

J'avais l'honneur d'exposer comment s'était établie l'Hospitalité du travail pour les femmes, et de faire un pressant appel à de généreux bienfaiteurs pour tirer parti du local nouveau où l'œuvre venait d'être transportée, après avoir quitté la rue d'Auteuil.

Il s'agissait de lui donner une organisation définitive et d'assurer son avenir.

L'immeuble n'était encore payé qu'en partie; il y avait à élever des bâtiments nouveaux pour abriter les hospitalisés, à construire une blanchisserie, instrument de travail et de gain indispensable, et tout cela était à faire, alors que les ressources de l'œuvre, essentiellement aléatoires d'ailleurs, suffisaient à peine à couvrir les dépenses journalières. La témérité semblait grande de se lancer dans une pareille entreprise. Les prophètes de malheur ne manquaient pas pour dire que nous n'en pourrions pas surmonter les difficultés, que nous n'arriverions jamais à payer nos dettes, à construire, à nous outiller industriellement et que, impuissants à étendre l'œuvre, nous ne pourrions même pas la faire vivre.

Or, messieurs, non seulement ces difficultés ont été vaincues et les ressources nécessaires réunies, non seulement l'Hospitalité du travail pour les femmes est en plein épanouissement; mais voilà que nous sommes réunis aujourd'hui pour instituer, à côté d'elle, une seconde œuvre qui en double l'importance : je veux parler de la maison de travail destinée à recueillir et à occuper temporairement les hommes sans ouvrage et sans ressources.

Depuis 1885, l'Hospitalité du travail pour les femmes avait fait de tels progrès que son existence et son avenir ne pouvaient plus être mis en doute. Les résultats dépassaient les espérances. La blanchisserie construite dès la seconde année avait bientôt conquis une clientèle considérable et fidèle; et, ce qui était bien autrement important, l'œuvre de relèvement moral et d'assistance se manifestait dans toute son efficacité. Des milliers de femmes (près de 30,000) étaient sorties de l'asile réconfortées, avaient pu être placées et reprendre une vie régulière et assurée (78 p. 100).

Cependant une grave lacune existait sur laquelle nous gémissions chaque jour. En effet, nous n'avions rien à offrir à l'ouvrier sans travail, au malheureux qui ne voulait pas demander l'aumône, qui avait à cœur de gagner sa vie et qui, ayant frappé en vain à toutes les portes, venait s'adresser à nous. Nous étions condamnés à demeurer sourds à son appel.

La sœur Saint-Antoine, qui n'avait jamais admis qu'une plainte de la misère pût rester sans écho, se révoltait devant cette dure extrémité et, pour ma part, le souvenir de la maison hospitalière de la rue Rouelle (1), destinée aux libérés dignes d'intérêt, où j'avais été assez heureux, dès l'année 1878, pour organiser et faire fonctionner régulièrement le tra-

(1) Voir Appendice, p. 333 et 337.

vail, hantait mon esprit. Depuis longtemps, nous rêvions de fonder une œuvre analogue pour les hommes.

Mais comment parvenir à réunir les capitaux nécessaires pour réaliser ce projet? A moins d'établir l'institution nouvelle dans un local contigu à l'œuvre existante, de bénéficier de ses frais généraux, de l'état-major des sœurs, des travaux mixtes, de la cuisine commune, il nous paraissait impossible d'atteindre notre but. Une maison distincte, créée de toutes pièces, eût exigé un chiffre de capitaux qu'il ne fallait pas songer à demander à la générosité publique. La seule solution pratique consistait donc à juxtaposer les deux œuvres. Dans ces conditions, l'entreprise devenait abordable.

Je ne referai pas l'histoire des vicissitudes par lesquelles nous avons passé, de nos négociations avec le comte de Vauvineux pour acheter un petit terrain qui lui appartenait, situé rue Félicien David, en face de nous, mais malheureusement séparé par la rue et inconciliable avec nos besoins; des incessants efforts que nous fîmes ensuite pour arriver à acquérir un peu d'espace à droite ou à gauche de la maison où nous étions — c'était le 52, avenue de Versailles — pour attendrir les propriétaires de ces terrains.

Nous nous demandions s'il ne nous fallait pas renoncer à notre projet quand une circonstance fortuite amena la mise en vente de l'immeuble dans lequel nous nous trouvons en ce moment, le n° 54 de l'avenue de Versailles. Cette occasion, al-

18

lions-nous la laisser échapper? Ne nous souvien-
drions-nous plus de ce qui s'était passé pour la maison voisine? Avions-nous à regretter l'audace de
notre résolution? La sœur Saint-Antoine ne vivait
plus. Nos démarches se multipliaient et les capitaux
n'arrivaient pas. Vous vous rappelez le parti que
nous avons pris : louer l'immeuble avec promesse
de vente. Le généreux et opportun concours de
M. Paul Fould nous a permis de recourir à cette
combinaison. Un modeste hangar devait abriter les
hommes occupés au pliage du linge de boucherie et
au cardage des matelas. Mais la solution était précaire, incomplète; elle laissait à désirer à tous
égards. C'est alors que M. et Mme de Laubespin, qui
avaient bien voulu me consulter sur le choix d'une
œuvre à laquelle ils feraient une libéralité importante, ont consenti à donner, avec une munificence
royale, à l'Office central, devenu leur mandataire,
la somme nécessaire pour acheter l'immeuble et
construire les bâtiments indispensables au fonctionnement de l'œuvre, ateliers, etc.

Ni l'Office central, ni l'œuvre de l'Hospitalité du
travail n'étant reconnus d'utilité publique, la Société Immobilière, qui possédait déjà la maison portant le n° 52, a dû intervenir et est devenue propriétaire.

Aujourd'hui, messieurs, nous avons, comme
Comité de l'œuvre, à organiser, de concert avec
l'Office central, la maison de travail, à en assurer
le fonctionnement. Grâce à une souscription faite
entre nous, les ressources nécessaires pour acheter le

mobilier, bancs, tables du réfectoire, etc., et constituer un commencement de fonds de roulement, ont pu être réunis. Nous demandons à la Commission ministérielle chargée de répartir entre les institutions de bienfaisance les fonds provenant du pari mutuel de nous fournir les ressources dont nous avons besoin pour l'achat de notre outillage industriel, scierie mécanique, machine à vapeur, etc.

En ce qui touche à la direction, à l'administration de la maison, il n'y avait pas à hésiter entre des partis différents. Les statuts de l'Office central lui permettent de fonder des œuvres d'assistance par le travail, mais lui interdisent de les administrer lui-même. Il n'y avait qu'à imiter ce qui s'est fait pour l'œuvre précédemment créée pour les femmes, c'est-à-dire confier la direction et l'administration à la Congrégation de Notre-Dame du Calvaire, l'obliger, par les termes du bail consenti par la Société Immobilière, à maintenir la maison de travail dans des conditions déterminées; veiller à l'exécution de ces engagements, dont la résiliation du bail est la sanction; suivre l'emploi des fonds recueillis par l'Office central et mis à la disposition de la maison de travail; vérifier les résultats obtenus; assister, seconder la direction dans sa tâche. Il n'est point de combinaison qui pouvait garantir plus sûrement la stabilité de l'œuvre, en même temps que sa prospérité.

Bien des points étaient encore à déterminer. Ils ont fait l'objet de délibérations nombreuses au sein du conseil de l'Office central et au sein de notre Comité spécial. Je les résume pour les soumettre à votre adoption.

Le premier point débattu était relatif aux conditions d'admission. Vous avez posé comme règle qu'une sélection aussi sévère que possible devait être opérée parmi les hommes qui se présentent, afin d'écarter l'élément pernicieux des fainéants, des incorrigibles, et d'éviter que l'influence bienfaisante du travail soit compromise par des contacts qui seraient une cause de dépravation, et qui détourneraient de la maison les ouvriers honnêtes. Vous avez pensé que, pour les débuts surtout, il fallait être circonspect et hospitaliser de préférence des hommes qui avaient déjà subi un certain contrôle, soit de la part de l'Office central, soit de la part de l'Hospitalité de nuit ou de l'Union d'assistance du XVI° arrondissement, la direction demeurant toujours juge des cas où il y aurait lieu d'admettre des malheureux se présentant directement à elle.

Il a semblé qu'il n'y avait pas lieu d'établir à l'avance des catégories déterminées; c'est ainsi que l'on a procédé pour les femmes hospitalisées. L'œuvre avait été sollicitée de s'engager à accepter des femmes libérées, au sortir de prison. Elle a répondu qu'elle avait admis et qu'elle admettrait sans doute encore des libérées qui étaient des malheureuses dignes d'intérêt, mais qu'elle ne les admettrait pas à titre de libérées, et parce qu'elles appartenaient à une catégorie de femmes en faveur

desquelles un engagement aurait été contracté.
Rien ici ne saurait suppléer la clairvoyance et le
discernement de la Direction, l'examen dont le malheureux est l'objet de sa part. Entre le fainéant in-
corrigible, entre l'homme dangereux et l'homme
qui peut être relevé, la limite est très délicate et
presque imperceptible parfois à déterminer et, selon une juste remarque, ce ne sont pas les règlements administratifs qui se prêteront à des distinc-
tions que l'on doit considérer comme le fondement
de toute institution d'assistance par le travail.

Devions-nous accepter le bon de travail donné au
quémandeur, à l'ouvrier sans ouvrage, et qui lui
assure une occupation rémunérée pendant trois ou
quatre heures par jour?

Vous avez été d'avis que nous devions préférer à
ce système, dont certains inconvénients vous avaient
vivement frappés, le séjour à l'asile pendant un
laps de temps de quelque durée : 20 jours, au moins.
Nos ateliers ne pouvant occuper qu'un nombre
d'ouvriers déterminé, vous n'avez pas voulu nous
exposer à voir affluer, à certains jours, des malheureux qui auraient reçu dans la rue un bon de travail
à titre d'aumône et qui le présenteraient comme un
chèque qu'ils ont le droit de toucher sans travailler,
ou du moins en travaillant d'une façon souvent dérisoire, persuadés que le bienfaiteur anonyme a
payé pour eux, et prêts à se montrer arrogants, si
on les congédiait.

Vous avez pensé, d'autre part, que l'influence
morale sur ces hommes était nulle dans ces condi-

tions et qu'il n'y avait pas à songer à faire œuvre de relèvement; qu'il valait mieux secourir un plus petit nombre d'hommes, ouvrir la porte à moins de misères et exercer une action plus efficace, venir en aide plus spécialement aux travailleurs d'élite, de bonne volonté, surpris et accablés par quelque concours fatal de circonstances.

Sans doute, ce serait un grand progrès de débarrasser les voies publiques des mendiants qui y pullulent parfois, en substituant à l'aumône le bon de travail, et en leur coupant ainsi les vivres. Ce serait un progrès de faire produire quelque chose à des êtres improductifs. D'autres œuvres s'y appliquent et sont appropriées à ce genre d'assistance. La diversité des procédés peut être utile et il est à souhaiter qu'elle existe.

Vous avez redouté enfin certains trafics dont ces bons peuvent être l'objet et tel ensemble de conditions qui ferait que le salaire se trouverait simplement dissimuler l'aumône que l'on aurait voulu supprimer.

Du reste, l'admission de l'hospitalisé pour 20 jours, que vous avez posée comme règle, n'exclut pas la possibilité de l'admettre pour un laps de temps plus court : c'est un maximum. Nous écartons seulement le travail accidentel de quelques heures.

A côté de cette règle, il y en a une autre, sur laquelle vous insisterez avec raison : l'interdiction de dépasser les 20 jours, à moins de circonstances exceptionnelles. Il importe de conserver à l'asile son caractère d'abri temporaire et provisoire, de lieu de passage. Il ne faut pas que l'hospitalisé s'y éternise, préfère sa condition au travail régulier, ce qui constituerait un encouragement envers les professionnels. Qu'un malheureux soit à la veille de trouver des moyens d'existence, une position stable, il va de soi qu'on ne lui marchandera pas quelques jours pour attendre une date déterminée.

En ce qui concerne le nature du travail, nous avons poursuivi un triple objectif : trouver un genre de travail qui, par lui-même, contribue au relèvement moral de l'hospitalisé; en trouver un pour lequel il fût possible d'employer, sans un réel apprentissage, tout malheureux qui se présente; obtenir de ce travail une rémunération suffisante pour couvrir, au moins en partie, les dépenses de l'œuvre.

Nous avons débuté par le cardage des matelas et le pliage du linge de boucherie, auxquels nous continuerons à recourir, mais qui répondent imparfaitement à notre but.

Après avoir examiné les avantages et les inconvénients de divers autres travaux, tels que la brosserie, la vannerie, la fabrication des margotins, des bois cerclés, on s'est arrêté aux travaux de menuiserie élémentaire, meubles en bois blanc, tables et armoires de cuisine, etc.

Il a été constaté que, avec un certain nombre de bons ouvriers permanents, c'est-à-dire avec des cadres, — un ouvrier expérimenté pour cinq inexpérimentés, — on peut concilier avec le renouvellement incessant des hospitalisés la bonne qualité du travail, et employer à la confection des meubles ordinaires des hommes qui n'auraient jamais tenu le rabot.

Il est certain que l'achat des matières premières et la vente des produits constituent, dans cette industrie, deux graves sujet de préoccupation. La Direction ne les redoute pas : plusieurs grands magasins sont prêts à acheter les objets fabriqués qui sortent de nos ateliers. En maintenant les prix courants, on n'aura pas à craindre l'accusation de faire concurrence aux industries similaires.

Le principe du salaire et la fixation de ce salaire au chiffre de 2 francs par jour ont été adoptés par vous unanimement. Les femmes, vous le savez, reçoivent 1 fr. 50 par jour, mais elles ont le coucher et le blanchissage gratuits.

Au lieu d'opérer un prélèvement sur le produit du travail de l'hospitalisé pour payer sa nourriture et son coucher, la Direction a pensé qu'il était préférable de lui remettre son salaire intégral et de lui laisser acquitter à son gré ces deux dépenses.

Ses repas, il est libre de les prendre à la maison ou de les apporter avec lui.

La maison de travail pour les hommes, vous l'avez constaté, bénéficie de la cuisine établie pour l'autre œuvre. Un grand couloir vitré règne entre les deux maisons dans cette partie de l'immeuble, séparant le réfectoire de la cuisine, et les hommes viennent chercher leur repas au guichet derrière lequel se tiennent les sœurs cuisinières. Une portion de soupe vaut 10 centimes; — viande et légu-

mes, 0,25 ; — légumes seuls, 0,10 ; pain, la portion,
depuis 0,02 c.; vin, le carafon 0,10 et 0,15 cent.

Les deux œuvres fonctionnent d'une manière très
distincte au point de vue de leur personnel respec-
tif. Les hospitalisés célibataires reçoivent des bons
de coucher moyennant 0,35 et sont dirigés sur de
petites hôtelleries voisines choisies par la Direction
avec le plus grand soin. Nous pratiquerons ce système jusqu'à ce qu'une hôtellerie spéciale soit annexée à l'œuvre, ce qui est dans nos vœux.

J'ajouterai que tous les efforts vont tendre à aider
les hospitalisés à se placer au sortir de la maison
de travail ; que, pendant leur période de 20 jours,
il leur sera laissé le temps nécessaire, chaque semaine, pour chercher eux-mêmes, et que la Direction utilisera tous les concours en leur faveur. Il ne
faut pas se dissimuler les difficultés de la tâche ;
mais rien ne sera négligé, du moins, pour y réussir.

Au point de vue de l'administration générale de
l'œuvre, la Direction est bien pénétrée de la nécessité d'apporter la plus grande prudence dans les
opérations financières que comporte l'industrie qui
va fonctionner ici. La comptabilité sera tenue avec
soin ; les résultats mensuels et la situation seront
portés à votre connaissance et communiqués à l'Office central lors de chaque réunion du Conseil.

Il faut s'attendre à ce qu'un large concours de la
charité soit nécessaire, dans les débuts surtout.
Mais si l'entreprise est conduite comme toute entreprise industrielle qui veut réussir doit être conduite, — et il importe qu'il en soit ainsi, — l'œuvre

devra être de moins en moins à la merci des libéralités publiques. C'est un point de vue dont on ne
tient peut-être pas assez compte en matière d'institutions charitables, et on trouve dans cet oubli
l'explication de bien des déceptions et de bien des
avortements qui découragent les donateurs les
mieux intentionnés et privent les pauvres d'une
assistance soutenue et efficace.

Quant à nous, Messieurs, je crois que nous devons
nous garder d'être impatients, de demander trop
rapidement des résultats décisifs. Dans une œuvre
si délicate et dont certaines parties sont si nouvelles,
on doit s'attacher à vaincre les difficultés les unes
après les autres, procéder méthodiquement, ne pas
vouloir aller trop vite. L'essentiel, c'est la suite, la
persévérance et, par-dessus tout, la foi dans le succès qui, ici comme en toute chose, est la moitié du
succès,

CHAPITRE X

Expérience réussie. — Depuis 1892, marche progressive et fonctionnement régulier de la maison de travail pour les hommes. — Chiffre considérable des hommes déjà hospitalisés. — Recrutement bien réglé. — Pas un cas d'indiscipline. — Bonne attitude des hospitalisés. — Aspect avenant des ateliers. — Repas et coucher. — Hôtellerie spéciale organisée en vue de recevoir les hospitalisés. — Placement, à la sortie de l'asile, de 35 à 40 p. 100. — Industrie bien conduite, malgré les difficultés et les aléas du début. — Bonne fabrication. — Débouchés assurés. — Trois centres de vente. — Écart entre les recettes et les dépenses sensiblement réduit. — Constructions nouvelles nécessitées par le développement de l'œuvre. — Résultats généraux. — Emprunt remboursé. — Constructions payées. — Immeuble libre de charges. — Création d'une troisième branche de l'Hospitalité du travail. — Œuvre du travail à domicile pour les mères de famille. — Son importance. — Résultats déjà obtenus. — Vente organisée. — Bonne qualité des produits fabriqués. — Trois magasins. — Comptabilité spéciale pour chaque branche. — Comptabilité des trois œuvres revisée avec soin. — Quatrième branche en voie d'organisation : École ménagère pour les jeunes filles. — Vitalité de l'œuvre de l'Hospitalité du travail. — Efficacité du secours matériél. — Relèvement moral. — Appel à de nouveaux concours. — Grande tâche de pacification sociale.

* Dans cette réunion, la première qui se tienne ici, depuis la transformation de notre Comité, je voudrais, Messieurs, jeter avec vous un regard sur les

---

* Rapport présenté à la Commission d'Assistance par le travail le 4 mai 1897. — Le Comité de l'œuvre de l'Hospitalité, jugeant

résultats obtenus par la maison de travail pour les
hommes depuis 1892, et vous faire juger sur place,
cette fois comme président de la Société Immobilière, des agrandissements et des améliorations
réalisés, au point de vue de l'installation matérielle
des ateliers.

Sans doute, vous êtes tenus au courant par des
comptes rendus fréquents; mais ce coup d'œil rétrospectif vous permettra d'envisager le chemin
parcouru.

Si nous sommes loin aujourd'hui des anxiétés
du début, nous ne pouvons pas les oublier. Il est
certain que tout était périlleux dans notre tentative :
l'agglomération, dans nos ateliers, d'hommes pour
la plupart inconnus, et, malgré les précautions
prises pour opérer une sélection, d'hommes souvent
aigris, énervés par la souffrance, portés à l'insu-
bordination ; la difficulté de faire régner une stricte
discipline dans un tel milieu, de le faire gouverner
par une femme, par une religieuse ; d'arriver, dans
un laps de temps relativement court, à réconforter
ces malheureux, à leur assurer de l'ouvrage au sortir de la maison ; les complications d'une véritable
industrie, avec les aléas que comportent l'achat des
matières premières, la fabrication des meubles par
des mains inexpérimentées, l'écoulement normal
et rapide des produits; et tous ces aléas aggravés
par la modicité presque dérisoire du fonds de rou-

que sa tâche spéciale était accompli, avait décidé de se fondre dans
la Commission de l'Assistance par le travail, instituée près de l'Office
central des Œuvres de bienfaisance avec un caractère plus général.

lement, par la nécessité de trouver sans cesse, dans
le concours de la charité, les ressources nécessaires
pour combler l'écart fatal entre les recettes de l'industrie et les dépenses occasionnées par les hospitalisés, c'est-à-dire pour combler le déficit : tels sont
les principaux traits du problème avec lequel nous
étions aux prises. Je ne dirai pas que ce problème ait
été résolu sans tâtonnements et sans mécomptes;
mais enfin, il a été résolu et il est permis d'affirmer
que l'expérience s'est prononcée, qu'elle s'est prononcée favorablement.

Nous avons hospitalisé, depuis 1892, près de cinq
mille hommes qui ont touché un salaire de 2 francs
par jour. Parmi eux, il ne s'est pas produit le
moindre désordre. La sœur Saint-Antoine, aimée,
respectée par tous, plus peut-être que ne l'eût été
un directeur, n'a pas eu à se plaindre d'un seul
manquement à son autorité.

Tout a aidé au relèvement moral des hospitalisés :
non seulement le tact, l'infinie sollicitude, les procédés ingénieux de la Direction, mais encore l'installation matérielle, le bon aspect des ateliers spa-
cieux, bien aérés, inondés de lumière, gais, pareils
à ceux d'une belle et grande industrie, et enfin la
nature même du travail.

On croit trop facilement que tout abri est suffisant pour recevoir des malheureux. Nous avons vu
jadis de ces abris qui ressemblaient à de véritables
bouges. On commet là une erreur absolue. La première impression éprouvée, en entrant dans la maison de travail, a souvent une importance décisive.

Elle agit puissamment sur le moral de celui qui reçoit l'hospitalité. Il faut qu'il éprouve un sentiment de bien-être, qu'il respire, qu'il se sente comme renouvelé, au sortir de l'angoisse et de la nuit qui s'étaient faites autour de son esprit.

Vous vous souvenez que nous avons discuté la question de savoir s'il fallait placer des tables de marbre ou des tables de bois dans le réfectoire. Avec nos ressources si modestes, nous ne devions pas faire de luxe, disait-on. Cependant, les tables de marbre ont été choisies. Eh bien, elles contribuent à l'excellent effet produit par le réfectoire, et ce détail, qui semble si petit, n'est pas indifférent du tout; et il en est de même de la bonne qualité de la nourriture et de l'aménagement de l'hôtellerie destinée à recevoir pour la nuit nos travailleurs et dont je vais parler. Ceux d'entre vous qui ont assisté à leurs repas ont été frappés certainement du soin avec lequel les mets, très simples évidemment, sont apprêtés, et du repas très satisfaisant qu'un homme peut se procurer, en choisissant à son gré des portions, pour 40 ou 50 centimes, y compris un vin très sain et d'origine authentique. Une autre remarque a dû vous frapper plus vivement encore, car elle a une tout autre importance : c'est la bonne tenue des hommes, de conditions si diverses, souvent grossiers et parfois d'un esprit violent, assis les uns à côté des autres et que le hasard associe.

On est surpris de l'ordre parfait avec lequel ils viennent chercher leurs portions des mains des

sœurs, je dirai presque de leur politesse; pas un
éclat de voix dans cette grande salle; des conver-
sations paisibles et, en un mot, — sourira qui
voudra, — tout ce qui caractérise un lieu de bonne
compagnie. Il est heureux que l'occasion se soit offerte à nous de remédier au système défectueux
que nous avions dû adopter, au début, pour coucher
nos hospitalisés.

Vous vous souvenez des inconvénients que présentaient, malgré les précautions prises, les hôtelleries du voisinage où l'on réservait des chambres
pour eux : malpropreté, promiscuité, souvent exci-
tations antisociales. M. et Mme de Laubespin, en
nous fournissant les ressources nécessaires pour
louer, pendant trois ans, rue Virginie, à Grenelle,
à 10 minutes d'ici, par le nouveau pont, un petit
hôtel spécialement aménagé en vue de recevoir nos
hospitalisés, M. et Mme de Laubespin, dis-je, ont
rendu un nouveau et signalé service à l'œuvre. Ce
sera une charge si, le bail fini, le loyer n'est plus
payé par de généreux bienfaiteurs; mais cette charge
devra être acceptée; elle répond à un besoin réel
et elle sera atténuée d'ailleurs par la contribution
des hospitalisés : 35 centimes par nuit.

L'hôtellerie, très bien dirigée par le régisseur à
qui elle a été confiée, compte 60 lits; elle est très
propre et ne connaît pas plus de cas d'indiscipline,
de désordre, que la maison de travail elle-même.

Toutes ces conditions réunies concourent à donner
satisfaction à l'hospitalisé et agissent de la façon
la plus salutaire sur son esprit.

Les règles posées pour l'admission dans l'asile ont été observées, c'est-à-dire que l'on a admis de préférence les hommes qui étaient envoyés par certaines institutions désignées à l'avance; mais au bout d'un certain laps de temps, l'usage devait naturellement élargir ces règles. Les hommes se présentent, pour la plupart, directement, recommandés ou non, et la Direction, après examen (car ils sont nombreux), statue sur leur admission.

L'agent de l'Office central, qui passe ses matinées à la maison de travail et sert de lien entre les deux œuvres, établit la fiche de l'hospitalisé, contrôle ou complète, s'il y a lieu, les renseignements fournis. On s'attache à ne pas dépasser les 20 jours que vous avez fixés et il n'y a d'infraction à cette règle que dans le cas où l'on est en présence d'un intérêt majeur et dûment constaté.

Le recrutement se fait donc dans les conditions que vous aviez prévues. J'ai à peine besoin de dire — vous êtes édifiés sur ce point, Messieurs — que l'esprit le plus large, au point de vue religieux, n'a jamais cessé de présider aux admissions. Je défie que l'on puisse trouver dans Paris une seule œuvre qui soit plus sincèrement tolérante, qui se préoccupe davantage de secourir la *vraie* misère, sans lui demander d'abord de quelle confession ou de quelle opinion politique elle se réclame. La sœur Saint-Antoine est convaincue, sans doute, que le sentiment religieux est l'agent le plus puissant du relèvement moral, la source du courage, de l'énergie et de la confiance; mais personne n'a plus horreur qu'elle de tout ce qui ressemble à la contrainte, en matière religieuse; personne n'a plus d'aversion qu'elle pour les manifestations hypocrites et ne voit plus clair dans le calcul qui les inspire. Je pourrais citer, sous ce rapport, les faits les plus décisifs, les plus touchants. Plusieurs d'entre vous les connaissent, et ces témoignages de gratitude et d'attachement dont la sœur Saint-Antoine a été l'objet de la part d'hospitalisés qu'elle avait recueillis, admirablement traités et placés, et qui professaient des croyances, des idées opposées aux siennes, — ces témoignages de gratitude se sont produits plus d'une fois de la part des uns et des autres. Il y a eu également de remarquables exemples de probité donnés par des hospitalisés venant rembourser, après quelque temps, les petites avances que la Direction avait été amenée à leur faire à leur sortie. Pour le dire en passant, les hospitalisés, leurs repas et leur coucher payés, sont parfaitement à même de se constituer un petit pécule qui leur sert à la fin du séjour dans l'asile.

Nous ne nous sommes jamais fait d'illusions sur la difficulté du placement après la période de 20 jours; mais ces difficultés n'ont pas découragé un moment les efforts de la Direction et elle finira par en avoir raison.

Quelques-uns de nos collègues, pourtant, ont jugé que nos progrès étaient trop lents sous ce rapport; que nous devrions justifier d'un chiffre plus élevé de placements annuels. Mais c'est en cette matière surtout que l'on ne peut se passer du concours du temps. Il faut que l'on s'accoutume à recevoir de nos mains des travailleurs, des employés, et que l'on s'accoutume à venir nous en demander. Interrogez les œuvres de placement analogues à la nôtre, dans Paris; consultez leur expérience, leurs résultats : vous verrez ensuite si nous avons lieu d'être mécontents de ce que nous avons obtenu.

De nos statistiques et de nos observations, il résulte que sur le nombre des hospitalisés, on peut évaluer à 35 ou 40 p. 100 le chiffre de ceux qui sont placés après leurs 20 jours, soit qu'ils bénéficient des indications et du concours de l'œuvre, soit qu'ils trouvent eux-mêmes, pendant leur présence à l'asile.

Il y en a un certain nombre qui disparaissent absolument; il y a enfin les incorrigibles, les clients invétérés des œuvres de charité; il y a les débiles, les vaincus de la vie, les indolents, les timides, les hommes qui commencent à prendre de l'âge et auxquels les patrons préfèrent impitoyablement les jeunes, les forts, les actifs : triste catégorie de malheureux pour lesquels on se demande anxieusement s'il y a une autre destinée que celle de mourir de faim. Nous vous en avons entretenus plus d'une fois et nous recherchons tous les moyens pour arriver à résoudre un si délicat et si douloureux problème.

En même temps que s'accomplissaient ces résultats, l'industrie, de son côté, se perfectionnait. La subvention obtenue sur les fonds provenant du pari mutuel a permis de la doter d'un outillage complet, à la hauteur des progrès actuels. La Direction, qui avait débuté en industriel novice, a pris de l'expérience. Elle a formé de bons contre-maîtres choisis, pour la plupart, parmi les hospitalisés. Elle s'est assuré le concours d'un excellent comptable, qui intervient très utilement dans les divers services. On est devenu ingénieux : les meubles de bois blanc sont aujourd'hui des meubles vernis du meilleur aspect; des mobiliers complets sont exécutés dans le goût du jour, laqués en blanc. La permanence des cadres qui englobent les hospitalisés permet, malgré leur séjour momentané, d'arriver à une bonne fabrication. Les ouvriers d'une équipe se renouvellent d'ailleurs successivement, et ceux qui ont déjà acquis quelque expérience, les plus anciens, font l'éducation des nouveaux venus. Les produits fabriqués dans la maison trouvent ainsi un débouché certain et étendu, et la fabrication pourrait être sensiblement augmentée. Mais nous sommes limités par la capacité de nos ateliers et de notre outillage. Nous ne pouvons guère occuper plus de 100 ouvriers à la menuiserie, dans l'état actuel. Il y a des hommes occupés à d'autres travaux, selon les époques de l'année.

Le Louvre, le Bon Marché sont des clients fidèles et excellents. Il est très rare qu'ils retournent un meuble pour malfaçon. La vente directe, que l'on cherche à développer et qui progresse, a lieu, comme vous le savez, d'abord ici, avenue de Versailles, et ensuite dans les deux magasins de l'œuvre, rue des Saints-Pères, 52, et rue Théophile Gautier, 66, à Auteuil.

Enfin, comme suite naturelle de cet ensemble de faits, l'écart entre le rendement de l'industrie et les dépenses de la maison de travail tend à diminuer, ou du moins ne s'aggrave plus. Ce doit être le constant objectif de la Direction de chercher à le restreindre. A ce propos, vous entendez quelquefois dire de la sœur Saint-Antoine, comme si on lui en faisait un grief : « Cette sœur est une commerçante, elle veut gagner de l'argent. » — Mais oui, certes, elle veut faire prospérer la maison; elle veut être une commerçante intelligente, quand elle fait du commerce, et elle a cent fois raison. Si elle ne poursuivait pas ce but, le déficit que j'ai constaté plus haut ne ferait que s'élargir sans cesse et notre œuvre aurait le sort de tant d'œuvres charitables que vous voyez, au bout de peu de temps, végéter et mourir. Si la Direction comptait exclusivement, pour vivre, sur des dons charitables, que deviendrait-elle le jour où, pour une cause quelconque, la charité serait moins abondante, où la mode qui a aussi, hélas! son influence sur la charité, tournerait ailleurs? Quelles seraient les victimes de cette imprudente manière de procéder? Si l'on veut servir intelligemment la cause des pauvres, il faut se préoccuper, dans des œuvres de cette nature, d'améliorer sans cesse le produit de l'industrie. Ce produit, vous en pouvez suivre jour par jour la destination : les comptes sont clairs et précis. Pour ma part, je n'éprouve qu'une surprise : je suis émerveillé de ce que l'on arrive à réaliser ici avec des ressources relativement si limitées. On le doit en

grande partie à la juxtaposition des deux œuvres,
à l'infatigable dévouement d'un état-major d'élite,
à ces religieuses qui, selon la remarque de Maxime
du Camp, « ne sont pas payées, qui mangent quand
tout le monde a mangé, qui se couchent quand tout
le monde est couché, qui se lèvent avant que personne soit levé ».

Remarquons bien que, quoi que l'on fasse, un
écart subsistera fatalement entre les recettes et les
dépenses, puisqu'il s'agit d'une œuvre et non d'une
affaire, et que c'est déjà un résultat important
que d'empêcher cet écart d'augmenter. Parmi les
hospitalisés, il y en aura toujours un nombre plus
ou moins considérable ou débiles, ou paresseux,
ou maladroits, ou absolument incapables, qui ne
gagneront pas leur salaire de 2 francs par jour, qui
feront un travail insignifiant, représentant à peine
le quart de cette somme, et qui constitueront une
lourde charge. A un autre point de vue encore, les
conditions sont très différentes de celles d'une maison industrielle ordinaire. En dehors du salaire,
la Direction vient en aide, sous les formes les plus
diverses, aux hospitalisés : vêtements, chaussures,
avances, frais de déplacement, secours spéciaux,
selon les cas. Et il faut penser que tout cela s'a-
joute à des charges très lourdes : entretenir, réparer
tous ces bâtiments; maintenir l'outillage en état;
agrandir ici, modifier là, selon les exigences impé-
rieuses de l'industrie. Vous allez juger vous-mêmes,
selon mon désir, de tout ce qui a été fait dans
cet ordre de choses. Vous visiterez le grand bâti-

ment en planches, ou hangar, qui a dû être cons-
truit en face de nos ateliers, sous le coup de besoins pressants. Il devenait impossible de répondre
aux commandes, sans la création de ces nouveaux
locaux. Quelques libéralités opportunes ont permis
de les édifier.

Une nouvelle machine à vapeur a été construite
par les soins de la Direction pour faire marcher la
blanchisserie.

Je suis heureux enfin de vous faire part d'un fait
qui, sans se rattacher directement à l'objet de nos
délibérations, est de nature à vous intéresser.

La Société Immobilière, dont vous savez les liens
avec l'œuvre de l'Hospitalité, a atteint un but que
j'ai poursuivi ardemment, pendant des années,
comme président du Conseil d'administration. Grâce
à une action persévérante et à des circonstances favorables, elle a pu acquitter les dettes qu'elle avait
contractées, notamment vis-à-vis du Crédit Foncier,
pour achever de payer l'immeuble voisin occupé
par les femmes hospitalisées et la construction des
bâtiments qu'il a fallu édifier. Cet immeuble est aujourd'hui affranchi de toutes charges.

L'œuvre se ressent, de diverses manières, de
cette situation meilleure qui favorise ses progrès et
encourage de nouveaux efforts. Aussi pouvons-nous
constater que la nouvelle création qui est venue
s'ajouter aux deux maisons de travail pour les
femmes et pour les hommes, se présente en ce moment avec tous les caractères qui promettent le
succès. Je veux parler de l'OEuvre du travail à do-

micile pour les mères de famille. Cette fondation a réalisé une pensée de prédilection de la sœur Saint-Antoine, qui la considère comme devant compléter les deux grandes œuvres précédemment créées.

De tout temps, elle avait donné à travailler à de pauvres mères de famille, dans la mesure où elle était à même de se procurer de l'ouvrage, et où elle pouvait placer les objets confectionnés. Mais il y avait à organiser définitivement ce mode d'assistance, à en faire une branche nouvelle de l'Hospitalité du travail. Nous avions pu constater combien, parmi les mères de famille, il y a de femmes courageuses qui voudraient aider leur mari à gagner le pain des enfants, et nous étions convaincus qu'en leur assurant un salaire qui ne soit pas dérisoire, qui remédie pour elles au chômage fréquent, on en amènerait, en nombre de plus en plus considérable, à rester à leur foyer, à ne plus laisser leurs enfants à la rue et leurs maris au cabaret; c'est-à-dire que l'on travaillerait puissamment à reconstituer la famille et à élever le niveau moral du peuple.

Toute la combinaison, vous le savez, consiste à acheter dans de bonnes conditions la matière première, à ne rien prélever sur la vente des objets fabriqués, à laisser tous les bénéfices que se réservent ordinairement les intermédiaires entre les mains des ouvrières.

Depuis trois ans, plus de 1,500 mères de famille ont reçu du travail et un salaire qui a varié de 1 fr. 50 par jour à 2 fr.

La vente des objets fabriqués est organisée au-

jourd'hui, moyennant un personnel spécial dressé
par un ancien chef de rayon d'un des grands magasins de Paris. Les trois magasins de l'avenue de
Versailles, 52, de la rue Théophile Gautier, 66, à Auteuil, et de la rue des Saints-Pères, 53, possèdent
un assortiment complet. Un catalogue a été dressé et
distribué. La publicité n'est qu'à ses débuts, et cependant elle a déjà provoqué des demandes multipliées; la clientèle se forme à Paris et en province,
encouragée par la bonne qualité des objets fabriqués et par la prompte livraison. Pour venir en aide
à cette œuvre si utile, si nécessaire, au point de vue
chrétien comme au point de vue social et humani-
taire, il ne faut qu'un peu de bonne volonté, car on
peut contribuer à son développement, sans grever
le budget ordinaire de ses dépenses. Vous remarquerez, Messieurs, que les trois œuvres réunies ont
secouru dans une seule année plus de cinq mille
malheureux des deux sexes.

Elles ont chacune, comme je l'ai dit, leur comptabilité distincte; les trois comptabilités sont cen-
tralisées et revisées par le comptable en chef.

C'est ainsi qu'une œuvre en enfante une autre, et
que l'on peut suivre dans son merveilleux épanouissement l'inépuisable fécondité de la charité.

Je n'aurais pas tout dit si je ne vous avais montré à l'horizon une dernière fondation qui constituerait en quelque sorte une œuvre préventive,
destinée à combattre la misère dans sa source, à
côté des œuvres d'assistance, de secours proprement
dit, dont je viens de parler. Si les espérances de la

sœur Saint-Antoine se réalisent, une École de ménage pour les jeunes filles pourra être annexée aux
trois autres œuvres.

L'importance du rôle de la femme dans un ménage ouvrier pour prévenir la misère n'est plus à
démontrer. Ce n'est pas le moment d'insister sur les
conditions particulières qui faciliteraient ici cette
éducation donnée par les sœurs dans un local spécial. Encore une fois, je n'ai voulu noter qu'une
espérance. Si je n'en dis pas davantage, c'est que
je considère que ce projet doit être mûrement étudié dans tous les détails de son application et que
les voies et moyens pour le réaliser doivent être
assurés, avant de rien entreprendre.

A ce propos, on me reprochera peut-être de
m'inspirer d'une prudence excessive, comme on a
reproché à la sœur Saint-Antoine d'être trop auda-
cieuse, emportée par son absolue confiance dans le
secours d'En Haut. La sœur Saint-Antoine n'invoque
pas d'autre justification que le bien qu'elle fait.
Pour moi, j'estime, non sans m'en accuser, que j'ai
été jusqu'aux dernières limites de la témérité dans
les diverses phases de la fondation de l'Hospitalité
du travail et aussi bien, d'ailleurs, dans la création de l'Office central; mais, quoi qu'il en soit,
— qualités ou défauts, — j'espère que vous ju-
gerez, en présence des résultats, qu'il n'y a pas
lieu de regretter une collaboration qui dure depuis
tant d'années et que des épreuves multipliées n'ont
pas découragée.

J'espère surtout, Messieurs, que l'exposé que je

viens de faire aura pour conséquence d'affermir votre foi dans l'avenir. Puissiez-vous faire des prosélytes autour de vous! Puissiez-vous faire naître, parmi ceux que vous amènerez ici pour étudier l'Hospitalité du travail, des dévouements nouveaux qui, notre tâche finie, nous continueront! Il ne me semble pas possible qu'un cœur généreux ne soit pas séduit par une œuvre qui affirme sa vitalité par de tels résultats, qui parvient à secourir, à relever si efficacement les malheureux, par une œuvre que ceux mêmes qui lui sont le moins favorables ne peuvent se défendre de regarder comme un des plus sûrs instruments de la pacification sociale.

CHAPITRE XI

De quels éléments se compose la masse des gens sans travail, en vue desquels l'assistance est organisée. — Nécessité d'établir un départ entre ces différents éléments et de se rendre compte de la nature et de l'étendue du mal. — Statistique indispensable. — Distinguer entre le valide de bonne volonté, l'invalide (infirme, etc.) et le professionnel (mendiant, vagabond). — Traitements différents à réserver à ces diverses catégories. — Travail procuré aux premiers. — Utilisation des ressources charitables en faveur des seconds. — Répression énergique pour les troisièmes. — Impuissance des mesures prises pour remédier à la mendicité et au vagabondage tant que ce départ ne sera pas fait. — Il pourrait être établi par des Offices régionaux reliés entre eux. — Concours simultané de l'État, de l'initiative personnelle et de la charité privée. — Organisation efficace de l'assistance embrassant le pays entier.

* Qu'un sentiment d'humanité, de pitié bien entendue, ou que la crainte d'un péril imminent l'inspirent, il est constant que le mouvement qui tend à organiser l'assistance sous toutes les formes pour l'indigent invalide, à substituer le travail à l'aumône pour l'indigent valide, se généralise et se fortifie. Nous y applaudissons, et c'est le devoir de tous les gens de bien de seconder énergiquement une pareille tentative. Il n'existe pas d'autre moyen

* Mémoire adressé aux Conseils généraux, lors de la session d'août 1896.

de résoudre ce problème : combattre efficacement le vagabondage et la mendicité, empêcher ainsi les faux pauvres de voler les vrais et de constituer une menace permanente pour la paix publique.

*
* *

La plaie des « sans-travail » a existé à toutes les époques de notre histoire : bien des efforts ont été faits pour la guérir. Elle n'a pas disparu, malgré les progrès accomplis en notre temps; quelquefois même, elle semble s'aggraver, par suite des conditions économiques actuelles, des crises de surproduction, des perturbations soudaines amenées par l'abaissement des prix de transport, etc. Cette plaie nous émeut-elle davantage parce qu'une immense publicité en révèle chaque jour tous les douloureux aspects? La plainte de ceux qui souffrent est-elle mieux entendue et touche-t-elle plus profondément les cœurs? Quoi qu'il en soit, le mal est grave. La plupart des capitales de l'Europe ont à compter, chaque année, avec des multitudes qui demandent du travail ou du pain. On n'a pas oublié les troubles ensanglantés de Berlin et de Vienne. Aux États-Unis, on a vu — spectacle unique — une véritable armée de sans-travail marcher sur la capitale, décidée à imposer ses volontés au Parlement. En France, non seulement les sans-travail sont pour les villes un embarras et un danger, mais les campagnes sont infestées de chemineaux, exploitées par de véritables compagnies de malandrins. On constate que, dans certaines contrées, de braves paysans qui ne dépensent pas certainement plus de 1 fr. 50 à 1 fr. 75, chaque jour, pour eux-mêmes (famille de sept personnes), sont contraints de donner quotidiennement aux vagabonds des secours de 0 fr. 25, 0 fr. 30, 0 fr. 35, afin d'écarter le péril de la vengeance, du vol, de l'incendie[1]. Les Conseils généraux ont jeté un cri d'alarme. Le Parlement s'est ému à son tour. Il est saisi de la question par la présentation de divers projets de loi.

Une circulaire récente du Ministre de l'intérieur a invité les autorités préfectorales à encourager les œuvres d'assistance par le travail, à en faciliter les débuts là où l'on s'efforcerait d'en constituer de nouvelles, à en développer l'action là où elles existent déjà.

Intervenant de nouveau, il y a peu de temps, le Ministre de l'intérieur a communiqué aux préfets une note rédigée par les délégués[2] de deux grandes associations compétentes, sur les mesures à prendre en vue de combattre le vagabondage et la mendicité dans les campagnes, et cette note a été soumise aux Conseils généraux.

---

1. Dans une des dernières séances de la Société nationale d'Agriculture, M. de Monicault a fait une communication qui indique même un chiffre supérieur pour ces prélèvements forcés.

2. Cette note est signée par MM. Voisin, conseiller à la Cour de cassation, président de la Société générale des prisons; Grossetête-Thierry, président de la Société internationale pour l'étude des questions d'assistance; de Crisenoy, ancien conseiller d'État, rapporteur, et Albert Rivière, secrétaire.

L'initiative privée n'avait pas attendu l'intervention gouvernementale. Les œuvres d'assistance par le travail s'établissent de tous côtés sous les formes les plus diverses. Il y a là une campagne excellente, dans son principe.

Mais ne convient-il pas de se demander si, en l'entreprenant, on se rend compte suffisamment de la nature et de l'étendue du mal auquel on veut remédier, si l'on a bien étudié la composition de l'armée des sans-travail, les éléments qui la constituent, les traitements variés qu'ils réclament? Sait-on, au moins approximativement, quelle est la proportion de ceux qui, cherchant réellement du travail, n'en ont pas trouvé, et peut-on déterminer ainsi l'importance de l'effort qu'il y a lieu de tenter? Va-t-on multiplier les œuvres d'assistance par le travail sans plan d'ensemble, sans méthode, au hasard, au risque de voir bien des efforts isolés, incomplets, plus généreux que pratiques, aboutir à l'impuissance et au découragement, au risque aussi de donner, sous l'apparence du travail, une aumône déguisée, de fournir à l'oisiveté des facilités nouvelles, et d'aller à l'encontre du but même que l'on poursuit? Ces appréhensions sont permises, car elles sont justifiées. La statistique des sans-travail n'existe pas. Combien y a-t-il en moyenne, dans Paris, à ne considérer que cette ville, d'ouvriers sans ouvrage, ne sachant comment ils mangeront et où ils coucheront, le soir venu? On ne vous le dirait ni à la Préfecture de police, ni à l'Hôtel de Ville, ni à la Bourse du Travail, ni à la Chambre de commerce.

Le chiffre de 40,000 a été avancé quelquefois, sans
être appuyé sur aucune donnée précise. L'Office du
travail a publié des renseignements intéressants sur
le chômage, mais ils ne portent que sur certaines
industries spéciales[1]. Nous avons vainement cherché des informations concluantes sur ce point, en
ce qui touche soit Paris, soit les grandes villes de
province. Quant aux campagnes, un rapport de
M. de Crisenoy évalue de 25 à 30,000 le nombre des
sans-travail, des rouleurs qui les parcourent. Le
chiffre réel est supérieur encore à celui-là. Il va de
soi qu'il ne s'agit pas des conséquences de ces crises soudaines qui arrêtent la marche de toute une
industrie et qui échappent le plus souvent aux prévisions, mais de la moyenne du nombre d'individus
sans travail, en temps ordinaire.

* *
*

J'ai hâte de reconnaître que ces statistiques sont
très difficiles à établir et qu'elles font défaut dans
les pays qui nous avoisinent, comme chez nous. Un
ouvrage récemment publié sur « les inemployés »

---

1. A la demande du Conseil supérieur du travail, l'Office du travail a commencé une enquête sur le chômage. Son très distingué
directeur, M. Moron, a présenté au Congrès international de Statistique, qui s'est tenu à Berne en septembre dernier, un rapport
sur les premiers résultats de cette enquête. Cinq fascicules ont été
publiés. La proportion moyenne des chômages dans les industries
jusqu'ici étudiées serait de 18 p. 100 à Paris et de 14 à 15 p. 100 en
province. M. Moron a été chargé de dresser la statistique du chômage dans les différents pays.

en Angleterre, par M. Geoffrey Drage, secrétaire de la Commission du travail, le constate avec regret; et l'auteur est bien placé pour savoir ce qu'il dit. Le même regret est manifesté en Allemagne dans une série de publications également récentes sur cette question. Ce n'est pas que les enquêtes aient manqué : elles ont été multipliées; mais elles ne donnent que des résultats partiels, insuffisants, et souvent contradictoires ou hasardés. D'après une de ces enquêtes faites en Allemagne, dans trente et un grands centres industriels, par un groupe de syndicats ouvriers, et résumées par un statisticien autorisé, M. Oldenberg, — sur une population de deux millions et demi d'habitants, et sur un nombre d'environ six cent mille travailleurs salariés, la proportion des ouvriers sans travail serait de 7 p. 100. Ailleurs, aux États-Unis, dans l'État de Massachusetts, par exemple, on l'évaluera à près de 30 p. 100. Si l'on en croyait les indications fournies à Berne par l'Association contre le chômage, ce chiffre serait de plus de 40 p. 100. Il est bien probable que les bases de ces calculs sont différentes. Mais sans insister sur ces chiffres, a-t-on recherché, d'après les données qui ont été recueillies, quelle serait chez nous, à Paris notamment, parmi les indigents qui se disent sans ouvrage et réclament une assistance, la proportion des ouvriers de bonne volonté cherchant sérieusement du travail et n'en trouvant pas? D'après l'un des hommes qui ont le plus étudié la question, M. le pasteur Robin, fondateur de la maison hospitalière de Belleville, cette

proportion serait de 10 à 20 p. 100. D'autres calculs
la portent à 30 p. 100. C'est-à-dire que sur cent individus déclarant que leurs recherches sont vaines,
et qu'ils ne trouvent pas de travail, il y en aurait,
d'après les uns, dix ou vingt, d'après les autres,
trente qui seraient sincères. Il faut pourtant que
l'on arrive à être fixé, au moins dans une certaine
mesure, sur ce point, afin de pouvoir établir de
quels éléments se compose l'armée des sans-travail
et déterminer la mesure des remèdes à employer.

« Théoriquement, dit la note adressée par le
Ministre de l'intérieur aux préfets, le problème de
l'extinction du vagabondage et de la mendicité se
pose dans des conditions très simples. Les vagabonds et les mendiants se divisent en trois catégories : les invalides que l'on doit secourir, les valides
de bonne volonté qui ont besoin d'une assistance
temporaire, les valides professionnels (vagabonds
et mendiants volontaires) qui doivent être rigou-
reusement poursuivis. »

Rien de plus juste ; mais c'est pratiquement qu'il
faut pouvoir faire cette distinction, afin d'appro-
prier à chacune de ces catégories le traitement qui
doit lui être appliqué. Le nœud de la question
est là.

Aussi est-ce avec raison que l'un des membres
les plus connus du parti ouvrier, John Burns, qui
appartient au Parlement anglais, disait récemment : « La compétence que j'ai acquise me permet
d'affirmer qu'il est impossible de traiter utilement
la question des sans-travail, tant que l'on n'aura

20

pas réussi à différencier ceux-ci des vagabonds et des paresseux irréductibles. » On ne l'a pas fait jusqu'à présent, et c'est la cause véritable de l'échec des efforts qui ont été tentés; de là viennent en particulier l'impuissance de notre législation et l'insuccès absolu de la création des dépôts de mendicité. Ainsi s'explique surtout le déplorable avortement des stations de secours allemandes, qui avaient donné d'abord de si brillants résultats et qui constituent la tentative la plus sérieuse faite en Europe, pour résoudre la question de la mendicité dans le sens de l'assistance par le travail[1].

* *

En ce qui touche notre pays, on s'est trouvé fatalement réduit à ne pouvoir ni réprimer, ni secourir efficacement, à défaut d'indications sûres pour discerner, en fait, à quels individus doivent s'appliquer les mesures de rigueur ou le bienfait du secours. On appréhendait de sévir contre les indigents valides, se disant sans travail, auxquels on n'avait pas d'ouvrage à offrir, comme pierre de touche, ou contre des indigents invalides pour lesquels aucune assistance sérieuse n'avait été organisée.

Il en est résulté que les indigents les moins dignes d'intérêt sont ceux qui trop souvent ont bénéficié le plus de la charité publique et privée, et que

1. Louis Rivière, *Le Krach des stations de secours allemandes.*

l'on a, d'une manière permanente, donné un déplorable encouragement aux mendiants professionnels et aux plus dangereux coquins.

Les statistiques criminelles nous apportent, à ce
point de vue, des enseignements sans réplique.

La moyenne annuelle des vagabonds et mendiants
poursuivis a été :

De 1861 à 1865, de 22,021 ;
De 1866 à 1890, de 54,404.

La moyenne des récidivistes annuellement a été :

De 1861 à 1865, de 57 p. 100 ;
De 1885 à 1889, de 76 p. 100.

Veut-on un exemple de ce qui s'est passé en Allemagne?

Dans les colonies agricoles de travailleurs libres,
à Wilhelmsdorf, par exemple, colonie fondée par le
pasteur de Bodelschwing, ce sont des travailleurs
sérieux qui se sont présentés les premières années.
Cette œuvre a donné au début les résultats moraux
les plus satisfaisants. Sur 1,187 hommes admis la
première année, 800 étaient de véritables ouvriers,
et, sur les 960 qui sortirent de la colonie cette
année-là, il y en eut 840 qui retrouvèrent immédiatement une situation. Dans la suite, l'admission
sans condition des mendiants et des vagabonds ainsi
confondus avec les bons ouvriers, a produit un résultat tout opposé. Les travailleurs sérieux n'étaient
plus, dix ans plus tard, qu'une faible minorité : la
population de cette colonie, qui a donné de si belles

espérances, contenait des repris de justice admis
dans une proportion de 77 p. 100 pour une première fois, et de 87 à 90 p. 100 pour une deuxième.
Les mendiants et les malfaiteurs avaient envahi la
colonie, les ouvriers sérieux s'en étaient éloignés[1].

Les mêmes faits se produisent en Angleterre.
Dans son étude sur l'assistance des pauvres par le
travail, le professeur James Mayor, parlant des colonies agricoles ou fermes paroissiales établies dans
ce but et qui n'ont pas réussi, dit : « Il est clair que
la ferme paroissiale n'a pas donné un secours à
l'honnête ouvrier sans travail, mais qu'elle a été
envahie par le vagabond et le mendiant. Il semble
démontré que ces deux catégories ne se mêleront
pas et que la présence de la dernière détournera à
jamais l'honnête ouvrier. »

* *
*

Le but qu'il faut atteindre, si l'on veut remédier
utilement à la plaie des sans-travail, est donc
clairement défini. Il y a un départ à établir entre
des éléments divers; il y a des traitements différents
à appliquer, tout un ensemble de mesures à pro-
portionner et à adapter au degré de misère ou
d'abjection de l'indigent; il faut énergiquement
châtier les coupables, mais relever les malheureux
en les mettant à même de rentrer dans la vie régulière.

1. Pasteur Robin, *Revue pénitentiaire. Bulletin de la société
générale des prisons.* Février 1894, page 549.

Quel est le moyen pratique de résoudre le problème? Une institution d'une nature spéciale est nécessaire, institution unissant l'action privée à l'action publique, placée au centre d'un groupe de départements, au centre d'une des circonscriptions charitables entre lesquelles il faudrait diviser la France, ayant pour organe une vaste association et un conseil où siégeraient, avec les délégués des Conseils généraux et du pouvoir central, les représentants des grandes œuvres bienfaisantes de la région et ceux de l'assistance publique; à un agent, directeur ou administrateur, serait confiée l'exécution.

La mission à remplir serait de dresser la statistique des sans-travail, d'en déterminer les diverses catégories, d'établir, aussi exactement que possible, la proportion des valides et des invalides, vieillards, infirmes, débiles, vaincus de la vie, mendiants professionnels, vagabonds, et notamment vagabonds de nationalité étrangère; de créer pour les individus valides et de bonne volonté une maison de travail agricole ou industrielle, selon le cas, placée au point le mieux choisi de la région; d'utiliser, en faveur des invalides, toutes les ressources charitables de la circonscription, même des circonscriptions voisines; d'instituer, s'il y avait lieu, une seconde maison de travail, ayant un caractère pénitentiaire, pour les professionnels et les vagabonds, à moins que l'on ne jugeât préférable, suivant l'avis d'esprits compétents et autorisés, de les soumettre à l'emprisonnement cellulaire, mode de détention dont la seule perspective réduirait le nombre des gens errants.

On fonderait ainsi une sorte d'Office central dans le genre de celui qui a été établi à Paris, en relation avec tous les établissements de bienfaisance et sachant quel est, dans le moindre des hospices, le nombre de lits vacants. Il est à croire qu'un Office suffirait pour un groupe de départements comprenant environ deux millions d'habitants, ce qui exigerait pour toute la France de quinze à vingt Offices communiquant entre eux, ou pouvant être reliés par l'Office central de Paris.

Déjà des tentatives ont eu lieu en vue d'établir une entente entre certains départements pour arriver à la répression du vagabondage et de la mendicité.

Une proposition de ce genre a été adoptée l'an dernier par le Conseil général du Puy-de-Dôme. Cette proposition émanait d'un de ses membres les plus autorisés, qui a pris jadis une part importante aux travaux du Parlement et qui est appelé encore à rendre à son pays d'éminents services, M. le comte de Chabrol. L'exposé des motifs présenté à l'appui de sa proposition démontrait parfaitement combien la répression du vagabondage et des abus de la mendicité serait plus facile, si les mesures à prendre s'appliquaient à un groupe de départements, combien il serait plus aisé de faire la statistique des ouvriers sans travail, des rouleurs de toutes sortes, d'arriver à une surveillance efficace, de réduire, en les répartissant, les frais généraux entraînés par l'hospitalisation des malheureux et la répression des coupables.

Que l'initiative prise par une assemblée départementale se généralise, et elle conduira tout naturellement à la création, dans chaque région, d'un Office central, réalisant ce qu'aucune loi ne saurait faire.

En tout cas, la création de maisons de travail viables, rendant des services, ne peut aboutir que dans ces conditions. Avec des ressources étendues, s'appliquant à une population importante d'hospitalisés, on peut fonder soit une colonie agricole, soit un asile industriel fonctionnant pratiquement, et obtenir des résultats de nature à compenser la dépense. Enfin, le concours de sous-comités et de correspondants dans les principales villes, même dans les centres ruraux, compléterait cette organisation. L'Office central pourrait être mis en mouvement, d'une manière très rapide et, au besoin, à l'aide du télégraphe, soit par ces correspondants, soit par les maires ou par les juges de paix, si, comme en Belgique, on se décidait à provoquer et à organiser l'intervention de ces magistrats.

C'est à ces Offices régionaux qu'appartiendrait le soin de susciter, de développer les moyens si nombreux, si variés, qui permettraient, selon les milieux, de remédier, dans la mesure où il est possible de le faire, au chômage. Ils pourraient, après entente avec le ministre compétent, utiliser, comme cela se pratique avec succès dans le grand-duché de Luxembourg, les bureaux de poste, les agences postales, etc., pour recevoir dans une boîte spéciale, centraliser et mettre en rapport les offres et les demandes. Ils pourraient aider, en communiquant les données de leur expérience, à l'extension des assurances contre le chômage. Ils pourraient combler une lacune dont peut-être nous ne nous préoccupons pas assez, en concourant au placement des soldats libérés, ainsi que cela se fait en Allemagne; car, parmi les conséquences du service obligatoire pour tous, il y en a une très grave dont sont vivement frappés tous ceux qui s'occupent de la question des sans-travail : le déclassement général dans toutes les professions.

Ce sont là seulement des exemples de ce que réaliserait le zèle fécond de ces offices régionaux. Ils seraient autant de foyers d'action efficace contre la misère et contre l'oisiveté coupable, la coalition de toutes les générosités et de toutes les forces charitables du pays; ils offriraient à tous les gens de cœur un terrain où il n'y aurait ni vainqueurs ni vaincus, et où se prépareraient sans doute d'autres rapprochements.

Ces résultats, toutefois, ne seraient obtenus qu'à une double condition : d'abord, un bon choix des membres appelés à siéger dans les conseils régionaux, un choix fait avec un esprit large, sans considération de coterie, sans nulle préoccupation sectaire, de façon que le concours d'aucun homme de bien ne fût refusé; et puis le bon choix du directeur ou de l'administrateur qui personnifierait l'Office. Ces fonctions ne sauraient évidemment être confiées à un simple bureaucrate. Il faut pour les remplir efficacement un homme, avant tout, d'un dévouement profond et éclairé envers les malheureux, qui n'épargne point sa peine, qui ait de l'expérience et du tact, qui soit à la fois paternel et énergique.

En résumé :

Nous ne croyons pas possible, en nous fondant sur la démonstration qui résulte des faits, d'arriver à soulager efficacement la misère ni à réprimer sérieusement le vagabondage et la mendicité, même en encourageant la pratique de l'assistance par le travail, tant que l'on continuera à agir aveuglément à l'égard des individus qui font appel à la charité.

Or, on continuera à agir aveuglément et par conséquent à rester impuissant, tant que l'on n'aura pas adopté les mesures nécessaires pour connaître l'importance et la composition de l'armée des sans-travail, pour distinguer ses éléments divers, déterminer les traitements qui conviennent à chacun d'eux, discerner les individus eux-mêmes auxquels ils doivent être appliqués; tant que l'on ne sera pas maître de réserver : aux invalides les asiles et les secours de toute nature que pourrait procurer une meilleure utilisation des ressources de la charité; aux valides de bonne volonté, cher-

chant dé l'ouvrage, une organisation destinée à
leur en assurer, sous la réserve toutefois qu'une
sélection sévère présiderait à l'admission dans les
maisons de travail; aux oisifs de profession, les
rigueurs pénales, exercées de façon à être à la fois
un moyen de répression et d'efficace action préventive, avec des dispositions spéciales, en vue de
la récidive.

Quant à l'application même de cette méthode,
nous considérons qu'elle ne peut être réalisée
que grâce à la création d'une institution spéciale,
d'un Office central du travail et de la charité, instrument permanent d'investigation et de concentration, établi sur des points déterminés du territoire et qui associerait l'initiative privée à l'action
publique.

Nous estimons qu'il est indispensable de parta-
ger la France en un certain nombre de circonscriptions charitables, quinze à vingt, dont chacune
serait pourvue d'un Office central relié lui-même
aux Offices des autres régions.

Il serait facile, si ce projet était favorablement
accueilli par l'opinion publique, de déterminer les
conditions pratiques dans lesquelles fonctionne-
raient ces Offices. C'est à l'initiative individuelle à
ouvrir la voie. Il dépend d'un groupe de citoyens
dévoués de jeter les bases, au sein de chaque
grande région, d'une association qui centraliserait
les informations, rapprocherait les représentants
des grandes institutions charitables, provoquerait
le concours et l'entente des Conseils généraux et

des représentants du pouvoir. Si les commencements sont difficiles et humbles, si la patience est
nécessaire : peu importe. Les obstacles n'arrêtent
pas ceux qu'anime la flamme de la charité. Ils sau-
ront toujours en triompher; ils auront raison de
l'inertie des uns comme de l'opposition des autres. Toute la question, aujourd'hui, est de savoir
si, placés en présence d'un mal social dont la gra-
vité s'accentue sans cesse et en présence des remèdes qui pourraient le guérir ou au moins l'atténuer,
nous consentirons à oublier un moment nos misérables divisions pour penser à notre pays et nous
réunir généreusement dans un commun effort.

CHAPITRE XII

INDICATIONS PRATIQUES
POUR FONDER UN OFFICE CENTRAL DE LA CHARITÉ.

La création d'un Office central de la charité, dans une ville ou dans une région, ayant pour objet de remédier à une utilisation imparfaite des ressources charitables, la première tâche de ses fondateurs doit être d'apprendre à connaître ces ressources et ceux qui sont appelés à en bénéficier, c'est-à-dire les pauvres.

I. ENQUÊTE SUR LES OEUVRES. — Il faut avant tout connaître les œuvres qui existent dans le milieu où l'on veut agir. Si, en effet, la misère n'est pas soulagée avec l'efficacité que devrait comporter, ce semble, la multiplication des institutions privées de bienfaisance et l'accroissement des libéralités faites sous toutes les formes, principalement depuis un demi-siècle, c'est, en grande partie, parce qu'on ne sait pas assez tirer profit des œuvres charitables : *on ne les connaît pas*, ou *on les connaît mal; on ignore trop souvent comment il faut y recourir; et enfin il arrive que les œuvres s'ignorent entre elles.*

De là résulte fatalement *une regrettable déperdition de ressources et de forces,* première explication de l'insuffisance d'une action charitable, qui pourtant ne ménage ni son zèle ni ses sacrifices.

Pour modifier cet état de choses, on doit donc à tout prix faire cesser l'isolement des œuvres, l'absence de concert; on doit *les mettre en communication entre elles* et arriver à doter la charité d'un instrument nouveau qui soit tout ensemble un instrument *d'information* et un instrument *d'action.* Tel est le but que s'est proposé d'atteindre l'Office central fondé à Paris en 1890.

Les hommes d'initiative généreuse qui, dans les villes où ils habitent, veulent imiter son exemple, ont, avant tout, à se constituer en association, à former un Conseil de 15 à 20 membres en faisant en sorte que les principales œuvres charitables y soient représentées, et en choisissant au sein de ce Conseil un Comité d'action de 3 à 7 membres. Ils ont ensuite à procéder au recensement des œuvres charitables de leur cité ou de leur région; ils ont à étudier la nature et l'importance de ces œuvres, leur capacité d'assistance, leurs conditions d'admission, âge, prix, etc.; ils ont à établir des rapports suivis, à se faire accréditer auprès d'elles de façon à ce que les portes s'ouvrent devant leurs demandes. Tâche délicate, car elle consiste à démontrer aux œuvres qu'il s'agit, *sans porter aucune atteinte à leur autonomie,* de leur permettre d'atteindre plus efficacement leur but, — de les renseigner sur les malheureux qui s'adressent à elles, —

de les aider à résoudre leurs difficultés, — *de défendre au besoin leurs intérêts,* — de les faire mieux apprécier, et de tourner vers elles des libéralités hésitantes ou mal informées.

II. Enquêtes sur les pauvres. — La seconde cause qui explique l'inefficacité relative des ressources absorbées par la charité, c'est l'exploitation croissante à laquelle se livre la fausse indigence, et que l'on encourage trop souvent en donnant au hasard.

Les promoteurs de l'Office ont donc à organiser *une autre enquête, permanente celle-ci, sur les pauvres,* de façon à pouvoir constituer rapidement une sorte d'état civil des indigents. Sans doute, cet état se modifiera sans cesse; mais il y a une légion de professionnels qu'il faut bien connaître.

Pour faciliter ces recherches, on devra établir, pour les œuvres comme pour les pauvres, un double jeu de fiches, résumant sommairement les indications qui caractérisent l'œuvre ou le pauvre; puis une série de dossiers, auxquels on se référera, moyennant un numéro d'ordre, et où se trouveront réunis tous les documents qu'il aura été possible de recueillir et qui permettront de répondre aux demandes de renseignements.

Ces premiers efforts tentés, l'Office sera, au bout de peu de temps, en mesure de renseigner à la fois les bienfaiteurs et les pauvres : les bienfaiteurs, qui cherchent comment ils pourraient soulager telles ou telles misères dont ils sont émus; les pauvres, qui ont besoin d'être dirigés vers l'œuvre créée spécialement pour eux et qui l'ignorent ou ne savent comment s'y faire admettre.

Quelles sont maintenant les conditions pratiques à réunir pour assurer le fonctionnement de l'Office central de la charité? On peut les ramener à trois : *un agent, un local, un budget.*

III. L'AGENT. — Le choix de l'*agent,* directeur ou administrateur de l'Office, a une importance décisive. On ne saurait hésiter à lui attribuer un traitement; il est même désirable qu'il consente à l'accepter, afin de pouvoir consacrer tout son temps à une institution qui veut une régularité, une assiduité comparables à celles qu'exige une administration; que si l'agent consent à fournir cette somme de travail, et s'il est à même de le faire gratuitement, au moins est-il nécessaire de lui assurer le moyen d'avoir sous ses ordres et sous sa responsabilité un ou plusieurs employés rétribués. On doit réserver pour d'autres tâches les dévouements bénévoles, gratuits, si précieux qu'ils soient. Mais il est évident que ces fonctions, on ne peut assez le redire, ne sauraient être confiées à un simple bureaucrate. Elles supposent pour être utilement exercées un ensemble de qualités que l'on devra s'appliquer à rencontrer réunies et d'où dépendra principalement le succès de l'œuvre.

Peut-être le personnel enseignant offrirait-il des ressources pour ce choix. Un ancien professeur ou chef d'établissement, un homme jouissant d'une

retraite, peut encore avoir la vigueur nécessaire
pour remplir ce poste.

IV. LE LOCAL. — Trois pièces peuvent suffire dans
les commencements : le cabinet de l'administrateur, une salle d'attente, une pièce pour un ou
deux employés. Si l'on peut avoir une quatrième
salle pour les réunions du Conseil de l'Office, des
Commissions, et pour placer les archives, cela serait préférable. Mais d'humbles commencements
portent bonheur à une œuvre, et plus ils sont modestes, moins on hésite, moins on tarde à entrer
dans la période d'exécution.

V. LE BUDGET. — A titre de renseignement nous
donnons les chiffres suivants, que nous relevons
dans le compte rendu de l'Office de la charité fondé
à Lille. Son personnel se compose de :

Un administrateur-directeur . . . 3,000 fr.
Un adjoint, par mois . . . . . 70 ,,
Un premier enquêteur . . . . . 100 ,,
Un second enquêteur . . . . . 85 ,,
Le concierge, 5 fr. par semaine.

L'ensemble des frais, y compris ceux qui pré-
cèdent, est d'environ 12,000 fr. par an.

D'autres Offices ont débuté avec des budgets
beaucoup moins élevés, avec 6,000 ou 5,000 fr., et
même moins.

VI. LE FONCTIONNEMENT DE L'OFFICE. — Envisageons à présent l'Office central comme instrument

d'action; car il ne doit pas se borner à renseigner :
il doit agir, agir pour les bienfaiteurs que l'âge,
la maladie, des occupations absorbantes, l'absence
ou d'autres causes empêchent de faire eux-mêmes
les démarches que leur inspire l'esprit de charité;
il doit agir pour les pauvres, qui sont trop souvent
hors d'état d'obtenir eux-mêmes les concours qui
leur sont nécessaires.

Qu'il soit question de placer un enfant dans un
orphelinat, un malade dans un hôpital, un vieillard dans un asile, de rapatrier des indigents, de
mettre en mouvement l'assistance publique ou les
sociétés privées de secours, l'Office doit être en
mesure d'intervenir efficacement.

Il ne doit pas être un bureau de secours proprement dit; il serait débordé en 24 heures, et sa
caisse serait vide, eût-elle été bien remplie à l'origine; il ne doit pas se substituer aux œuvres fondées exprès dans ce but. Mais il doit avoir certaines
ressources disponibles, permettant d'accorder un
secours urgent, un secours d'attente à un malheureux, jusqu'à ce qu'une solution intervienne. Il doit
être en mesure de procurer dans certains cas à un
indigent valide, de bonne volonté, un instrument
de travail qui lui constitue un gagne-pain : outils,
machine à coudre, etc. Son grand rôle doit être de
faire donner, et de faire donner intelligemment,
soit qu'il signale à de généreux bienfaiteurs des
infortunés qu'ils iront visiter et soulager eux-mêmes,
— ce qui est le véritable exercice de la charité, —
soit qu'il se constitue auprès des pauvres l'intermé-

21

diaire des bienfaiteurs empêchés d'agir eux-mêmes, et qu'il ouvre à ces derniers des *comptes courants de charité,* au moyen de sommes déterminées qui lui seraient confiées, et dont l'administrateur disposerait en faveur de certaines infortunes, d'après une indication précise ou à son gré.

Des carnets de renseignements à souche peuvent être délivrés dans ce but aux bienfaiteurs. Pour mettre l'Office en mouvement, il leur suffit d'écrire les indications nécessaires, de détacher le feuillet et de l'expédier par la poste. Des tickets fermés, ayant la forme de cartes-lettres et portant le numéro attribué dans l'œuvre aux associés, peuvent aussi être remis à chacun d'eux pour leurs recommandations.

Le grand principe qui doit constamment inspirer l'Office central dans ses divers modes d'assistance, c'est qu'il faut, avant tout, chercher et trouver des *solutions;* ne pas perpétuer l'état de misère par des secours successifs et insuffisants; bref, tirer le malheureux de cet état, fût-ce moyennant un grand effort.

Les différents services de l'Office se trouveraient dès lors ainsi répartis :

1° Service des enquêtes sur les œuvres;
2° Service des enquêtes sur les pauvres;
3° Service des secours d'urgence;
4° Avances au travail;
5° Service des placements;
6° Service des rapatriements.

En ce qui touche l'important service des renseignements à donner sur les pauvres, une attention toute particulière doit être portée sur le choix des enquêteurs.

Comme ce service exige une grande célérité, afin de permettre au secours d'arriver opportunément, il y aura lieu de s'assurer le concours d'un ou de plusieurs enquêteurs appointés, selon le développement de l'Office central.

Il serait utile de trouver des hommes ayant déjà l'habitude de recueillir des informations, dignes de toute confiance, ayant du tact, sachant découvrir et choisir les sources de renseignements. Ces sources sont multiples, et il suffit d'un esprit avisé pour les mettre discrètement à profit.

Aux enquêteurs rétribués peuvent être adjoints les visiteurs bénévoles, qui font œuvre de pure charité, pour compléter, contrôler les enquêtes et remettre les secours à domicile. Tel est leur véritable rôle. L'Office devra grouper autour de lui des visiteurs de ce genre, hommes et femmes, en aussi grand nombre que possible.

Il en est de même pour le service du placement. Des concours multipliés sont nécessaires. Rien n'est difficile comme cette tâche, et il serait téméraire de trop promettre sous ce rapport. Un agent spécial visitant les patrons, les entrepreneurs, etc., serait utile. L'Office doit centraliser, autant que possible, tous les renseignements relatifs aux emplois vacants. L'important serait d'accoutumer les personnes qui disposent de ces emplois à recourir elles-mêmes à l'œuvre. Dans ce but, *l'Office doit se montrer très circonspect dans ses recommandations;* il doit établir sa réputation, sur ce point, de façon à inspirer confiance. Une fois l'habitude prise de recourir à lui, elle se généralisera.

VII. L'œuvre complémentaire de l'assistance par le travail.

— Cependant, tout cela fait, l'organisation de l'Office ne serait pas complète s'il n'arrivait pas à établir à côté de lui une œuvre annexe concourant à son fonctionnement journalier : je veux parler d'une œuvre d'*assistance par le travail.*

Malgré tous les moyens d'action dont l'Office pourra disposer, dès qu'il fonctionnera régulièrement, il sera toujours impossible de conjurer, sur l'heure même, bien des misères. Il s'écoulera un certain temps avant que le remède efficace soit trouvé et puisse intervenir. Que faire dans l'intervalle? Se borner à pensionner les malheureux? Mais, premièrement, les ressources mises à la disposition de l'Office ou celles des œuvres spéciales auxquelles il s'adressera seront insuffisantes, et, secondement, ce ne serait pas faire œuvre morale. Il faut demander au pauvre un effort en échange de l'aide qu'on lui apporte. C'est déjà le relever à ses propres yeux. Et toutes les fois que cela est possible, l'assistance devra prendre la forme du travail procuré et rémunéré.

Il y a donc lieu de se préoccuper de fonder, à côté de l'Office central, une maison, un atelier, qui concoure à son fonctionnement et où le malheureux valide, homme ou femme, sera assuré de trouver temporairement de l'ouvrage et un salaire.

L'entreprise a ses difficultés; mais ces difficultés ont été résolues ailleurs, et elles ne sont nulle part invincibles.

L'achat ou la location d'une maison, du terrain nécessaire pour construire, si la maison à louer ne se rencontre pas, devront être faits par une société anonyme immobilière par actions, que constitueraient les amis de l'Office central, et qui louerait à l'œuvre le local nécessaire.

La création d'une œuvre d'assistance par le travail doit être envisagée à quatre points de vue différents :

Le genre de travail à fournir, le salaire;

Les conditions d'admission, de durée de séjour et de discipline intérieure;

Le logement et la nourriture;

Le placement à l'expiration du séjour.

1° L'organisation du travail, quelle que soit la nature de ce travail, constitue la difficulté la plus sérieuse. On s'engage dans une industrie. Il faut un fonds de roulement, il faut acheter la matière première, il faut trouver l'écoulement des produits. Les hommes d'œuvre répugnent le plus souvent à de telles entreprises. Mais si la maison de travail est établie dans une ville, on peut tenter de s'entendre avec des patrons, animés de vues généreuses, pour obtenir d'eux certains travaux qui seraient exécutés dans l'asile. C'est ce que l'auteur de ces instructions

avait fait, en fondant à Paris (quartier de Grenelle), en 1877, un asile pour les libérés dignes
d'intérêt. Un atelier de cordonnerie, un atelier de
feuillagiste et un atelier de lanternes vénitiennes y
avaient été établis par des patrons, représentés par
un contre-maître. L'œuvre n'avait aucune responsabilité et se bornait à exercer sa surveillance, son
contrôle. Moyennant le séjour prolongé dans l'asile
de quelques libérés seulement, bons ouvriers, qui
formaient pour ainsi dire de petits cadres, dans lesquels on intercalait les nouveaux arrivants, il était
devenu possible de concilier avec la permanence
des travaux industriels le renouvellement incessant
des hôtes de l'asile, qui ne faisaient qu'y passer
et qui devaient y être constamment occupés.

On peut encore, comme dans les maisons de travail de Genève, de Marseille, comme dans plusieurs
œuvres d'assistance de Paris, occuper les hommes
à faire des margotins pour allumer le feu. Ce genre
de travail, très simple, n'exige pas de capitaux,
mais il ne permet de donner qu'une rémunération
très minime. Un genre de travail plus avantageux,
et qui relève bien autrement l'hospitalisé à ses propres yeux, c'est la menuiserie pour les meubles élé-
mentaires en bois blanc. Là encore, avec des cadres,
avec un homme exercé pour quatre ou cinq inexpérimentés, on arrive à faire faire des meubles très
convenables par des hommes qui n'ont jamais tenu
le rabot. Mais c'est une véritable industrie. La maison de travail, établie avenue de Versailles, 52, à
Paris, y a pleinement réussi.

Sans doute, il y aura toujours et fatalement, dans des industries de ce genre, même si elles sont intelligemment organisées et dirigées, un écart plus ou moins considérable entre le produit du travail des hospitalisés et les dépenses qu'ils occasionnent. Il suffit, pour s'en rendre compte, de constater le grand nombre de non-valeurs qui existent parmi eux. Cet écart devra être comblé par les dons et souscriptions charitables; mais on doit s'attacher à le réduire autant que possible, de façon à n'être pas entièrement à la merci de libéralités qui peuvent se restreindre tout à coup. La maison de travail doit conserver son caractère d'œuvre de bienfaisance; mais ceux qui la dirigent ne sont pas dispensés pour cela d'apporter dans leur gestion industrielle un esprit pratique, et plus ils lui feront produire de bons résultats, mieux ils serviront la cause des pauvres. Ils écarteront toute objection de concurrence en vendant les produits du travail des hospitalisés aux prix courants du marché.

On peut encore occuper les hommes au cardage des matelas et autres travaux analogues. Chaque ville, chaque région, a quelque industrie spéciale, qui peut être mise à profit.

L'installation de l'asile dans une propriété rurale offrirait peut-être plus de facilités; mais elle a un inconvénient grave : c'est que l'hospitalisé ne peut chercher à se placer, ni se présenter en temps opportun pendant son séjour dans la maison, et que l'écoulement des produits est malaisé.

Pour les femmes, lorsqu'il est possible d'établir

une blanchisserie dans l'œuvre d'hospitalité, on trouve de précieux éléments pour résoudre le problème. La couture, certains travaux de même nature sont utilisés. Ici encore on doit se préoccuper de mettre à profit les ressources particulières qu'offre chaque localité.

Quant au salaire, il doit atteindre un certain chiffre pour être sérieux. L'œuvre de l'Hospitalité de l'avenue de Versailles, à Paris, donne 2 francs aux hommes et 1 franc 50 centimes aux femmes. Mais ces dernières ont en réalité à peu près le même salaire, parce qu'on ne leur impose aucune retenue pour le coucher.

Le salaire doit être suffisant pour que l'hospitalisé puisse payer sa nourriture, s'il la prend à l'asile, et son coucher, et qu'il lui reste encore un petit pécule au bout de son séjour. De la sorte, il ne croit pas recevoir l'aumône, et on ne soupçonne pas à quel point cette pratique contribue au relèvement moral des malheureux.

Il est très important d'annexer à l'œuvre un vestiaire, où affluent les vieux vêtements, linge et chaussures; une paire de souliers, donnée à propos, peut permettre à un homme de faire les démarches qui lui procureront de l'ouvrage.

2° Les conditions d'admission doivent être sévères.

L'asile peut recevoir les indigents directement ou décider qu'ils lui seront envoyés par l'Office central, déjà renseigné sur leur compte, ou par

des œuvres spéciales, après une entente. Ce contrôle
est précieux. S'il n'y a pas une sélection bien établie dans l'asile, son but peut être vite compromis.
Parmi les malheureux, ceux qui sont de braves
gens, ceux que l'on a précisément en vue de secourir, s'en détourneront. Mais il n'est pas nécessaire,
dans ce but, d'établir à l'avance des catégories, de
déclarer que telles ou telles catégories d'individus
seront absolument exclues de l'asile. Ce n'est pas
ici affaire d'enseigne. Les classifications à priori
sont souvent factices. Il faut s'en rapporter au tact,
à la clairvoyance de la direction, à l'habileté avec
laquelle elle se renseigne, pour éliminer les contacts dangereux et assurer à la maison une noto-
riété qui attire à elle les malheureux et, parmi eux,
les honnêtes gens.

Une durée de séjour de 20 jours n'est pas exa-
gérée. Il faut ce laps de temps à l'hospitalisé pour
se remettre moralement, pour chercher et trouver
une situation. Le passage dans le chantier pendant
quelques heures n'est qu'un palliatif (1).

Il est indispensable qu'un règlement soit éla-

---

(1) Cependant il peut avoir son utilité, en se substituant à l'aumône en argent, donnée dans la rue, au hasard. Dans plusieurs villes
on le pratique depuis assez longtemps, et on semble le considérer
comme utile. Le travail est payé, en général, à raison de 25 centimes l'heure. Les bienfaiteurs achètent des carnets de bons de travail, qui ne sont acquittés que s'ils sont utilisés.

Les pauvres qui reçoivent ces bons se présentent à l'atelier ou
aux ateliers organisés dans ce but.

Un des inconvénients de ce système, c'est l'encombrement des
ateliers, où les hommes peuvent affluer à certains jours.

boré, dont les dispositions très précises et sévères assurent la discipline intérieure de l'asile, et ce règlement doit être lu à tout nouvel arrivant et affiché dans l'asile.

3° Dans l'œuvre de l'Hospitalité du travail de l'avenue de Versailles, à Paris, les hommes qui n'ont pas de domicile reçoivent un bon de logement, moyennant une retenue de 35 centimes sur le salaire. Ils sont logés dans une petite hôtellerie, spécialement affectée à la maison de travail.

Les femmes sont logées dans les bâtiments de l'œuvre; elles sont logées et blanchies gratuitement; mais, comme on l'a dit, leur salaire est moins élevé.

Une pension alimentaire, où hommes et femmes peuvent se nourrir à bon marché, dans des locaux séparés, bien entendu, est annexée à l'asile.

Les hommes sont libres d'apporter leur nourriture du dehors. Voici un aperçu des prix : soupe, 10 centimes; viande et légumes, 25 cent.; légumes seuls, 10 cent.; pain, la portion, depuis 5 cent.; vin, le carafon, 10 et 15 cent.

4° Enfin les hospitalisés ont un jour de la semaine pour sortir et se chercher eux-mêmes du travail. L'œuvre leur demande un effort personnel, tout en intervenant directement par tous ses moyens d'action pour assurer le placement. L'Hospitalité du travail de Paris, 52, avenue de Versailles, est arrivée à placer 78 pour 100 des femmes hospitalisées.

VIII. STATISTIQUE DES SANS-TRAVAIL. — En contact journalier avec des individus sans moyens d'existence, victimes trop souvent du chômage, ce devrait être enfin une dernière tâche d'un Office central de la charité — et ce ne serait pas la moins importante — de s'attacher à dresser, dans la mesure du possible, la statistique des gens sans travail, en distinguant les différents éléments dont ils se composent : *les valides de bonne volonté,* qui cherchent sincèrement de l'ouvrage et n'en trouvent pas; *les valides oisifs,* c'est-à-dire les professionnels de la mendicité; enfin les *infirmes, les malades, les malheureux hors d'état, pour une cause quelconque, de travailler.*

L'Office central, en remplissant cette tâche, rendrait un véritable service public; ce serait le plus sûr moyen d'arriver à utiliser judicieusement les ressources de la charité, en les appliquant où il faut et comme il convient, et à sévir contre les paresseux incorrigibles qui usurpent la part destinée aux vrais pauvres.

IX. RAPPORTS ENTRE LES OFFICES RÉGIONAUX. — Il ne resterait plus, pour atteindre ce but, qu'à établir des communications suivies entre les Offices de la charité qui se fondent successivement. Ils communiqueraient eux-mêmes avec l'Office établi dans la capitale, lequel échange déjà des informations et des services avec les Offices charitables de l'étranger.

L'organisation de la charité s'étendrait ainsi au

pays tout entier et faciliterait bien des mesures utiles. Elle aiderait à faire la statistique des ouvriers sans travail, des rouleurs de toutes sortes; elle réduirait certains frais en les répartissant; elle susciterait et développerait les moyens de remédier au chômage. C'est ainsi que les Offices régionaux deviendraient bien vite autant de foyers d'action efficace contre la misère et contre l'oisiveté coupable, et qu'ils constitueraient véritablement, comme on l'a dit, la coalition de toutes les générosités, de toutes les forces charitables du pays.

APPENDICES

Nous avons cru devoir donner ici quelques extraits de documents qui ont trait à une œuvre différente de celle dont l'histoire vient d'être exposée, mais qui n'est pas sans avoir avec elle des rapports frappants. Nous avons pensé qu'il y avait intérêt, en parlant de la maison de travail fondée pour les hommes en 1892, avenue de Versailles, à Auteuil, de montrer dans quelles conditions et dans quel esprit la même entreprise avait été tentée, à Paris, dès l'année 1877, comment on y avait organisé et fait fonctionner des industries diverses, avec cette seule différence que les hospitalisés appartenaient à des catégories spéciales de malheureux. Il s'agit de l'œuvre du Patronage des prisonniers libérés *. Les fragments qui suivent sont empruntés à des rapports présentés à deux assemblées générales successives. Le lecteur y retrouvera aussi l'organisation d'une sorte d'Office central des œuvres de Patronage établies en faveur des libérés.

I

Création d'une maison de travail temporaire destinée à recevoir les libérés dignes d'intérêt à leur sortie de prison, et à leur donner le temps de se replacer. — Extrait du rapport présenté à l'Assemblée annuelle des membres de la Société générale du Patronage des libérés, le 19 mai 1877, par M. Lefébure, président.

Cette question de la création d'un asile constitue, Messieurs, depuis longtemps un grave sujet de préoccupation pour votre

* Cette société, qui a son siège, aujourd'hui, rue de l'Université, 174, n'a pas cessé de croître en importance. Absorbé par d'autres

Conseil d'administration, et nous avisons aux moyens de remédier à une si déplorable lacune.

Nos statuts avaient prévu ce besoin, car l'article 2 décide que la Société pourra créer pour certaines catégories de libérés de l'un et l'autre sexe des asiles ou des refuges dans lesquels elle organiserait des ateliers industriels ou des travaux agricoles et horticoles.

Le travail, tel doit être en effet, Messieurs, le principal objet de l'organisation de ces asiles. Rien n'est possible sans le travail, ce doit être là le premier instrument de régénération, de réhabilitation des libérés.

Ces institutions, il y a lieu de le reconnaître, doivent nous préoccuper beaucoup moins en ce qui touche les femmes, car il existe, à Paris même, plusieurs maisons qui les recueillent et qui sont admirablement dirigées.

Nous ne pouvons pour le moment que nous concerter avec ces asiles, mais, constatons-le de nouveau, rien, absolument rien n'a été tenté jusqu'ici en faveur des hommes adultes libérés, à Paris.

Les Comités qui se forment en province, sans avoir fait l'expérience qui nous conduit à cette conclusion, en sont frappés comme nous.

Ainsi le Comité de Brest, dans une de ses délibérations, exprime l'avis que les sociétés de patronage ne produiront tous leurs fruits que lorsqu'elles se grouperont elles-mêmes autour d'asiles ouverts à la sortie de la prison, et il pense que, sans cette institution, ses meilleurs efforts se trouveront paralysés.

Le Comité de Brest voudrait que, dans ces asiles, le libéré, soumis à une discipline toute volontaire, fît comme un véritable noviciat de la liberté, afin que l'on puisse, au bout de quelque temps, garantir avec certitude la sincérité de son retour au bien. Il estime que si ces asiles fonctionnaient, on verrait les agriculteurs et les patrons venir eux-mêmes demander des bras. « Or, ajoute la délibération de ce Comité, tout

ouvres, M. Lefébure a quitté la présidence. M. le Sénateur Berenger, qui lui a succédé, consacre au développement de la Société générale de Patronage un rare dévouement.

le monde comprend la différence qui existe, au point de vue moral, entre la situation d'un homme demandé et celle qui est faite à celui qui offre lui-même ses services. » Rien n'est plus judicieux; un Comité de patronage, celui de Bordeaux, a été plus loin; il a prêché d'exemple et a déjà fondé un asile qui produit les meilleurs résultats, ainsi que le démontre le très intéressant compte rendu de l'exercice 1875-1876.

Si nous tournons nos regards vers l'étranger, nous y rencontrerons de remarquables modèles à imiter.

En Angleterre, pour ne parler que de ce pays, deux Sociétés de patronage ont fondé chacune un refuge pour les hommes. L'un de ces refuges mérite tout particulièrement d'être étudié.

Il contient en moyenne 33 hommes occupés à faire des nattes ; c'est l'*Industriel Home de Wakefield*. Dans l'espace de sept années, l'établissement a reçu 942 patronnés. Le travail des libérés a suffi pour couvrir les dépenses de toute nature de la Maison et l'un de ses derniers comptes d'année présentait au 30 décembre un excédent de 24,362 francs.

Nous venons de parcourir, Messieurs, les résultats obtenus par la Société générale, pendant les années 1875 et 1876, en ce qui touche le premier but qu'elle poursuit.

Le second but que nous nous proposons de réaliser n'est pas moins important.

Stimuler l'initiative privée, provoquer dans tous les départements la formation de sociétés de patronage, servir de lien entre elles, poursuivre une enquête toujours ouverte sur les œuvres qui ont en vue le patronage des libérés, faire connaître tout ce qui est tenté en France et à l'étranger en leur faveur, mettre en lumière les dévouements généreux, les exemples à imiter; les signaler, les récompenser; indiquer les résultats obtenus; provoquer, stimuler aussi l'intervention du gouvernement, là où elle peut être utile ; obtenir enfin et donner dans la limite de nos ressources, des secours efficaces : telle a été, Messieurs, dès le début de notre association, l'une de nos constantes pensées.

Comment comprendre que, dans un pays où les pouvoirs publics gémissent sur l'augmentation constante de la récidive;

dans un pays où, sur 150,000 *individus* sortant de prison chaque année, plus de la *moitié* y retournent au bout de quelques
mois?

Comment comprendre que dans un pays où les faits établissent, avec cette irrécusable autorité, que celui qui a traversé
la prison en sort généralement plus corrompu; dans un pays
où chaque année des milliers d'hommes, pour avoir à une
heure donnée manqué d'abri et de moyens d'existence, sont
marqués à jamais, au sortir de la prison, de la note infamante
de repris de justice et voués à la réprobation universelle;
comment, dis-je, comprendre que de telles questions ne s'imposent pas à l'attention publique et ne sollicitent pas le dévouement de toutes les âmes patriotes et chrétiennes?

Mais, hélas! les révolutions succèdent aux révolutions, les
changements se multiplient, et ces intérêts essentiels, fonda-
mentaux, demeurent relégués à l'arrière-plan. Les partis politiques ont bien d'autres soucis!

Assurément, il n'est point de pays où ces graves problèmes
ne devraient pas être à l'ordre du jour et passer avant les querelles et les intrigues politiques. Ce devrait être la suite naturelle du progrès de la civilisation et de l'accroissement des
lumières dont on fait tant de bruit, car c'est précisément dans
ces réformes que consiste la civilisation.

A quel spectacle assistons-nous malheureusement, Messieurs?
Voyons-nous les peuples s'appliquer à guérir les maux dont ils
gémissent, à réprimer le vice, à réformer les mœurs? Plus que
jamais nous les voyons épuiser leurs efforts et leurs ressources;
mais dans quel but? Pour perfectionner l'art de s'entre-tuer!

Puisqu'il en est ainsi, puisque la division et la haine règnent encore en souveraines et arment les hommes les uns
contre les autres, tâchons du moins de nous retrouver unis
dans ces belles œuvres chrétiennes sur le terrain de la charité.

Allons vers nos frères moins heureux que nous, vers ces
hommes parmi lesquels il en est beaucoup qui ne sont devenus coupables que parce qu'ils ont manqué des dons qui nous
ont été si libéralement départis : famille, éducation, intelligence, fortune.

Et puisque le tumulte des armes, le déchaînement des passions politiques, les ambitions insatiables, les convoitises et les vengeances semblent étouffer la voix du grand commandement de l'Évangile qui devrait être la loi des sociétés : « Tu aimeras ton prochain comme toi-même » ; cherchons à en retenir un écho, si affaibli qu'il soit.

Et rappelons-nous, Messieurs, que l'expérience humaine aura beau se renouveler pendant des siècles, les progrès s'ajouter aux progrès, l'intelligence aller de découvertes en découvertes, rappelons-nous qu'il n'y a qu'une solution véritable du problème social, qu'il n'y a qu'un secret pour arriver au soulagement efficace des maux dont souffre l'humanité : la pratique de ce divin commandement.

(Mai 1877.)

II

Création d'une maison de travail temporaire en faveur des
libérés. — Extrait du rapport présenté à l'Assembléo annuelle
des membres de la Société générale du Patronage des libérés
par M. Lefébure, président, le 19 juin 1878.

Messieurs, bien que l'asile n'ait commencé à fonctionner que
cette année et que ce compte rendu s'occupe de l'année 1878,
je n'hésite pas à vous entretenir de cette fondation qui a eu
lieu, à vrai dire, l'année dernière.

Nous avons été retardés par des causes diverses dans l'installation de cette maison. Nous ne voulions pas appauvrir notre
budget et il a fallu attendre que des dons généreux nous vinssent en aide, comme cela nous est arrivé de la part de M. Mame,
de Tours, dont la main libérale se rencontre partout où la
charité chrétienne intervient.

Nous avions aussi des travaux de réparation et d'appropriation à faire. Pour qu'ils soient moins coûteux et aussi pour
procurer du travail à nos patronnés, nous les avons fait exécuter par des libérés.

Notre bonne fortune a voulu que nous puissions rencontrer
dans le quartier de Grenelle, rue Rouelle, nº 40, un immeuble
qui avait servi de pensionnat et qui se prêtait parfaitement au
but que nous nous proposions : vastes dortoirs, salles d'ateliers,
réfectoire, lingerie, buanderie, etc.

Je ne reviendrai pas sur les causes qui nous ont déterminés
à fonder cet asile et à y organiser le travail.

Cette institution avait rencontré des objections et elle n'a pas
été créée sans difficultés.

L'expérience a répondu aux objections en France et à l'é-
tranger.

Il n'y a pas une société qui exerce sérieusement et efficace-
cement le patronage qui n'ait été amenée à fonder un asile
temporaire.

La Société de Bordeaux en offre le frappant exemple.

Nous n'avons pas voulu, ainsi que nous le disions récemment, que les malheureux auxquels notre protection est accordée fussent réduits à aller demander un gîte à ces garnis de bas étage, à ces bouges qui sont le commun abri des pauvres diables et des coquins, et nous avions reconnu les graves inconvénients qui résultaient de leur séjour, même dans une hôtellerie désignée par nous, mais où ils étaient abandonnés à la paresse et à leurs mauvais instincts, sans aucune surveillance possible.

Une cinquantaine de lits peuvent être installés dans notre asile; la plupart sont déjà placés et occupés.

Le travail est organisé dans l'asile de façon à ne laisser aucune prise au désœuvrement, en dehors du temps consacré par le libéré à se chercher lui-même un emploi, à voir les patrons chez lesquels l'agent de placement l'envoie.

Un atelier de cordonnerie, un atelier de feuillagiste et un atelier de lanternes vénitiennes fonctionnent. Moyennant le séjour prolongé dans l'asile de quelques libérés seulement, bons ouvriers et qui forment, pour ainsi dire, de petits cadres où l'on intercale les nouveaux venus, il est possible de concilier avec la permanence des travaux industriels le renouvellement incessant des hôtes de l'asile qui ne font qu'y passer et qui doivent y être constamment occupés.

Près de deux cents libérés ont été reçus dans l'asile depuis sa courte existence, et tous ceux qui ont bien voulu le visiter ont été frappés de l'ordre absolu, de la discipline, de la propreté, de la bonne tenue qui y règnent et auxquels veille avec un zèle que nous devons vous signaler le régisseur de l'asile.

Et tout cela s'est fait, Messieurs, la maison louée (avec une large diminution, il est vrai, consentie par ses généreux propriétaires), les réparations faites, les lits montés, les ateliers munis de l'outillage indispensable, la cuisine, les réfectoires pourvus du nécessaire, sans que notre budget s'en soit ressenti, sans que le chiffre auquel il était arrêté l'année dernière ait été diminué, comme notre honorable trésorier, M. Martin-Deslandes, vous le dira tout à l'heure.

Il semble que les libéralités publiques et privées ne sauraient faire défaut à une œuvre de ce genre qui n'est pas seulement une œuvre de charité, mais une œuvre de préservation où chacun trouve une protection pour sa fortune et pour sa vie et qui réalise si merveilleusement l'accord du devoir et de l'intérêt.

Malheureusement, Messieurs, il n'en est pas ainsi, nous devons le confesser, et nous avons au contraire à faire le plus pressant appel à votre concours.

Sans parler de l'indifférence, il y a une objection que nous rencontrons sans cesse et qui nous ferme trop souvent, hélas! et bien injustement, le cœur et la bourse de ceux auxquels nous nous adressons.

On reproche au patronage en général de faire à l'homme qui a violé les lois, une situation privilégiée et de solliciter pour lui les complaisances d'une sympathie aveugle.

Laissez-nous, nous dit-on, réserver nos secours charitables pour des malheureux qui en sont dignes, pour le pauvre honnête qui ne s'est jamais approprié le bien d'autrui, quoique lui et ses enfants souffrent de la faim; pour le travailleur laborieux, rangé, victime de quelque infortune imméritée, qui, en présence du luxe et de la paresse qui le tentent et l'excitent, souffre ces épreuves et y résiste. Ne nous demandez pas de placer sur le même rang celui qui aspire à faire oublier son passé et celui qui désire qu'on s'en souvienne, celui qui a besoin de pardon et celui qui réclame justice, celui qui vient à peine de franchir le seuil de la prison, le front encore souillé et qu'anime un repentir plus ou moins sincère et l'homme qui ne s'est jamais écarté de la bonne voie et peut se présenter le front haut devant ses concitoyens.

Quel encouragement serait-ce donc pour persévérer dans des vertus si difficiles, que de voir qu'elles n'inspirent pas plus de sympathie, de respect que le crime?

Enfin ne faut-il pas que le coupable pâtisse de ses fautes et ne serait-il pas trop commode pour le malfaiteur que le fait de son incarcération constituât un titre, une recommandation à l'appui des honnêtes gens?

Je n'ai pas cherché, on le reconnaîtra, à atténuer la portée

de l'objection. Mais, Messieurs, ceux qui raisonnent ainsi, ceux
qui, tout entiers à leurs répugnances et à une justice implaca-
cable, moins miséricordieux que le Christ sur la croix, se détournent de l'oubli, du pardon, de la réhabilitation, et creusent
l'abîme qui sépare le libéré de la société, au lieu de chercher à
rétablir entre eux l'harmonie rompue; ceux qui ne croient
pas à la sincérité du repentir, n'oublient qu'une chose : c'est
que cet homme auquel toute assistance sera refusée, à qui
l'on ne tendra pas la main pour lui faciliter le passage si critique de la prison à la liberté, cet homme, il restera dans la
société, il y restera comme un ferment de corruption, de contagion, comme un danger permanent. Ne pouvant s'assurer le
moyen de gagner sa vie honnêtement, c'est à nos dépens qu'il
vivra, et si bientôt la main de la justice le saisit de nouveau,
c'est notre bourse, à nous contribuables, qui fera les frais de
son séjour en prison, en sorte que nous n'avons le choix qu'entre le don volontaire, généreux, ou la charité forcée sous
forme d'impôt, et il nous en coûtera plus cher pour faire un
criminel endurci qu'il ne nous en eût coûté pour rendre à la
société un homme corrigé, désormais honnête et utile.

Mais élevons-nous plus haut, Messieurs. Qui de nous a scruté
la conscience des coupables? Qui de nous a le droit de mettre
en doute la sincérité du repentir d'un homme qui a satisfait à
la justice? Qui peut dire à quelles causes est due sa faute?
Qui sait comment il a été élevé, dans quel milieu et sous quelles
influences son cœur s'est formé, s'il a eu le bonheur d'avoir
une mère ou s'il a été privé absolument de la vie de famille?

Savons-nous bien si nous n'avons aucune responsabilité,
nous société, dans les entraînements auxquels a pu céder cet
homme, dans les fautes qu'il a commises? Savons-nous bien
si nous lui avons donné tous les moyens de devenir un honnête homme, de se former, de s'instruire? si nous avons fait
tout ce qu'il fallait pour remplacer la famille absente ou indigne? si, nous-mêmes, par nos exemples, par les funestes influences d'un milieu social plus ou moins corrupteur, nous
n'avons pas été pour quelque chose dans ses égarements?

Et, Messieurs, on allègue qu'il ne faut pas s'imposer de sa-

crifices pour des gens malheureux par leur faute! Mais quelles
dépenses, quelles générosités ne s'impose-t-on pas pour faire
soigner, dans les hôpitaux, une multitude d'individus qui ne
doivent les maux dont ils souffrent qu'à leurs fautes, à leur
dépravation, à leurs vices! Et dans les misères humaines que
la charité moderne se multiplie pour soulager, combien en est-il
dont on peut dire qu'elles sont absolument imméritées?

Ainsi, Messieurs, si nous obéissons au sentiment de l'humanité ou à la voix de la religion, au devoir social ou à la loi de
l'intérêt bien entendu, nous ne refuserons pas de venir en aide
à l'homme qui sort de prison, qui a expié sa faute et qui demande à redevenir honnête et nous ne pourrons pas donner
raison aux objections qui détournent du Patronage et qui le
privent des ressources qui lui sont indispensables.

Il faut bien que vous remarquiez que ce n'est pas le fait de
l'incarcération, de la libération qui motive l'admission au patronage, mais le fait du repentir et de l'amendement.

Ah! combien était mieux inspiré l'écrivain éminent qui s'é-
criait :

« Si l'on songe à la destinée de l'homme qu'attendent à sa
sortie de prison les séductions de la vie passée, la tyrannie des
anciens complices, la difficulté de trouver du travail, la misère
et tout le cortège des tentations qu'elle mène avec elle, de
quelle pitié profonde on se sent pris et combien l'on s'étonne
que la société n'ait pas songé, depuis longtemps, à tendre une
main secourable à la faiblesse du prisonnier libéré! »

A quel point ce sentiment de surprise ne doit-il pas redoubler
lorsqu'on est en présence des derniers tableaux publiés par
l'administration de la justice criminelle en France, lorsqu'on
constate que, pour l'année 1876, le nombre des récidivistes
tant correctionnels que criminels a été de plus de soixante-dix
mille!

« Lorsqu'on apprend dans une localité, disait dernièrement
au Sénat M. Bérenger, qu'un malfaiteur s'est échappé des
mains de la gendarmerie, une émotion naturelle se répand et
chacun apporte son concours à la recherche et à la mise sous
la main de la justice du fugitif.

« Or ce n'est pas un malfaiteur isolé, mais soixante-dix mille malfaiteurs qui, chaque année, sont jetés au milieu de nos villes ou de nos campagnes avec les dispositions menaçantes que signale la statistique, et l'on resterait indifférent et froid! Je ne crois pas exagérer en disant que s'abstenir de chercher un remède efficace à un mal aussi profond serait un véritable crime envers la société! »

Je n'aurais rien à ajouter, Messieurs, à de telles paroles, pour faire ressortir l'importance capitale, l'urgence absolue des institutions de patronage en faveur des libérés.

Mais je préfère terminer ce rapport en faisant appel à des sentiments d'une autre nature. Ce n'est pas au sentiment de la crainte ou de l'intérêt bien entendu, que nous nous adresserons, surtout en ce moment; c'est aux libres dévouements que nous en appelons!

Nous leur montrons une œuvre faite pour les tenter; elle est ingrate, difficile, délaissée, c'est plus qu'il n'en faut, ce semble, pour séduire une âme généreuse.

C'est dans ces œuvres, où les vicissitudes de la politique ne doivent point pénétrer, c'est dans ces œuvres que toutes les forces, tous les concours divisés ailleurs, doivent être rapprochés, réunis, utilisés pour le bien de la patrie.

Le sentiment de la patrie existe en temps de guerre, il réunit et rapproche les cœurs, les activités; il fait taire les divisions.

Pourquoi, me suis-je demandé plus d'une fois, pourquoi n'existerait-il pas en temps de paix sur le terrain social?

Voilà le terrain, Messieurs, sur lequel nous nous sommes rencontrés, et où notre œuvre donne rendez-vous aux âmes patriotes et chrétiennes.

(Juin 1878.)

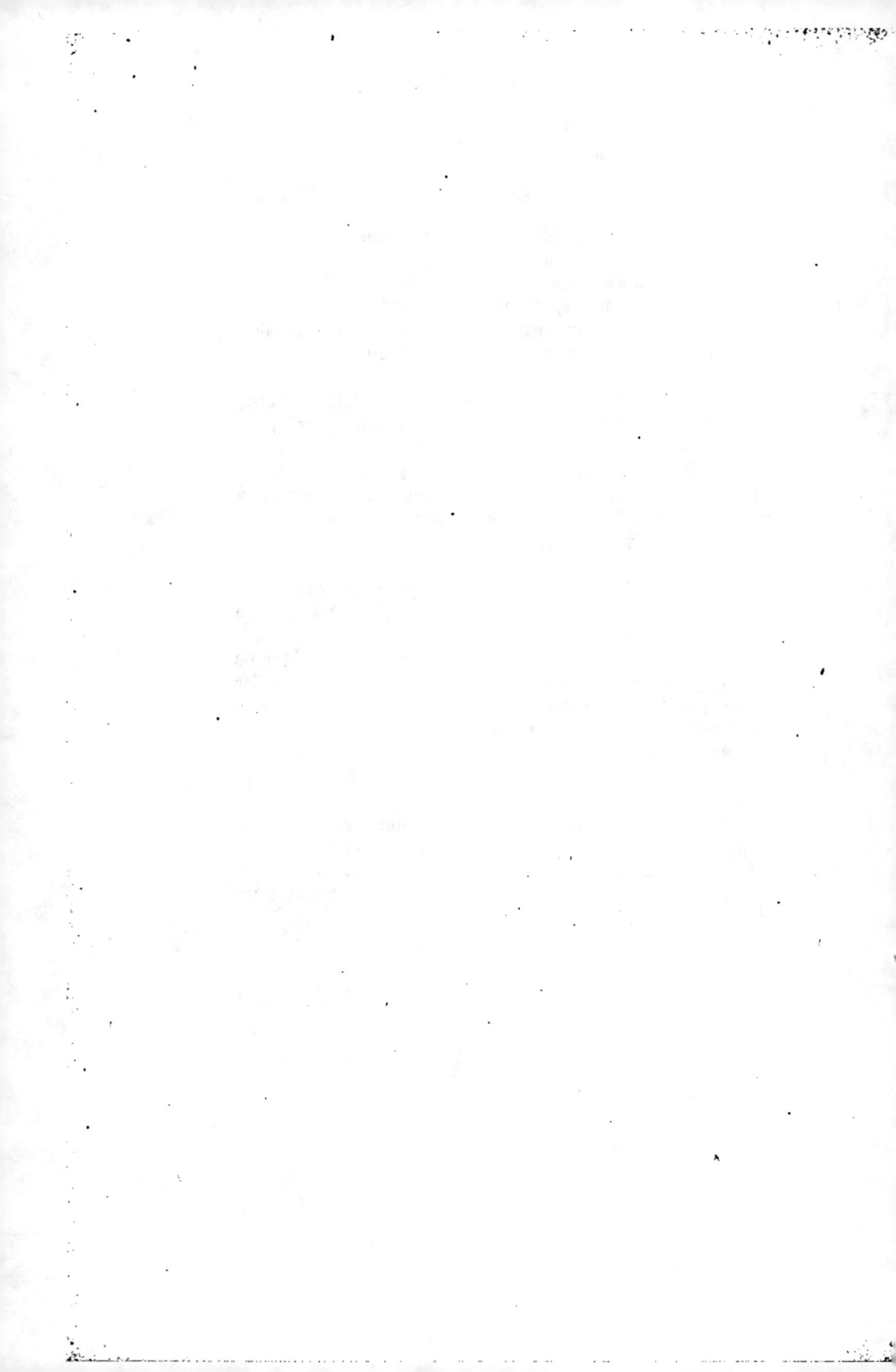

TABLE DES MATIÈRES

Introduction 1
Avertissement au lecteur 47

CHAPITRE PREMIER

Le problème de la misère, à Paris, notamment. — Comment la misère n'est pas soulagée et n'a pas diminué en raison de la diffusion des œuvres charitables et de l'accroissement des libéralités publiques. — Explication de ce fait : utilisation imparfaite des ressources charitables, absence d'unité, de concert, dispersion des forces et des ressources, particularisme extrême, exploitation croissante de la charité par la fausse indigence. — Nécessité d'un remède efficace. — Organisation rationnelle de la charité privée. — Projet de création d'une œuvre centrale. 49

CHAPITRE II

L'Office central des œuvres charitables se constitue le 14 novembre 1890, rue de Champagny, 3, après une période d'essai de quelques mois. — Les premiers débuts. — Faveur avec laquelle il est accueilli par l'opinion publique. — Il répond à un besoin réel. — Organisation du service des renseignements sur les œuvres et sur les pauvres. — Liens établis entre les œuvres. — Doubles emplois évités. — Efforts faits pour développer l'assistance par le travail. — Échange d'informations et de services avec les œuvres charitables étrangères. — Prévoyance associée à

l'assistance. — Exemple du *Patronato de Milan* spécialement étudié... 99

CHAPITRE III

Plus de neuf mille personnes, bienfaiteurs et malheureux,
s'adressent à l'Office central dès cette première année. —
Les différents services s'organisent. — L'Office entreprend
une enquête sur les œuvres charitables de Paris et de
toute la France. — L'œuvre de l'Hospitalité du travail pour
les femmes, déjà fondée, concourt au fonctionnement de
l'Office central. — Création d'une maison de travail destinée à recevoir les hommes sans ouvrage et sans ressources. — Fondation Laubespin. — Les œuvres commencent à demander à l'Office central le concours de ses
services administratifs, tout en conservant leur autonomie. — Le mouvement dont l'Office a pris l'initiative
s'étend à la province. — Rapports avec l'Office de Marseille. — Témoignages de sympathies venus de l'étranger,
des Congrès charitables. — Visite de plusieurs représentants des œuvres les plus considérables du dehors. — La
Croix Rouge de la Charité se fonde.................... 122

CHAPITRE IV

Développement rapide et constant de l'Office central. — Il
est obligé de se transporter dans un local plus vaste, boulevard Saint-Germain, 175. — Ses services s'étendent et se
complètent de façon à remédier aux défauts que présente
l'organisation de la charité : ignorance où l'on est des
œuvres; lenteur et insuffisance du secours et sa mauvaise
appropriation aux cas auxquels il doit remédier; forme
vicieuse du secours; maintien dans la capitale d'un trop
grand nombre de malheureux. — L'Office n'est pas un
bureau de secours. — S'il soulage les besoins urgents, son
rôle propre, en face de la misère, est de mettre en mouvement les œuvres appropriées ou les personnes charitables
dont le dévouement lui est acquis. — Extension prise par
le service des enquêtes sur les pauvres. — Rapidité et
sûreté de ce service. — Extension du service de rapatrie-

ment. — Ce que sont les Sociétés d'organisation de la charité à l'étranger. — Rôles respectifs de l'assistance publique et de l'assistance privée dans le domaine de la charité. — L'initiative individuelle et la liberté. — Le devoir social et l'esprit religieux. — Premiers résultats du fonctionnement de la maison de travail pour les hommes. — La devise de l'Office central : *Vinculum pacis*, le lien de la paix. — Communauté d'efforts d'hommes appartenant à des croyances, à des opinions politiques différentes 145

CHAPITRE V

Nouveaux progrès de l'Office. — Près de quinze mille personnes se sont adressées à lui dans le cours du dernier exercice. — Impartialité absolue qui préside à son fonctionnement. — Il ne demande aux malheureux que de justifier de leur infortune. — Les renseignements donnés sur les œuvres aux bienfaiteurs provoquent des libéralités considérables. — Environ un million donné aux œuvres par l'intermédiaire ou sur les indications de l'Office central. — De grandes administrations publiques ont recours à ses renseignements sur les pauvres. — Bons rapports avec les administrations publiques. — Création des carnets de renseignements, des comptes courants de charité. — Service des avances au travail, des recherches d'emploi. Résultats de l'œuvre de l'Hospitalité du travail. — L'Académie des Sciences morales et politiques lui décerne la grande médaille d'or du prix Audéoud. — Création d'une branche nouvelle : l'Œuvre du travail à domicile pour les mères de famille. — Succès des efforts de l'Office pour stimuler l'action individuelle, pour amener les bienfaiteurs et les œuvres au *summum* de l'effort en faveur du pauvre : véritable but de l'organisation de la charité. — Rôle si utile à remplir de médiateurs, de pacificateurs.. 176

CHAPITRE VI

L'introduction d'une meilleure méthode dans l'exercice de

la charité privée jugée par les faits. — Nombre des visites
de bienfaiteurs ou de pauvres reçues par l'Office central
en 1894-1895 : 21,000. — Chiffre des interventions efficaces : 11,543. — Utile concours des enquêteurs volontaires. — Leur nombre augmente. — Causes et remèdes
de la misère mieux étudiées. — Accroissement du nombre
des bienfaiteurs confiant à l'Office central les libéralités
dont ils le chargent d'être le dispensateur. — Bons résultats des avances au travail. — Remboursements répétés
de ces avances. — Touchants et intéressants exemples. —
Extension progressive des œuvres d'assistance par le travail. — Organisation du Comité des Dames patronnesses
de l'Office central. — M⁰ la marquise Costa de Beauregard. — Leur dévouée et utile coopération à l'œuvre. —
Grand diplôme d'honneur décerné à l'Office central par le
Jury de l'Exposition de Lyon. — Hommage rendu à M. Béchard, administrateur. — Créations nouvelles d'Offices de
charité. — Projet d'organiser des Assemblées générales
annuelles où seraient représentés tous les Offices régionaux qui se constituent. — Sorte d'assises périodiques de
la charité privée. — Modification du plan de l'enquête
sur les œuvres. — Publication par fascicules et par départements. — Difficultés pratiques écartées. — Publication assurée. — Importance de ses résultats à divers titres :
encouragement à la pratique du devoir social, initiatives
et libéralités stimulées, sujet de réconfortante fierté s'il
ressort de ce bilan de la charité française que nous sommes encore les maîtres dans l'art de faire le bien........ 208

CHAPITRE VII

Par décret du 5 juin 1890, l'Office central est reconnu d'utilité publique. — Avec l'expérience, il approprie de plus
en plus son fonctionnement aux besoins auxquels il doit
répondre. — Sa double fonction se dégage et se précise
sous la pression des faits : rapprocher ceux qui souffrent
de leurs propres misères et ceux qui souffrent de la
misère des autres. — Depuis sa création 80,000 personnes
se sont adressées à lui. — Nouveaux efforts faits pour
utiliser les ressources charitables dans le pays entier et

faciliter à Paris l'accès de l'Assistance publique et des ressources dont elle dispose. — Consultations de plus en plus
nombreuses données par l'Office à l'occasion de la fondation d'œuvres nouvelles, pour les diriger dans un sens
pratique, leur éviter les écueils. — Achèvement du recensement général et méthodique des œuvres charitables
et des principales institutions de prévoyance établies en
France. — Publication de cette grande enquête. — Un
volume spécial consacré aux œuvres de la capitale, sous
le titre de : Paris charitable et prévoyant. — Les Offices
se multiplient en province. — Le même mouvement tendant à grouper, à harmoniser les efforts se généralise à
l'étranger. — Extension croissante de l'œuvre de l'Hospitalité du travail. — Elle a donné un salaire à plus de
cinq mille malheureux des deux sexes dans l'année écoulée. — Visite à l'œuvre du Président de la République.
— Coup d'œil rétrospectif sur les progrès réalisés par
l'Office central depuis l'année 1890...................... 220

Résultats généraux obtenus par l'Office central depuis sa
fondation jusqu'au mois de juin 1899.................. 257

Assistance par le travail.

L'histoire de la fondation et du développement de l'Office
central serait incomplète si elle n'embrassait pas les œuvres d'assistance par le travail créées par son initiative
et celles qui, déjà fondées, concourent à son fonctionnement. — Liens qui unissent ces œuvres................. 259

CHAPITRE VIII

Origine de l'œuvre de l'Hospitalité du travail pour les femmes. — Elle remonte à l'année 1878. Contemporaine de la
création de l'Hospitalité de nuit. — Tâtonnement du début.
— Premier essai rue d'Abbeville. — L'œuvre est établie rue
d'Auteuil en 1880. — La sœur Saint-Antoine. — Sa direction
décide du succès. — L'œuvre, pour avoir une existence
assurée, ne peut se passer d'une industrie. — Elle se soutient d'abord au moyen de quêtes et de souscriptions.
— Phase précaire. — Elle est transportée avenue de Ver-

sailles, 52, à Auteuil. — Véritable date de sa fondation.
— Achat d'un vaste immeuble. — Constitution d'une Société Immobilière. — Bail passé avec la Congrégation de
Notre-Dame du Calvaire, qui dirige la maison de travail.
— Installation nouvelle. — Construction d'une blanchisserie décidée. — Difficulté de faire face à de lourdes
charges. — Emprunt contracté. — Hospitalité donnée en
moyenne, par jour, à 130 femmes. — Premiers résultats
encourageants. — Confiance dans l'avenir.............. 261

CHAPITRE IX

Huit ans après. — Coup d'œil sur les résultats obtenus par
l'Hospitalité du travail pour les femmes depuis 1885. —
Elle est définitivement organisée. — Bâtiments nouveaux :
dortoirs, réfectoire. — Blanchisserie construite et en pleine
activité. — Clientèle nombreuse. — L'œuvre n'est plus
uniquement à la merci des quêtes. — Près de 30,000
femmes hospitalisées depuis la fondation. — Placement :
78 p. 100. — Salaire : 1 fr. 50 par jour ; coucher, blanchissage
gratuits. — Relèvement moral. — Création d'une seconde
œuvre rendue possible par un don considérable et par la
juxtaposition des deux œuvres. — Fondation d'une maison de travail pour les hommes. — Grave lacune comblée.
— Achat de l'immeuble contigu : 54, avenue de Versailles. — Vicissitudes qui ont précédé cet achat. — Intervention du comte et de la comtesse de Laubespin. — Don
magnifique fait par eux à l'Office central. — L'œuvre
nouvelle est due à cette générosité. — La Société Immobilière propriétaire. — Bail nouveau fait avec la Congrégation de Notre-Dame du Calvaire. — Même direction et
même état-major que pour l'œuvre voisine. — Frais généraux communs. — Conditions d'admission dans l'asile.
— Sélection. — Discernement de la Direction. — Pas de *bons
de travail.* — Durée du séjour : vingt jours. — Menuiserie,
cardage des matelas. — Cadres permanents combinés
avec le roulement des hospitalisés. — Fourneau économique. — Phase difficile du début. Efforts persévérants.. 370

CHAPITRE X

Expérience réussie. — Depuis 1892, marche progressive et fonctionnement régulier de la maison de travail pour les hommes. — Plus de cinq mille hommes déjà hospitalisés. — Recrutement bien réglé. — Pas un cas d'indiscipline. — Bonne attitude des hospitalisés. — Aspect avenant des ateliers. — Repas et coucher. — Hôtellerie spéciale aménagée en vue de recevoir les hospitalisés. — Placement, à la sortie de l'asile, de 35 à 40 p. 100 — Industrie bien conduite malgré les difficultés et les aléas du début. — Bonne fabrication. — Débouchés assurés. — Trois centres de vente. — Écart entre les recettes et les dépenses sensiblement réduit. — Constructions nouvelles nécessitées par le développement de l'œuvre. — Résultats généraux. — Emprunt remboursé. — Constructions payées. — Immeuble libre de toutes charges. — Création d'une troisième branche de l'*Hospitalité du travail*. — Œuvre du travail à domicile pour les mères de famille. — Son importance. — Résultats déjà obtenus. — Vente organisée. — Bonne qualité des produits fabriqués. — Trois magasins. — Comptabilité spéciale pour chaque branche. — Comptabilité des trois œuvres revisée avec soin. — Quatrième branche en voie de formation. — École ménagère pour les jeunes filles. — Vitalité de l'œuvre de l'Hospitalité par le travail. — Efficacité du secours matériel. — Relèvement moral. — Appel à de nouveaux concours. — Grande tâche de pacification sociale 283

CHAPITRE XI

De quels éléments se compose la masse des gens sans travail en vue desquels l'assistance est organisée. — Nécessité d'établir un départ entre ces différents éléments et de se rendre compte de la nature et de l'étendue du mal. — Statistique indispensable. — Distinguer entre le valide de bonne volonté, l'invalide (infirme, etc.) et le professionnel (mendiant, vagabond invétéré). — Traitements différents à réserver à ces diverses catégories. — Travail procuré aux premiers. — Utilisation des ressources charitables en faveur des seconds. — Répression énergique pour les troisièmes. — Impuissance des mesures prises pour remédier à la mendicité et au vagabondage tant que ce départ ne sera pas fait. — Il pourrait être établi par des Offices régionaux reliés entre eux. — Concours simultané de l'État et de l'initiative individuelle, de la charité privée. — Organisation efficace de l'assistance embrassant le pays entier 290

CHAPITRE XII

Indications pratiques pour fonder un Office central de la Charité dans une région............................. 316

APPENDICES

I. — Création d'une maison de travail temporaire en faveur des libérés dignes d'intérêt — Extrait du rapport présenté à l'Assemblée annuelle des membres de la Société générale du Patronage des libérés le 10 mai 1877................ 333

II. — Création d'une maison de travail temporaire — Extrait du rapport présenté à l'Assemblée annuelle des membres de la Société générale du Patronage des libérés le 19 juin 1878.................................... 338

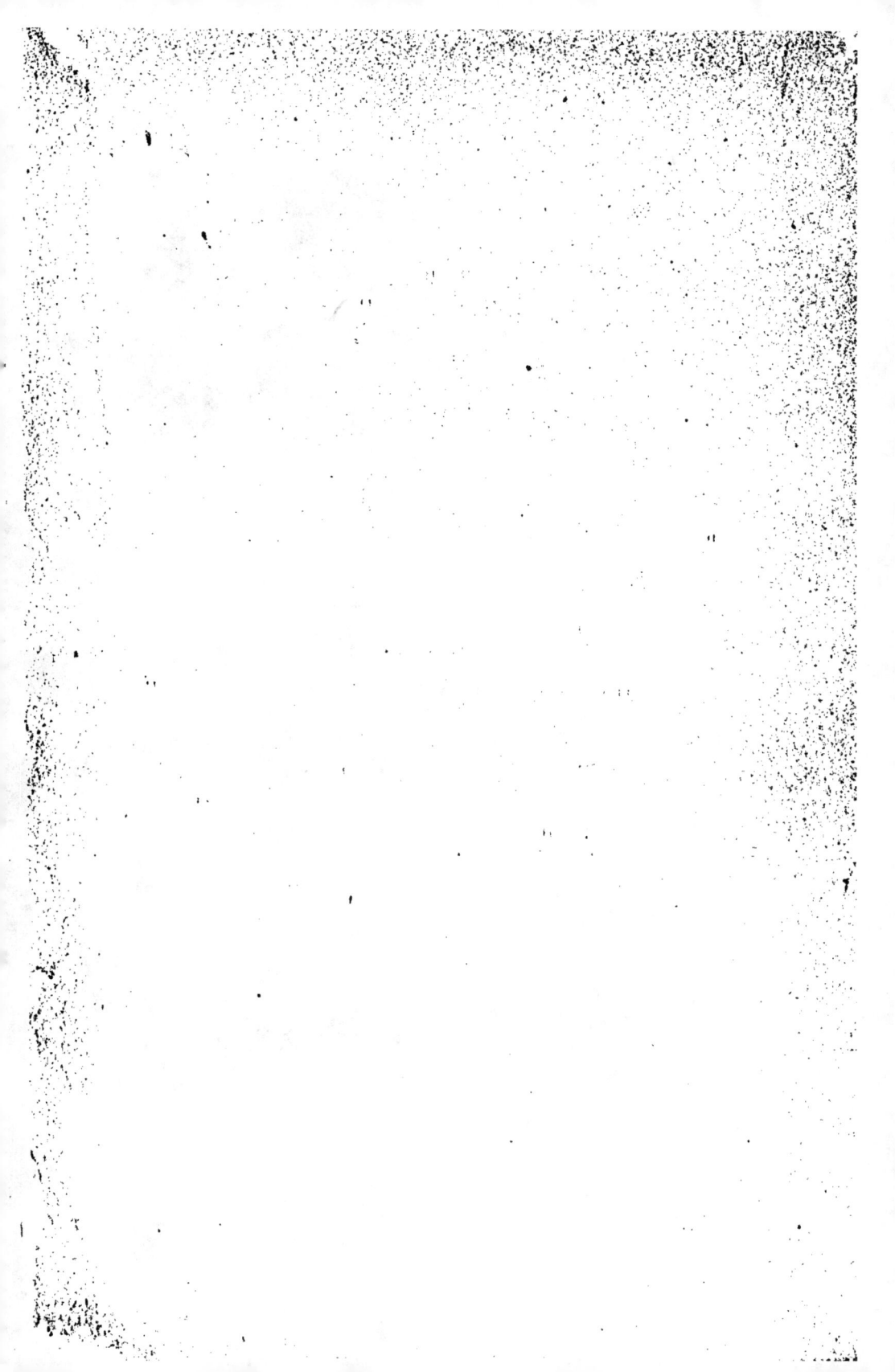

TYPOGRAPHIE FIRMIN-DIDOT ET Cie. — MESNIL (EURE).